CSSCI 来源集刊

Dialogue Transculturel
跨文化对话

第 46 辑

主　编　乐黛云　〔法〕李比雄
执行主编　钱林森　董晓萍
副主编　〔法〕金丝燕　陈越光

商务印书馆
The Commercial Press

卡梅罗·利松–托罗萨纳　人类学家、西班牙皇家学院院士、康普鲁登塞大学人类学系教授，西班牙

Carmelo Lison Tolosana
Anthropologue, membre de l'Académie Royale d'Espagne, professeur au Département d'Anthropologie, Université Complutense de Madrid, Espagne
Anthropologist, member of Spanish Royal Academy, professor of Department of Anthropology, Complutense University of Madrid, Spain

阿兰·海伊　语言学家、词典学家、国际词典学联合会主席，法国

Alain Rey
Linguiste, lexicographe, président de l'Association Internationale de Lexicographie, France
Linguist, lexicographer, president of the International Lexicography Association, France

《跨文化对话》编辑委员会成员
Membres du Comité de rédaction/Members of the Editorial Committee

主编　乐黛云教授（北京大学）
Yue Daiyun (Rédactrice en chef/Editor-in-chief)
Professeur à l'Université de Pékin/Professor of Peking University
通讯地址：中国北京 100871，北京大学跨文化研究中心
Adresse: Centre de Recherche Transculturelle, Université de Pékin, Beijing 100871, Chine
Tel/fax: 86-10-62758596, Email: tyjydy@pku.edu.cn

主编　李比雄教授（欧洲跨文化研究院）
Alain Le Pichon (Rédacteur en chef/Editor-in-chief)
Président de l'Institut International Transcultura/President of Transcultura International Institute
通讯地址：123, rue Saint Jacques, 75005 Paris, France
Adresse: 123, rue Saint Jacques, 75005 Paris, France
Tel: 33-1475349262, Fax: 33-134256267, Email: lepichon@wanadoo.fr

副主编　金丝燕教授（法国阿尔多瓦大学）
Jin Siyan (Rédactrice en chef adjointe/Associate editor-in-chief)
Professeur à l'Université d'Artois/Professor of Artois University, France
通讯地址：15 Rue Victor Cousin, 75005 Paris, France
Adresse: 15 Rue Victor Cousin, 75005 Paris, France
Tel: 33-156240921, Email: jinsiyan@fph.fr

副主编　陈越光研究员（北京师范大学）
Chen Yueguang (Rédacteur en chef adjoint / Vice executive editor-in-chief)
Chercheur invité de l'Université Normale de Pékin / Scholer invited of Beijing Normal University
通讯地址：中国北京 100875，北京师范大学跨文化研究院
Adresse: Collège des Etudes transculturelles, Université Normale de Pékin, 100875, Pékin, Chine /
College of Transcultural Studies, Beijing Normal University, 100875, Beijing, China
Tel: 86-10-67172890, Email: cyg01@vip.sina.com

执行主编　钱林森教授（南京大学）
Qian Linsen (Rédacteur en chef exécutif/Executive editor-in-chief)
Professeur à l'Université de Nanjing/Professor of Nanjing University
通讯地址：中国南京 210093，南京大学比较文学与比较文化研究所

Adresse: Institut de Recherche en Littérature et Culture Comparées, Université de Nanjing, Nanjing 210093, Chine
Tel: 86-25-86206233, Fax: 86-25-83309703, Email: linsenqian@hotmail.com

执行主编　董晓萍教授（北京师范大学）
Dong Xiaoping (Rédactrice en chef exécutif / Executive editor-in-chief)
Professeur à l'Université Normale de Pékin / Professor of Beijing Normal University
通讯地址：中国北京 100875，北京师范大学中国民间文化研究所
Adresse: Institut de recherche sur la culture populaire chinoise, Université Normale de Pékin, 100875, Pékin, Chine / Institute of Chinese Folk Culture research, Beijing Normal University, 100875, Beijing, China
Tel: 0086-10-58807998 Email: dongxpzhh@hotmail.com

执行副主编　赵白生教授（北京大学）
Zhao Baisheng (Rédacteur en chef exécutif adjoint/Executive associate editor-in-chief)
Professeur à l'Université de Beijing/Professor of Peking University
通讯地址：中国北京 100871，北京大学世界文学研究所
Adresse: Institut de Recherche en Littérature Mondiale, Université de Pékin, Beijing 100871, Chine
Tel: 86-10-62754160, Fax: 86-10-62765009, Email: bszhao@pku.edu.cn

执行副主编　余斌教授（南京大学）
Yu Bin (Rédacteur en chef exécutif adjoint /Executive associate editor-in-chief)
Professeur à l'Université de Nanjing/Professor of Nanjing University
通讯地址：中国南京 210093，南京大学比较文学与比较文化研究所
Adresse: Institut de Recherche en Littérature et Culture Comparées, Université de Nanjing, Nanjing 210093, Chine
Tel: 86-25-83730391, Email: yubing1960@126.com

编辑部日常联络人　张锦副编审（中国社会科学院）
Zhang Jin (Correspondant/Editor and Liaison)
Vice-rédactrice à l'Académie chinoise des sciences sociales/Associate editor at the Chinese Academy of Social Sciences
通讯地址：中国北京 100732，中国社会科学院外国文学研究所
Adresse: l'Institut des Recherches de littératures étrangères à l'Academie chinoise des sciences sociales/Institute of Foreign Literature Studies, Chinese Academy of Social Sciences, Beijing 100732, China
Email: kuawenhuaduihua@163.com

编辑部日常联络人　刘超副教授（东南大学）
Liu Chao (Correspondant/Editor and Liaison)
Maître de conférences à l'Université du Sud-Est de Chine/Associate professor of Southeast University
通讯地址：中国南京 210096，东南大学外国语学院
Adresse: Faculté des langues étrangères à l'Université du Sud-Est de Chine/ School of Foreign Languages at Southeast University, Nanjing 210096, China
Email: kuawenhuaduihua@163.com

编辑部日常联络人　萧盈盈副教授（南京师范大学）
Xiao Yingying (Correspondant/Editor and Liaison)
Maître de conférences à l'Université normale de Nanjing/Associate professor of Nanjing Normal University
通讯地址：中国南京 210024，南京师范大学文学院
Adresse: Faculté de la littérature chinoise à l'Université normale de Nanjing/ School of Chinese Language and Literature at Nanjing Normal University, Nanjing 210024, China
Email: kuawenhuaduihua@163.com

目 录
Table of Contents

专 稿
Focus

博学、思想与愉悦 ……………………〔法〕米歇尔·冉刻（张晋纬 译） 3
Michel Zink, translated by Zhang Jinwei, L'érudition, la pensée et le plaisir

孔子对中国文化的贡献
——世界孔子学院日汪德迈访谈录
……〔法〕汪德迈 〔法〕陈力川（周春悦 译 〔法〕陈力川 校） 9
Léon Vandermeersch, Chen Lichuan, translated by Zhou Chunyue, proofreading by Chen Lichuan, La contribution de Confucius à la culture Chinoise: Entretien avec Léon Vandermeersch à la journée mondiale Confucius

我的父亲，这位英雄……
……………………〔法〕香塔尔·汪德迈·达尔玛（周小珊 译） 15
Chantal Vandermeersch Dalmas, translated by Zhou Xiaoshan, Mon père, ce héros

将跨文化学教科书列入21世纪通识教育系列教材
——《跨文化研究的理论与方法》前言 …………乐黛云 陈越光 17
Yue Daiyun, Chen Yueguang, Textbook of "Transcultural Studies" Included in the Series of 21st Century Textbooks of General Education: A Foreword of the Theory and Method of Transcultural Studies

从跨文化的角度探究"绿色文明"
——绿色文明与跨文化研究的对话（上）………………李晓西 19
Li Xiaoxi, On the "Green Civilization" in Perspective of Transcultural Studies: A Dialogue Between the Green Civilization and Transcultural Studies (Part I)

文化转场研究的长时段、多空间
——《文心雕龙》法译本序 ·················〔法〕金丝燕 49
Jin Siyan, Transferts culturels: temps long et espace multi-dimensionnel: Préface version française du *Wenxindiaolong*

马国贤与科学汉学的诞生 ······················〔意〕路易萨 71
Luisa Prudentino, Matteo Ripa and the Birth of Scientific Sinology

欧洲汉学
——一种语言和文化交流的历史 ·············〔比〕巴得胜 82
Bart Dessein, La sinologie européenne: une histoire de l'échange linguistique et culturel

中国文学的社会角色 ································董晓萍 86
Dong Xiaoping, The Performance of Chinese Literature as A Social Role

论　稿
Articles

中古汉语训诂与哲学翻译 ·················〔法〕金丝燕 113
Jin Siyan, Philologie du moyen-chinois-traduction philosophique de l'Aggaññasutta

赫尔曼·黑塞论印度吠陀时期的宗教哲学 ···········马　剑 139
Ma Jian, Hermann Hesse on the Philosophy of Religion in the Vedic Period of India

恩格斯的"划时代"文化发展观与中国"新的但丁"
在意大利的"登陆" ································李正荣 156
Li Zhengrong, Friedrich Engels's Idea of Cultural Evolution and Rethinking of Dante in China Today

居中营城：《周礼》与《政治学》所见中西早期城市选址
思想比较 ·······································郭　璐 167
Guo Lu, Located in the Center: The Comparative Study on the Thoughts of Site Selection in Early China and Western World Based on *Rites of Zhou* and Aristotle's *Politics*

新中国赴匈牙利汉语教学第一位中国教师郭预衡往事访谈录
··黎　敏 180
Li Min, Interview on Prof. Guo Yuheng, the First Chinese Teacher to Hungary from the People's Republic of China in the 1950s

爱沙尼亚文学家扬·卡普林斯基的跨文化写作 …………… 高晶一　193
Gao Jingyi, Jaan Kaplinski, a Frist-class Writer of Estonia and His Transcultural Works

公共卫生、疾病与罪恶
　　——1860—1880年间法国游记中的北京书写 ………… 鲍叶宁　201
Bao Yening, Public Hygiene, Illness and Evil: Writing about Beijing in French Travel Accounts from the 1860s to the 1880s

19世纪末、20世纪初英国流行文化中的中国 ……………… 李　卓　216
Li Zhuo, China in British Popular Culture of the Late 19th and Early 20th Centuries

新旧交往：话语想象与西方电影的"迁徙"
　　——1920年代末印刷媒介中的百代公司电影
　　　宣传词探析 ……………………………………………… 龚　力　225
Gong Li, Communication between the Old and the New, Discourse Imagination and the "Migration" of Western Films: An analysis of Pathe's Film Propaganda Words in the Late 1920s

新旧之间：民国时期湖南漂染业在艰难中发展 …………… 熊元彬　247
Xiong Yanbin, Between the New and the Old: Hunan's Bleaching and Dyeing Industry Was Developing Amidst Difficulties During the Republic of China

摆脱瓦格纳：交响乐结构与内心独白诗学渊源 …………… 李国辉　261
Li Guohui, Keeping away from Richard Wagner: On the Correlation between Symphonic Structure and the Poetics of the Inner Monologue

后人类视角下的科幻文学 …………………………………… 毛郭平　277
Mao Guoping, Science Fiction Literature from the Post-human Perspective

远近随笔

A Series of Far and Close Vision

远离故乡后的故乡 …………………………………………… 程正民　295
Chen Zhengmin, On Hometown While Looking It from Far away

师妹段晴 ……………………………………………………… 王邦维　317
Wang Bangwei, In Memory of My Classmate Duan Qing

生机勃勃的文学腹地
——南亚文学之2019 ·················· 图尔荪·克麦尔尼亚孜　323
Tursun Khamarniyazi, A Hinterland of Vibrant Literature: The Trends of South Asian Literature in 2019

短　讯
Brèves

"中国东方学学科发展的回顾与展望——纪念季羡林教授
　诞辰110周年"学术研讨会述要················ 史　阳　乐　恒　339
Shi Yan, Yue Heng, Retrospect and Expectation of Eastern Culture and Society Research in China: A Seminar for Commemorating the 110th Anniversary of Professor Ji Xianlin at Peking University

第八届世界孔子日文化转场国际讨论会 ······〔意〕路易萨　刘　曼　346
Luisa Prudentino, Liu Man, The 8th. International Symposium at World Confucius Day On Cultural Transfer

青海师范大学开设研究生通识课"跨文化中国学研究方法论"
················· 青海师范大学高科院丝路跨文化研究中心　352
Research Center for Silk Road on Qinghai-Tibetan in Transcultural Perspective, Postgraduate General Course of the First-level Discipline Chinese Language and Literature of Qinghai Normal University oN"Methodology of Transcultural Studies on Chinese Society and Culture" on Spring Semester in 2022

作译者简介·· 357

专 稿

Focus

博学、思想与愉悦*

〔法〕米歇尔·冉刻　撰　张晋纬　译

摘　要：法兰西学院金石美文学院的学术特质是博学、思想和愉悦。博学是指能够提出方法并驾驭自身庞大知识。思想是对博学的思考。愉悦是在同一种工作中复新、理解、诠释距离我们遥远的事物的欢愉。一个时代、一种文明，它的文字、语言、轨迹、艺术、诗歌，它的信仰、习俗、法律与历史，还有它对自身、对他者与世界的想法，能够进入一种原先显得无法理解、令人不安乃至厌烦的逻辑中，这便是一种愉悦，是真正地理解多元性。从博学、思考中获得愉悦的人们，是因为他们追求爱，而不是恨。

关键词：博学　思想　愉悦

今天的年会姗姗来迟，之所以这么说，是因为本会的论题和三个主旨发言皆在2020年已经议定，然而因为疫情暴发不得不取消会议。但从今天的情况看，所有的沿用都依然合适：会议的论题照样富有魅力，我们愿意承担重任的三位同仁也都准备得更加充分，让所有的在场者都充满了期待。现在我必须提到一个名字：让-路易·费拉里（Jean-Louis Ferrary），对于这位在2020年我们痛失的同仁来说，2020年11月已经太晚！而本会的论题"博学、思想、愉悦"的设计，正出自于他的构思。他本应在这个崇高的穹顶下与我们欢聚一堂，可惜他没来，但我们也应该将今天的成功归功于他。

对于让-路易·费拉里的论题中的"博学"，我曾咨询过其他同

---

* 此为作者于2021年12月在法兰西学院金石美文学院年终庆典大会上的讲稿，本次发表时删除了几句会议用词，正文内容全部保留。

仁，可惜都没有找到更好的表述去取代它，于是我们仍要为它做辩护或阐释，因为"博学"，或者说历史与考据的"博学"，正是法兰西学院金石美文学院的特质。也许博学并不总是受人追捧，甚至有人未免怀疑，博学者为了积累其渊博的知识不惜耗费巨大的时间和精力，而给自己留下的思考空间却寥寥无几，这值得吗？博学者还会很轻易地被想象成古板的冬烘，在枯燥无味的工作中皓首穷经，还可能随时以更加枯燥无味的方式向身旁的人炫耀学问，让人避之唯恐不及。但这些俗套的描述都是假象。

我不是第一个，也不是唯一的一个持有如此见解的人。阿尔冯斯·阿雷（Alphonse Allais）曾写过一篇《圣徒彼得与他的门房》（"L'apôtre saint Pierre et sa concierge"）的专栏文章，收在他的《坟外作品集》（*Œuvres anthumes*）中（他认为是自己生前出版的最后作品）的《玫瑰粉、苹果绿》（*Rose et vert-pomme*）里。他在此文的开头就写道：

> 把金石美文学院想象成一幢晦暗封闭院落的人大错特错。
> 难道要成为靡靡之乐的红磨坊之分号？不！当然不是！不过还是会有无数人在那里消耗大量时间。就这样，在最后一场发言中，著名考古学家兼完美的绅士，克莱蒙-加诺先生（Clermont-Ganeau）与其同僚研讨了令人惋惜的圣徒彼得的门房。尤其，圣徒彼得的门房，还可以叫巴莉亚（Ballia），或更可能是巴艾雅（Ba'aya），阿拉米语现在分词的阴性，指"索问者"但也不一定就是这位巴勒斯坦的门房老嬷嬷的名字。

够了！我不推荐任何人阅读《圣徒彼得与他的门房》。比起这段冗长无味的闲话，比起如此煞费苦心地搞笑却无可救药地无聊，我们见过更有灵感的阿尔冯斯·阿雷。

他至少向我们展现，在1900年左右，金石美文学院已足以显赫到让一位幽默作家认为，它值得像其长姊法兰西学院一样，遇到俗套的嘲讽。在这一时期内，同类的作品还有不少：1888年阿尔冯斯·都德的《不朽者》(*L'Immortel* d'Alphose Daudet)，1909年贾斯通·勒胡的《闹鬼的扶手椅》(*Le fauteuil hanté* de Gaston Leroux)，1912年弗雷尔与卡雅维的《院士绿礼服》(*L'habit vert* de Flers et Caillavet)等。比起它的长姊，金石美文学院甚至遭遇过更糟的诋毁：1900年8月15日［感谢我们学识渊博的同人尚-罗伯·阿尔摩加特神父先生（M. l'abbé Jean-Robert Armogathe）让我了解到这个信息］，一名《日报》(*Le Journal*) 的记者在其文章中这样开头：

> 金石美文学院之于法兰西学院，一如手风琴之于音乐……

当时金石美文学院的地位还是被承认的，而这篇冷嘲热讽的文章因为报社没有版面被拖了下来，直到某个8月15日才被刊登。阿尔冯斯·阿雷的影射发言则发生于8月18日。当年金石美文学院没有假期，故此时发表文章是可以做到的事。

1893年8月18日，查理·克莱蒙-加诺为金石美文学院的"金石"来历做了一场简短的发言——今天我们称之为知识的脚注。他的发言题目是"圣彼得的否定与守门者巴莉亚"（"Le reniement de saint Pierre et la portière Ballia"）。该文发表于《金石美文学院报告》(*Comptes rendus de l'Académie des inscriptions et belles-lettres*)，提供了一个关于我们每周休假还算公正的想法，请允许我在此引用克雷蒙-加诺先生诵读《圣徒彼得的否定与守门者巴莉亚》的一个脚注：

> 7世纪的作者巴尔巴路斯（Barbarus）从如今已亡佚的希腊与东方古老来源获取一卷史料，并保存了下来。这份史料给出基督蒙难的若干细节，包括一位守门女子的名字——她以不得体的问题激起了圣彼得的否定，其名为巴莉亚，意谓"索问者"。

克雷蒙-加诺先生表示，这个神秘的、仿佛传奇的名字，源于一篇希腊课文，由某抄经士误植入或由巴尔巴路斯误读为巴艾雅（Baaia），这是叙利亚字词的准确转写，正是代表"索问者"。由此可以得到一个重要线索，指引巴尔巴路斯直接或间接取得材料的根源。克雷蒙-加诺先生以同样的方式说明，巴尔巴路斯的文本中基督受难的数处细节，皆与正本记述大相径庭①。

在这里，还必须为阿尔冯斯·阿雷解除误会，因为他捕捉到了克雷蒙-加诺发言的精华。为何他的总结——欲博人一笑的蹩脚时代的错置——让人感到无聊，而《金石美文学院报告》却激起我们的好奇心呢？这是因为他把一切都带入他的时代和他的狭小世界中去了。他只想着把巴莉亚变成美好年代（la Belle époque）的巴黎门房，讨好那些圣彼得所送、新鲜捕捞的鱼货也无法安抚的房客。然而就那么令人发笑吗？他用他的现在分词阴性让我们感到无聊，而学院的总结则显示"巴莉亚"一词是叙利亚文有多么重要：这显示了巴尔巴路斯有渠道获得别处没有的当地文献。什么当地文献？是关于基督蒙难的记述。这可不是一个随随便便的、无关紧要的小故事；它对于整个世界的命运都有过一定程度的影响。对于这样一个故事，有更多补充信息，或能发现可能在某个时间添加其中的未知增补，我们也不会不悦。还有，可以知道的是，这位巴莉亚，并不是圣彼得的门房，而是大祭司。我们如此渴望知道更多巴尔巴路斯与其蒙难记版本能够提供的特殊细节！比起阿尔冯斯·阿雷用来汲取不少油水的那些不擦脚的房客的故事，这难道不是有趣多了吗？难道我们不会觉得——自然而然，我甚至不是在说获益了——这样更有乐趣吗？透过独到的记录、精心的分析、与其他资料来源广泛对比，并以才学评注的这种金石文献的轨迹，思考历史的传递与其意义的乐趣，为的不是感到一种满足吗？

东方学的博雅大家，一如查理·克雷蒙-加诺（1846—1923），他

---

① CRAI, 37ᵉᵐᵉ année, n° 4, 1893, pp. 228-229.

的学术工作是为他自己，但也为我们所有人带来了愉悦，就像我们各自的研究所带来的愉悦一样。他也将这份愉悦在金石美文学院会谈席间与大家共享。

是的，我们在金石美文学院度过不少时光，但并非如阿尔冯斯·阿雷所想的那样。他的理由其实不成立，因为他并没有成功地使我们感到愉悦。像比德（Bède le Vénérable）为他的巨著《英吉利教会史》（*Historia ecclesiastica gentis anglorum*）所说，"我永远怀有对学习、教育与书写的愉悦"，更精确而言，"对于我，这始终美好"。

我们开始设计2020年的年会时，没有预料到，这场会议的变动与我们所有人的遭遇相叠合；而以上就是我们期待说服嘉宾出席的理由，我也相信各位已经接受。不过要如何将之化为一道简短而惊艳的题目呢？在我们全体之中，让-路易·费拉里有着最确切、最鞭辟入里的精妙。他以拉布鲁耶（La Bruyère）的方式（"阿西斯，您想告诉我天冷；为何不直说：'天冷了？'"）给了我们一个建议：以寥寥几句表达，博学不是思想的敌人，反而滋养了思想；博学不是无聊，反而是喜悦的泉源。这也等于说了"博学、思想与欢愉"。在所有怀念让-路易·费拉里的理由中，这正是我们今天的理由。

博学不是知晓一切，而是知道如何验证所知。也就是说，只有能够提出方法驾驭自身庞大知识的人，才称得上是博学。

思想，是对于博学的思考。没有对博学的思考就没有博学，没有对博学之对象的思考也就没有对博学的思考。查理·克雷蒙-加诺于128年前在金石美文学院发表的信息脚注，以及《金石美文学院报告》对他的总结，就是最明显的例子。

愉悦呢？愉悦是在同一种工作中复新、理解、诠释距离我们遥远的事物的欢愉。一个时代、一种文明，它的文字、语言、轨迹、艺术、诗歌，它的信仰、习俗、法律与历史，还有它对自身、对他者与世界的想法，能够进入一种原先显得无法理解、令人不安乃至厌烦的逻辑中，这便是一种愉悦，是真正地理解多元性。这不同于一些人的做法，在探索之前就先谴责，对于任何与其意见与即刻的感受仿佛相悖的任何想法，而且一点也不想了解。这些人什么也不去了解，只因为他们习惯于憎恨。

作为从博学和理解中得到愉悦的人，对看似陈旧、没有什么让人惊讶的东西，反而去关注，是因为他们愿意付出爱。

孔子对中国文化的贡献
——世界孔子学院日汪德迈访谈录*

〔法〕汪德迈 〔法〕陈力川 撰 周春悦 译 〔法〕陈力川 校

摘　要：在当今时代讨论孔子，要看到他对中国文化和让世界了解中国文化的贡献：他是人类文明史中的一位文化的创始人，而非宗教的创始人。孔子所创建的儒学的贡献要在两种典型的中国价值观中寻找：一种是"仁"，即人类的德行，这是孔子学说的核心；另一种是"天人合一"，孔子的学说将其作为所有政治经济实践活动的理由。孔子思想还有一个核心价值近年来在中国被重新发现，这就是和谐的思想。"和谐"代表了孔子对人类共同生活的理想，可以被看作社会凝聚力的同义词。

关键词：孔子　中国文化　仁　天人合一　和谐

陈力川：您如何看待孔子对中国文化的贡献？

汪德迈：在我看来，孔子做的最重要的事是改革他所处的时代——公元前6世纪——的中国政治制度。在这一点上，孔子扮演了一个名副其实的创始者的角色。孔子整理了国家的典籍，并对其进行了系统的修订（这一工作由他的弟子们最终完成），他编纂的《五经》后来成为中国文化的基石。在这之前，中国只有官方使用的文字，用以记载保存官方的档案。中国文字是在此前五百年的殷商时代由占卜师创造的，用来记录占卜的结果。正是在这个整理国家典籍的过程中（他坚

---

* 此中文稿据法国汉学家汪德迈与旅法学者陈力川于2014年9月23日在巴黎的法文访谈稿译出，有删节。

称这样做是出于某种天命①），孔子前无古人地创造了个人而非官方写作的典范。就这样，他开辟了中国作家文学的历史——此后，诸子百家纷纷著书立说，他因此成为诸子百家的第一位人物。我认为，他当之无愧于传统所赋予他独一无二的历史地位，他是中国古典文化的创始人，同时也是人类文明史中唯一一位文化的创始人，而非宗教的创始人。

陈力川：孔子的思想在当今世界能起什么作用？

汪德迈：孔子的行为在当时具有革命性，但很难说能在古代中国以外的地方成为类似革命的示范。不过我们可以这样看，从前孔子为自己文化做出的典范对于我们在今天这个时代建立一个跨民族的文化，而不是民族文化，以适应后现代世界的全球化具有启迪意义。今天的全球化仅仅建立在经济层面，其中最重要的价值便是金钱，这令人难以接受。我们要记得，孔子投身仕途的原因便是他不能接受他那个时代出现的"富国强兵"的意识形态，这一思想腐蚀了周王朝，使其蜕变为战国时代群雄争霸的战场，其结果便是建立了秦始皇遗臭万年的极权主义政体。于是，在周王朝的晚期，我们看到了一场局部的全球化，它发生在地球中国的一端，但已经是只认武力与金钱的价值，而结局便是两个半世纪的战争和继之而来的半个世纪的独裁专政。这三个世纪的政治悲剧就是拒绝接受孔子希冀的改革所付出的代价。事实上，孔子在他有生之年失败了，在他的整个后半生被当权者视为异端，颠沛流离。他只是在后世——汉朝的时候——才获得成功。当代世界范围内的全球化不仅引发了1914—1918以及1939—1945年惨烈的世界大战，还使今天的人类陷入前所未有的生态灾难的威胁之中。显然，全球化必须建立在能够驾驭经济价值的另一些价值，即人类文化的最高价值之上，这是所有文化都能够认同，并具有跨文化意义的价值。

跨文化的建立并不是要在一种荒唐可笑的文化世界语中消除差异，相反，是要在多样性的碰撞中，用一种批判性的审视眼光，深化每一

---

① 孔子在汉代被称为"素王"，王充《论衡》卷二七《定贤》："孔子不王，素王之业在于《春秋》。"

种文化特有的价值。今天，信息技术的革命创造了比以往任何时候都更好的条件。正如孔子改革的核心是获得文字——这一当时全新的媒介，我们这个时代的跨文化革命的核心是通过精神的创造力驾驭多种新的交流工具，从广播到电视，从报刊到社交网络，从纸书到电子书。今天，借助于这些工具，所有的文化都可以相互交流，不同语言之间的翻译也使交流变得更加流畅，然而，各种语言不能趋同，因为语言是文化独特性的载体和卫士。一个中国的思想家、作家、艺术家要通过保护自己的语言来了解古老的欧洲文化和年轻的美国文化，反之亦然。剩下来要做的就是为了能够达到这样的认识高度，必须小心不要落入大众传媒的圈套，因为后者已经完全服从于其产品的商业化运作，源源不断地生产着廉价的文化衍生品，打着铺天盖地的商业广告，以及各种各样的政治宣传。我们需要的不是颠覆了官方对文字垄断的孔子革命，而是需要思想大师的警钟长鸣于耳，打破一切因循守旧的势力，以及那些无聊的套话和庸俗的见解，为新的人文主义诞生于这个全球化的世界而发出真正有意义的呐喊，并让这些声音远远超脱于文化衍生品巨大消费市场的喧嚣，让每个人都能听到。

陈力川：在您看来，孔子的哪些思想价值对建立新人文主义是至关重要的？

汪德迈：我认为儒学的贡献要在两种典型的中国价值观中寻找，一种是"仁"，即人类的德行，这是孔子学说的核心，另一种是"天人合一"，孔子的学说将其作为所有政治经济实践活动的理由。

什么是儒家所说的德行呢？就是"父父、子子"，同样，社会团体中的所有成员，每个人面对他人时，都应该以与自己在社会中所处的地位相对应的责任来行事。因此，"仁"的文化是一种与社会等级联系在一起的义务文化，这跟西方与公民平等相联系的权利文化相反。相反，但丝毫不矛盾：权利的平等不否认义务的分级，义务的分级也不否认权利的平等。但是偏重一种文化必然会削弱另一种文化。显而易见，中国缺少的是权利文化，在这方面还有许多事情要做。然而在西方,愈演愈烈的个人主义将个人权利的平等与否认一切权威的平均主义相混淆,而这种极端的平等意识忽视了与父子所处的地位相对应的责任。

"仁"的社会道德在人与自然的关系中逐渐扩展为一种宇宙道德。王阳明(1472—1528)指出,正如"见孺子入井自然知恻隐"(在孟子看来,这便是"仁"的基因),同样,见一株植物断枝,见石块或瓦片破碎也自然知恻隐,正所谓"虽小人之心,亦必有者,是乃根于天命之性"[①]。这种对自然的尊重和爱正是建立在"天人合一"的原则之上。此命题出自张载(1020—1077),新儒学的创始人之一,但是这种思想早在他之前的《易经》的宇宙思辨的系统论中就已经出现,其含义是人类生产活动的终极目的不是为了支配天地,而是与之配合。见于《周礼》最后一章,记述工业制造的儒家文献《考工记》在引言中有下述文字:"天有时,地有气,材有美,工有巧,合此四者,然后可以为良。材美工巧,然而不良,则不时,不得地气也。橘窬淮而北为枳……"这不仅与西方的生产本位主义背道而驰,简直是处于两个极端,后者宣称人是大自然的主人,其依据是耶洛因(另译"以利",希伯来语,指造物主)在《创世纪》中说的,他"创造了人……并对人说:'管理海里的鱼、空中的鸟和地上的所有生物!'"

诚然,儒学贬低手工业者和商人的社会地位,过于反对生产本位主义,这使得中国一直没有发生工业革命,尽管直至17世纪,中国在科学技术方面的进步完全不逊于西方。但此后的西方,在完全控制了大自然后,开始无限度地破坏自然,甚至到了威胁地球生存的地步。这便重新赋予中国"天人合一"的思想以紧迫的时代意义;然而遗憾的是,今天的中国步生产本位主义的后尘,全速追赶西方,自己都忘记了孔子的教诲。中国应该首先记取这一教诲,为世界做出榜样。

陈力川:孔子思想还有一个核心价值近年来在中国被重新发现,

[①] 《王文成公全书》卷二六,续编一"大学问"。

这就是和谐的思想。"和谐"代表了孔子对人类共同生活的理想,尽管人类社会在任何时代都不可避免地受到个人利益和他人利益的拉扯。在您看来,和谐的思想,在西方的政治伦理学词汇中,是否可以被看作社会凝聚力的同义词?

汪德迈:我认为您说得很有道理,和谐是一种典型的中国价值观,是儒学的精髓,值得为崇尚冲突的西方政治哲学借鉴,用以平衡其过激之处。孔子思想中的道德,即"仁"的理念根据社会团体中每个成员在社会中所处的地位和境况细致区分各自的义务。因此,在理想的状态下,由礼仪严格规定的义务使和谐无处不在,而在西方,与中国古代秩序相对应的是由权利理论建立的法律秩序。礼仪的秩序和季节的转换均建立在阴与阳的能动性之上,而阴与阳并不是对立的,而是相辅相成的原则:阴和阳互不排斥,此消彼长,互为补充。中国的礼仪对冲突深恶痛绝,因为冲突与阴和阳的运动规律相抵触,因而阻碍进步。相反,在西方的权利社会中,冲突被当作进步的动力。为了捍卫争取到的权利,社会斗争的号角震耳欲聋,但听不到和谐履行公民义务的声音,这不仅因为缺乏演奏和谐乐曲的礼仪,而且由于权利的体系使义务失去了道德的光辉,剥夺了其道德属性,将其变成"法定义务",仅仅是权利的反面,消极的权利。这一体系的构建是为了在利益的竞争中保持积极权利和消极权利的平衡,将竞争控制在一定范围内。但是竞争从根本上来说就是冲突性的,而冲突被用来激励进步。

陈力川:人们常常将孔子与儒学混淆。儒家学说在两千年间被当作帝制的意识形态工具,长期以来被视为奴役和顺从的代名词。如何在被工具化的儒学之外恢复孔子思想的本来面目呢?

汪德迈:我在前面说过,孔子本人未能让他那个时代的当权者采纳他的思想。他的思想是到了公元前136年才被正式实行,在董仲舒(公元前179—前104年)的影响下,汉武帝在培养官僚候选人的太学中建立了由博士讲授儒家五经的制度,同时废黜了其他诸子的学说。从此,儒学成为国家的正统思想。在整个中国帝制时代,儒学一直保持着统治地位,直到1911年,它已经因统治者的滥用而变得面目全非。就像在其他地方一样,君主政体堕落成为专制暴政,其中最具中国特性的便是以"仁"为核心的儒家人文主义沦为黑社会式的人际关系。

  这并不意味着儒学是一种似是而非的理论,只是它的真实性并没有能够按照其创始者的表述,或者后来重要的继承者所发展的那样昭然于世,只能靠一代又一代的人不断地努力,去伪存真。这就需要对儒学在每个阶段的演变及其产生的影响进行研究。我想到了日本著名的汉学家仁井田陞(1904—1966)对中国法律史的研究,他的研究揭示了在中国,不见于官方体制的私法是如何在被官僚贬低的商业和手工业领域得到非正式发展,其复杂程度不亚于西方法律体系。仁井田陞还揭示了在刑法领域,古代实行的五刑是如何被汉朝的儒家所废除,在中世纪,中国的刑罚远没有在欧洲那么严酷。中国刑法中最残忍的酷刑——凌迟,是在野蛮的元朝(1206—1368)时期由蒙古人引进刑法法典的。

  陈力川:作为结束,我想知道您对孔子学院有什么祝愿?

  汪德迈:我祝愿孔子学院能够完成它们的使命,使外界更广泛、更深入地了解中国文化,首先是汉语,因为所有文化的根基都是承载它们的语言。我本人有幸终生以汉语为职业,且从事的完全不是与政治相关的外交或经济职业,而是受法国宪法保护的非政治化的教师职业,这是出于我对中国文化的崇拜和热爱,虽然它不是我的母语文化,但却是我的母语文化带给我的发现。

我的父亲,这位英雄……

〔法〕香塔尔·汪德迈·达尔玛 撰　周小珊 译

摘　要：在法国汉学家汪德迈先生的女儿的回忆中,父亲终其一生都在工作,坚定地捍卫真理和自由。他反对侵略战争,投入当时被侵略的亚洲国家的文化研究。他酷爱研究,忠于爱情。他对子女慈爱,对朋友担当。他把轻松、幽默和讽刺与学者、博学家和研究者的学问完美地结合在一起。

关键词：汪德迈　汉学家　父亲　反殖民主义者

我每当想起父亲,首先映入眼帘的,是他坐在桌前笔耕的画面。

他一生都在工作：他用绿色的帕克笔写了很多年（大概他每年都要买一支新的）。在他人生的最后几十年,电脑的键盘代替了钢笔。绿色的帕克笔在我眼里就变成了一个象征,一种认同,或者是我认为它能给我带来好运,于是我上大学考试时用的笔也都是绿色的帕克笔。

我父亲教我工作……

以及很多其他的东西……

他教给我勇气与智慧。

父亲于1928年出生于法国北方的一个富裕家庭,第二次世界大战、溃败、抵抗运动,以及耳闻目睹的不幸与英雄主义,给他留下了深刻的印象。他说过,因为有了抵抗运动成员的英勇斗争,才让法国人继续当法国人。他在生命的最后一段时间里,忍受着病痛的煎熬（尤其是在一天晚上跌倒之后,躺在家里的地板上好几个小时,无法动弹）,但他想到抵抗运动成员遭受的酷刑,就觉得自己的痛苦不算什么。

他在18岁那年出于强烈的爱国主义精神和军人般的使命感,决定参加圣西尔军校的入学考试。他在体检后,被告知近视,不符合入伍条件,被刷了下来,上战场的希望就此落空。同一时期,他在一次讲座上,认识一位在法国巴黎留学的越南青年,名叫Truong Cong Cuu。这次相遇非常关键,他们成了朋友。和越南青年之间关于越南和亚洲的谈话,引起父亲对亚洲文化的兴趣。他开始了解到殖民主义的负面。越南战争爆发后,他彻底变成了反殖民主义者。他坚持尊重他人,捍卫人性的尊严,敢于向一切负面价值系统的事物展开反抗。他后来在《精神》杂志上发表了一篇反对殖民主义的文章,直言不讳地表达自己对亚洲局势的看法,没想到竟然因为此文没有通过中学高级哲学教师资格的考试,一位考官(考试委员会主席)信奉殖民主义,得知父亲的这篇文章,就直接把他给淘汰了。经历这次挫折之后,父亲选择前往越南河内教书,彻底转向了亚洲研究。

在不同文化的相遇中激发的担当,越挫越勇的智慧,披荆斩棘的勇气,探索新知的好奇心和激情……这就是我的父亲,一种高尚人生的楷模。

父亲擅长讲故事,我从小就非常喜欢听他给我讲故事。

等我长大后,也总能听到他讲故事。他讲工作上的乐事、旅行中的趣闻,语言生动而清晰。我读他的书,可以从他优美的、毫不枯燥的文笔中,体会到他的思想和阐释的高度。他把轻松、幽默和讽刺,与学者、博学家和研究者的学问巧妙地结合在一起。

他对待工作的执着,一如他对待生活的激情。他在1945年至1950年间遇见我的母亲,一见钟情,从此他忠实地陪伴她,直至她生命的尽头。

崇高、严谨,坚定地捍卫自由与真理,这一切,便是我的父亲,但又远不止这些……

将跨文化学教科书列入21世纪通识教育系列教材
——《跨文化研究的理论与方法》前言*

乐黛云　陈越光

中国思想文化界关注跨文化研究的理念和实践，始于20世纪80年代，以1996年和2015年为两个重要的时间节点。1996年，在南京大学召开了"文化的差异与共存"国际学术讨论会，由北京大学、南京大学、欧洲跨文化研究院三方，共同创办中法合作《跨文化对话》学术集刊，于1998年正式出刊，这本集刊至今已有22年的历史了。这也是在跨文化领域创刊最早、历史最久、最具影响力的一份学术刊物。2015年，在北京师范大学设立全球第一个跨文化学研究生招生目录，招收该方向的博士和硕士研究生，次年成立北京师范大学跨文化研究院，并首批出版教育部人文社会科学重点研究基地重大项目研究成果"跨文化研究"丛书，国务院新闻办公室网站专门发布了这套丛书出版的消息，引起了国内外的关注，现在这套丛书已经出版108种。与上述工作并肩行进的，是我国高校的跨文化学教育事业。

无论从以往、当前和长远看，推进跨文化教育、培养跨文化学人才，都是十分必要的工作，编纂专业教材也是必不可少的尝试。2017年，在中国人民大学出版社的支持下，我们开始向教材方向努力。我们从《跨文化对话》中遴选文章，编为"精华本"两册，分别是《全球视野下的中国文化本位》和《全球治理、国家治理与社会治理》，于2018年出版。两册分开阅读，可以大体了解两个问题：一是我国的跨文化研究起步于比较文学专业，同时从一开始就体现了文化使命感，

---

* 乐黛云、陈越光主编：《跨文化研究的理论与方法》，北京：中国人民大学出版社，2021年。本文写于2021年1月8日，原为主编为这部教材撰写的《前言》。

即继承和发展中国优秀文化传统、建设现代中国文化，并注意与世界对话。为此，它有鲜明的问题意识，正如我们在两册书的《前言》中所说，它紧扣"理解我们时代的思想和行动"，"我们的世界相互依存，人与生物圈相互依存"的观念；它也讨论全球治理、国家治理与社会治理，把跨文化研究与社会应用实践结合起来。把两册书合起来阅读有整体性，能帮助读者观察，在21世纪初，出现了世界格局的一个全新维度，就是中国因素的加入。中国走向世界，在改变自己中影响世界，在发展自己中促进世界。这种在开放中变迁，在碰撞中融合的过程，自然是一个跨文化互鉴的过程，而要展望这一过程的方向，要问这一过程中的中国积极因素能否持续？就必然要深化对中国文化精神的理解，就不能不审视全球化背景下的中国文化自觉。

现在摆在大家面前的这部新教材，是以上两册的修订版。这是根据近年高校跨文化研究领域的拓展和课程设置需求所做的调整。与四年前的教材相比，它的主要变化有二：一是在跨文化的视野下，强调阐释中国理论资源和中国文化元素，同时也说明，跨文化研究属于交叉学科领域，它与哲学、历史学、民俗学、语言文字学、艺术学、科技史学等多学科联动互补，有激发问题思维的优势；二是坚持学术开放，保持"对话"性，又不失梳理各方关注的焦点问题，并在这个层面上，大致廓清跨文化研究的理论框架与方法论。我们也在资料上做了调整，增加了《跨文化对话》近年刊发的中外学者新作，而总体字数减半，将原来的两册编为一本，以方便高校学生携带和阅读。

我们希望这本新教材能够进一步突出它的定位，建构跨文化研究潮流在我国的形成史，为有志于投身跨文化研究事业和关心全球化背景下中国文化与世界文化发展的青年学子提供基础而前沿的学术视野，帮助大家深入到不同文明、不同文化、不同民族精神的深层结构中去，再反观自我文明，提升文化自觉，进一步获得参与人类优秀文明建设的见识与能力。

从跨文化的角度探究"绿色文明"
——绿色文明与跨文化研究的对话(上)

李晓西

摘　要：本文表达了对"跨文化"研究的理解与向往，力求从绿色经济与绿色文明的角度，来比较和认识"跨文化"研究的意义与方法，同时向文化界朋友汇报介绍了"绿色文明"的内涵与主张。文章特别强调了"绿色文明"与"跨文化研究"的三方面内在联系，即都源于当代人类社会可持续发展的需要，都具有"多元异同比较"的思维方式，都包含着对"文明之跨"的褒奖与肯定。文章还特别引用了东西方文明交流的史例，来支持文明的包容与共荣。结束语则是借对奥运精神的赞美，表达了对跨文化、跨文明美美与共的期待与祝福。

关键词：中法友谊　跨文化　绿色文明　求同存异　可持续发展

导　言

跨文化，这是一个非常鼓舞人的概念！"跨"，主张的是一种立足本业介入相关领域的新探索。显然，"跨"需要勇气，需要分析与综合的智慧，需要比较与包容的方法，更需要一揽古今中外的视野。

作为学者，跨文化首先是跨学科。回忆中国改革开放过程中，因客观的推动与形势的需要，我自己曾立足于经济学，跨入了教育、体育、卫生、环保甚至法律等多个领域，与各方专家共同研究，产生过若干成果，也被聘为了若干非经济学科组织的顾问或成员。其中，最接近经济学与文化专业的，当数清华大学文化经济研究院的聘请了。

作者与北京师范大学跨文化研究院院长董晓萍教授相熟，我们就跨文化学多次交流。我确实热爱文学专业，愿意接触跨文化学的研究成果。我研究的专业是宏观经济与区域经济，从2010年开始研究经济的可持续发展。近年在可持续发展和绿色发展研究基础上，对绿色文明也做了一些探讨，出了专著。2020年10月由北京师范大学出版集团与德国施普林格（Springer）出版社合作正式出版了英文稿，在2021年3月由科学出版社正式出版了中文稿。

图1 《绿色文明》中、英文版书影

《绿色文明——可持续发展的人类共识与全球合作》一书想表达的意思，就是世界各国、各民族、各宗教进而所有不同历史与文明的民众，能包容共存，善待自然，与万物和谐相处，力求实现人类与地球的双重可持续！

"绿色文明"的研究，拉近了与"跨文化研究"的距离。2021年6月23日上午，通过董晓萍教授，我看到法国著名汉学专家汪德迈先生《中国思维的两种理性：占卜与表意》一书（金丝燕译），翻阅后感觉很有新意与启发，非常值得细读和理解。借助这份因缘，我也请董晓萍教授将拙著《绿色文明》的英文版敬赠汪先生与金教授。第二天，即6月24日，董晓萍教授微信告诉我，在疫情阻隔、邮路不畅的情况下，已先期将《绿色文明》的封面、版权页、赠言和目录扫描寄给汪先生和金丝燕教授两位，以期他们能"先睹为快"。董晓萍教授还告诉我，法国阿尔多瓦大学特级教授金丝燕昨天在汪德迈先生家工作，就《绿色文明》一书回复说："赞叹不已。这样的思路，用英语国际平台。中国需要这样的精英。"金教授的支持给我尝试"跨文化"交流以很大的鼓励！汪德迈先生虽已无缘当面请教，但我相信他的中国学研究成果会传诸久远。法国汉学研究已有三四百年的历史，我为法国赞美！有机会参与法中专家合作从事的跨文化研究和多元文明交流，真是一生中值得骄傲的经历。

顺便提及，波兰克拉科夫雅盖隆大学（the Jagiellonian University）"21世纪文明比较研究"（"Comparative Studies of Civilization in the 21st Century"）项目的负责人Wojciech Klimczyk教授2021年5月27日给我来邮件，说偶然看到了《绿色文明——可持续发展的人类共识与全球合作》这本非常"振奋人心的书"，很感兴趣，并邀请我共同组织会议进行讨论。对这位素不相识的国际朋友的肯定与支持，我同样深表感谢，也愿意有机会进行研讨。德国施普林格出版社2021年11月4日发来信息，告知我那本书电子版下载量达到1238章，并表示祝贺。总之，上述这些信息及其支持，提升了我对跨文化研究的兴趣和信心。

一、研究"绿色文明"的现实意义？

（一）背景：全球共识

在联合国成立70周年之际，2015年9月25日至27日，在纽约联合国总部，会聚了各国的国家元首、政府首脑和高级别代表，共同制定了新的全球可持续发展目标。193个会员国在举行的历史性首脑会议上一致通过了可持续发展目标，正式通过了《变革我们的世界：2030年可持续发展议程》（以后行文简称为《议程》）。《议程》所商定的所有新的目标和具体目标已在2016年1月1日生效，是各国在今后15年内决策的指南。

美国哈佛大学经济学教授理查德·库珀在拙著《绿色文明——可持续发展的人类共识与全球合作》一书的《序言》中充分肯定"李（晓西）教授从《联合国2030年可持续发展议程》体会到推进'绿色文明'的意义"。他写道："在本书中，李教授呼吁应把'绿色文明'作为文明的根本形式（the ultimate form），这样既可传承工业革命形成的文明，同时包容了人类的各种宗教和信仰。他认为这种最高形式的文明是经济发展不可避免的自然产物，是后工业历史阶段全球化背景下的必然产物。他的结论是，建设'绿色文明'是摆脱生态与环境泥潭的唯一出路。……在李教授看来，'绿色文明'不仅有益于人类健康和整体福祉，更有助于解决塞缪尔·亨廷顿教授在1996年出版的名著《文明冲突论》中所假设的危险前景。本书多次提及防止文明冲突，强调具有多元性和包容性的'绿色文明'，强调所有民族和国家的互利与合作。"感谢库珀教授的评论！教授于美国时间2020年12月23日因淋巴癌扩散，于马萨诸塞州剑桥市去世，享年86岁。这里请允许我再次表达深深的怀念之情，我将永远铭记这位国际经济合作理论大师为推动世界经济合作以及为推动中美关系发展所做的重要贡献！

（二）绿色文明体现了对历史的尊重、对未来的关切

绿色文明既是人类历史上文明进步的新范畴，也是一个历史范畴。充满着绿色与生机的地球，早于人类起源。人类学与地质学对人类起源及人类文明发展有丰富且有价值的重要专论，我们尊重也包容各种学说与观点。因为我们清楚，不论人类自身起源于亚洲还是非洲，不论人类文明起源于南极还是外星，不论人类文明进步的动力是生存本能还是科技的力量，也不论农耕文明是否超过五千年而工业文明是否仅三百年，但我们都看到，绿色文明是绿色与文明的结合。

在新世纪里，当我们在每天战争与冲突的报道中，听到若干亿民众生活在失业、贫穷、疾病和游离失所的悲惨境遇时，看到国家内和国家间的机会、财富和权力的不平等悬殊的环境，而自然资源的枯竭

和环境退化使人类面临生存威胁的当前。如何解穷困之倒悬，化干戈为玉帛，平等国家间、国家内的社会经济关系，维护人类及其地球的可持续，实在是天下头等重要的议题，是解千年发展之惑之谜的大问题。上溯百年甚至千年，多少思想家、政治家或先贤先哲们，为人类生存发展与大同社会提出各种理论，辩理求真，高下争执，转眼千百年，何曾达成全民共识更遑论全球的共识？《变革我们的世界：2030年可持续发展议程》正是为回答这个问题做出的全球性的合作宣言！

绿色文明对不同国家、不同民族、多元文化具有包容性和互利性。联合国《变革我们的世界：2030年可持续发展议程》中提出的"我们承诺促进不同文化间的理解、容忍、相互尊重，确立全球公民道德和责任共担，我们承认自然和文化多样性，认识到所有文化与文明都能推动可持续发展，是可持续发展的重要推动力"[①]。

（三）紧迫性

近年全球爆发的疫情等的天灾人祸不断在提示我们：绿色文明建设因自然环境急速恶化而具紧迫性！科学家们说：物种灭绝、海平面上升、粮食危机……全球变暖已经造成了一系列的恶果，如果人类还不采取有效措施应对气候变化，后果将不堪设想。

美国麻省理工学院地球、大气与行星科学系教授丹尼尔-罗斯曼于2017年的一项研究预测：2100年地球将迎来第六次物种大灭绝。罗斯曼教授通过数学公式，对包括5次大规模灭绝事件在内的5.5亿年间碳循环的重大变化进行了计算分析，确定了"灾难临界值"。他将这一数值与政府间气候变化专门委员会报告提供的预测值对照后发现，2100年海洋碳总量将接近或远超过该临界值，从而导致第六次大规模物种灭绝。[②]澳大利亚国家气候恢复中心发表报告称，气候变化

---

① 联合国：《变革我们的世界：2030年可持续发展议程》，2015。网址：http://world.people.com.cn/n/2015/0926/c1002-27637353.html (2015-9-26)。

② D. H. Rothman, "Thresholds of Catastrophe in the Earth System", *Science Advances*, 2017.3 (9), pp.108-112.

导致人类文明面临生死存亡的威胁，到2050年，人类文明可能走向终结，而我们这代人将亲历。该报告指出，目前大多数气候模型相对保守，没有考虑到气候变化临界点和可能加剧气候变暖的正反馈循环，比如永久冻土融化释放温室气体、南极西南极冰川融化、海洋和陆地大气中二氧化碳的减少。该报告向我们描述了一个处于危险状态的地球：气候变暖下极端高温笼罩着地球，全球约20亿人面临极度缺水的挑战，粮食产量大幅度减少，超过10亿人流离失所。全球约35%的陆地面积和55%的人口，每年将遭受20多天的致命高温天气"拷打"，远超人类生存能力的极限。人类文明走向末日并不是危言耸听，发生这种情况的可能性可能比我们想象得还要高，任何一个国家都不能独善其身。①

1992年，包括诺贝尔奖获得者在内的全球1700位顶尖科学家组成"科学工作者关怀联盟"，以"世界科学家对人类的警告"为题，向全世界发出一封警告信，称人类活动正在对地球环境造成"实质性的，不可逆转的损害"，全球气候可能发生灾难性变化，最终将导致"人类巨大的痛苦"！2019年7月，英国《独立报》刊发题为"2万名科学家对人类未来发出严重警告：整个世界都在倾听！"的文章，指出签署"警告信"的科学家总数已突破20,000名！科学家说，全世界各国政府、媒体和民众必须尽快行动起来，只有这样，人类才不会接到第三封警告信！②

（四）文学与艺术的表达

最后，想借用艺术的手段表达一下对自然环境急速恶化的担心。在东方卫视"中国之星"节目中，中国著名歌手谭维维与中国陕西华阴老腔艺人们共同登台，高亢激昂的一首《给你一点颜色》，唱出来大

---

① David Spratt, Ian Dunlop, Existential Climate-related Security Risk: a Scenario Approach, https://apo.org.au/node/239741, 2019 [2020-8-23].
② 《氪眼看世界》：《2万名科学家对人类未来发出严重警告》，原载英国《独立报》2019年7月22日。

众百姓对生态环境的担忧。[①]歌词如下:

女娲娘娘补了天,
剩下块石头成华山,
鸟儿背着那太阳飞,
东边飞到西那边。
为什么天空变成灰色,
为什么大地没有绿色,
为什么人心不是红色,
为什么雪山成了黑色,
为什么犀牛没有了角,
为什么大象没有了牙,
为什么鲨鱼没有了鳍,
为什么鸟儿没有了翅膀。

天空和大地做了伴,
鸟儿围着那太阳转,
华山和黄河做了伴
田里的谷子笑弯腰。
为什么沙漠没有绿洲,
为什么星星不再闪烁,
为什么花儿不再开了,
为什么世界没有了颜色,
为什么我们知道结果,
为什么我们还在挥霍。

[①] 陈忠实、路树军、谭维维:《给你一点颜色》,2015。网址:https://baike.baidu.com/item/%E7%BB%99%E4%BD%A0%E4%B8%80%E7%82%B9%E9%A2%9C%E8%89%B2/18915471?fr=aladdin〔2015-12-5〕。

> 我们需要停下脚步，
> 该还世界一点颜色。
> 为什么我们知道结果，
> 为什么我们还在挥霍，
> 我们需要停下脚步，
> 该还世界一点颜色！

二、"绿色文明"与"跨文化研究"的内在联系

文明的观点是由18世纪法国思想家相对于"野蛮状态"提出的。美国麻省理工学院历史学布鲁斯·马兹利什（Bruce Mazlish）教授在其《文明及其内涵》一书中指出，公元1756年，法国大革命时期的政治家米拉波，在他所著的一本名为《人类之友》中首次在"非司法领域第一次使用该词"，米拉波为世界带来了"文明"这样一个概念，用来指一个文雅、有教养、举止得当、具有美德的社会群体。这一名词出现之后不到10年时间里，"文明"一词风靡欧洲，成了启蒙思想中的常用词。[①] 而在中国，《易经》一书在其《易·乾·文言》有曰"见龙在田、天下文明"，《尚书》中有"浚哲文明，温恭允塞"，这可能是中国尤其是汉语"文明"一词起源。此时，正是中国农耕文明的早期。

"文化"的英文是culture，"文明"的英文是civilization，两者既有区别又有联系，但对两者的关系仁者见仁，智者见智。较多专家认为，文化有狭义的和广义的；精神的和物资载体的，文明和文化都涉及一个民族全面的生活方式；有专家认为文化所包含的概念要比文明更加广泛，文明是文化的高等形式；也有专家认为文化和文明没有多大差别。当然，还有不少专家从时间、空间、承载者、变迁速度等等多方

---

① 〔美〕布鲁斯·马兹利什：《文明及其内涵》，刘新成、刘文明主编"文明与世界译丛"，汪辉译，北京：商务印书馆，2017年。

面探求区别点。我想均尊重且包容之,专业与精力,自感不拟对此进行更多的探讨。

"绿色文明"与"跨文化"的内在联系值得关注,可能体现在以下几个方面:

首先,这两个词组均是当代的思想产物。

"跨文化"一词,"源自全球化背景下人文科学与人类社会可持续发展的紧密联系"[1]。2021年3月26日在"乐黛云先生《九十年沧桑:我的文学之路》新书发布暨学术人生分享会"上,中国文化书院院长、敦和基金会执行理事长陈越光先生指出:"乐黛云老师是中国比较文学的学科拓荒者、奠基人,也是中国跨文化研究的开创者。中国跨文化研究起步于比较文学,展开于文明对话和中国学研究,成型于跨文化学科教育。"陈教授还介绍说:乐老师"80年代参与创建了中国文化书院,推动了80年代的文化热;90年代中,乐老师在中国文化书院创办了跨文化研究院,担任院长;1998年创办了中法合作的《跨文化对话》杂志,担任中方主编;2002年创办了北京大学跨文化研究中心,担任主任;2016年创办了北京师范大学跨文化研究院,担任名誉院长"[2]。北京大学陈平原教授等很多与会学者指出:"乐老师的学问,是从现代文学、比较文学、跨文化研究这三段一个一个叠着走过来的。"[3]显然,跨文化研究是近30年的学术创新,即现代人文科学的重大成果。

"绿色文明"一词,则源自于"绿色发展"的时代背景。[4]"绿色经济"是由英国经济学家皮尔斯(David Pearce)于1989年出版的《绿色经济蓝皮书》(*Blueprint for A Green Economy*)中首先提出的。绿色

---

[1] 董晓萍:《跨文化学的课程教学》,《跨文化对话》第45辑,商务印书馆,2021年,第69页。
[2] 陈越光:《乐黛云:在苦难面前不沉默、不沉浸》,《跨文化对话》第45辑,第327页。
[3] 同上书,第322页。
[4] 相关内容摘引自李晓西:《绿色抉择:中国环保体制改革与绿色发展40年》,第二编第三章《国际合作》,广州:广东经济出版社,2017年。

经济主张：经济发展必须从社会及其生态条件出发，使之"可承受"，自然环境和人类自身可承受，不会因盲目追求生产增长而造成社会失衡和生态危机，不会因为自然资源耗竭而无法持续发展[①]。1992年，联合国环境与发展大会（UNCED）在巴西的里约热内卢举行，世界178个国家、17个联合国机构、33个政府组织的代表，103位国家元首和首脑与会，因而被称为"全球环境首脑会议"，简称里约会议（Rio Conference）。里约会议取得了重要成果：通过并签署了《里约环境发展宣言》（又称《地球宪章》）、《21世纪议程》《联合国气候变化框架公约》《联合国关于森林问题的原则声明》和《联合国生物多样性公约》等5个重要文件。里约会议是继斯德哥尔摩会议（1972）和《我们共同的未来》（1987）报告之后，又一个里程碑式的环境会议。它最大的成功在于促进了各国政府把宽泛的政策目标转化为具体的行动，并初步尝试通过经济的、行政的以及制度的手段管理环境。2008年，联合国环境规划署（United Nations Environment Programme）发起了在全球开展"绿色经济"的倡议，试图通过绿色投资等推动世界产业革命、发展经济。为此，联合国环境署启动了全球绿色新政及绿色经济计划。2011年，联合国环境署发布了《绿色经济报告》，报告中将绿色经济定义为可促成提高人类福祉和社会公平，同时显著降低环境风险与生态稀缺的经济。中国外交部2011年提交联合国的文件中指出，绿色经济是实现可持续发展的重要手段，对于消除贫困、调整经济结构等具有积极意义，同时认为国际社会要加强合作，趋利避害，切实解决发展中国家的关切。

显然，20世纪90年代前后，"绿色发展"成为人类越来越重视的主题，为研究"绿色文明"提供了与"跨文化研究"十分相同的时代背景。

其次，这两个词组均强调了"多元异同比较"的思维方式。

---

① 《绿色经济蕴藏机遇》，引自网页：http://finance.sina.com.cn/focus/lsjj/。

据相关专家剖析，跨文化研究是在现代文学和比较文学研究基础上产生的。北京大学艺术学院院长王一川教授认为："跨文化学是在文化现代性进程日益显露其忽视文化异质性的副作用时问世的，是针对比较文化学而产生的一种纠偏式探询，致力于探究此前被文化共同性幻象所压抑的文化异质性如何在文化现代性进程中一直存在并发挥其特定的作用。"[1] 显然，比较文化学是探讨文化的共同性而跨文化学则重在强调文化的异质性，体现着时代进展中文化发展的要求。但就方法论而言，这两个学科都在多元比较，分中求同，同中寻特，这使我想起在研究绿色建筑时遇到的一种同样过程：即在20世纪30年代各国建筑纷纷向以现代物理和化学渗透的现代建筑科学靠拢，而现在又在寻找各自历史上出现的种种从实际出发的建筑形态；同样，也可以看看中医与西医的"整体施治与持续分科"过程中的分分合合与传承。科学甚至学科，从整体性到细分再细分，后又从"分"回到整体思考，这是我们多次亲身体验过的过程。

"绿色文明"作为一个专业概念，体现的也是多元异同比较的方法。中外古今，文明形态之多，难以无遗漏地概括，是相当之"多元"。今天，因为人类的活动，地球出现大变异之时，各类文明均面临着可持续的问题。共同的问题引来的是寻求共同的理念、共同的目标，共同的努力。"绿色文明"是力求取得共识的提法，是主张命运共同体的提法，但其中，也包括着区别，比如，1992年《联合国气候变化框架条约》提出发达国家和发展中国家在应对气候变化时"共同但有区别的责任"，这是非常重要的。这不仅有助于保护全球环境，同时也有助于发展中国家发展经济的权利。

如果说，历史上曾常讲"分久必合，合久必分"的变迁，那我们这里所看到的共同的方法论中，是"异中求同、同中求异"，也是"同中有异、异中有同"，可以说，这也是人类思维辩证法的体现。只有

---

[1] 王一川：《跨文化学的产生及其必要性》，《跨文化对话》第45辑，第63—68页。

不断细分，才能深化探索，接近科学真相；只有适时归整，才能从宏观角度把握局部，才能不断推进科学进步。至于是先"分"还是先"合"，来自实践的需要，来自思想家、科学家追求真理的进展状态，来自不同时空的大背景。

最后，这两个词组均内涵着对"文明之跨"的褒奖与肯定。

绿色文明，不仅仅是自然生态环境的山清水秀，更关键的是呼唤人类求同存异，建立互相包容没有战争的世界文明秩序。分析人类自身如何减少文明冲突，增强文明的包容与合作，这是实现绿色文明的人文基础。文明存在差异，但各种文明都包含有人类发展进步所积淀的共同理念、共同追求。文化多元，因交流而丰富，因包容而共荣。

"跨文化"本质上是"文明之跨"。这一本原，在不久前仙逝的汪德迈教授身上最具代表性。汪老研究中国社会文化最具特色也是成果极为丰厚，影响巨大，就源自"真正的跨""文明的跨"。正如北京师范大学资深教授、著名语言文字学家王宁概括：他是"用准确的汉语语义来解释经典文本、解释中国思想""用中国文化自身提供的现象去解释中国文化"；"他具有世界文化的视野，把中国放到世界文化的大环境下包容与尊重，带着诚恳与善意去评论中国文化，并与西方文化比较"；"他说要理解中国，与其说铭记中国文化的特殊性，不如去发现中国文化特殊性扎在世界文化共有之土壤中的根基"；正因为此，"他从甲骨文和汉语文言文入手，提出了中国文化的理性基础"。[①] 也正因为如此，汪老有关中国学的著作等身。如《法家的形成——古代中国特有的政治哲学形成研究》《王道》《新汉文化圈》《中国教给我们什么》，"他对中国古代社会史、中国思想史、中国文学史的综合性研究，构建了一套独立而博通的中国学理论体系和逻辑严整的方

[①] 王宁：《一位从古代典籍中解读中国文化的汉学家——汪德迈》，《跨文化对话》第45辑，第342—346页。

法论"。① 我认为，这里，体现出的是一种有深度的高级文明的研究态度与方式。据悉，汪老生前已授权中国大百科全书出版社出版《汪德迈全集》。我们看到：绿色与文明的结合，就是"文明之跨"的交流包容、美美与共，就是在差异中求和谐，在交流中求借鉴的人类文明。

三、"绿色文明"的五大内涵

本人经多方比较分析，初步总结了"绿色文明"的五大内涵，即"天人和谐""公正民主""发展可持续""科技智慧""和平包容"。这应是本次学术交流中的必备内容。

（一）天人和谐

什么是"天人和谐"？就是尊重自然、热爱自然，坚持人与自然和谐共生。"绿色文明"本质上就是中国主张的"生态文明"，只是用更通俗和更国际化的语言表达之，用更广义的理解解释之。"天人和谐"是"绿色文明"第一内涵，首先是因为"绿色文明"归根到底，讲的是人与自然的关系，而"天人和谐"则是对人与自然关系最重要的概括，是把天地人统一起来、把自然生态同人类发展联系起来的表述。

"天人和谐"概念是立足于哲学理性高度进行的提炼。世界上的任何事物都是矛盾的统一体。世界就是由人类和自然界组成的矛盾统一体，二者之间是辩证统一的关系。一方面，人依存于自然，人类的生存和发展，要通过生产劳动同自然进行物质、能量的交换。另一方面，人与自然的关系中存着对立的一面，那就是人类发展要利用自然资源，要排放不利于自然洁净的物质。当人类自顾自己发展，强调征服、改造自然和无限索取天地之赐爱时，自然也因内部运动而形成非对称的报复，会出现不断的天灾，此种情况就意味着人与自然的对立一面成为了矛盾关系的重要甚至主导方面，换言之，天人不和谐的关系就出

---

① 董晓萍、〔法〕金丝燕：《跨文化永远的一颗星——汪德迈》，《跨文化对话》第45辑，第339—341页。

现了。

实现"天人和谐"并不简单，需要合理的互动和多元的应对。这里，首先要做到，爱人利物，互动共生。人不能征服自然，要尊重自然。人类与自然关系是伙伴是朋友，而不是主人或仆人。互动共生是多维的平衡，自然包括着天、地、水、林、生物等；人类包括着各阶层、各团体、代际关系、区域或国家间关系等，这里存在着多种多样复杂的平衡关系，因此，人与自然的互动共生要从多维平衡入手，要实实在在地做好每个环节多方协调，才能最终达至"天人和谐"。其次，要做到互助有度，妥协适应。人利用自然，同时又保护自然。不仅要考虑从自然中所得，还要考虑如何回报自然。那就必须合理开发资源、维护生态平衡、防止环境污染，从而实现人与自然的良性互动、和谐统一。换言之，人类可以利用自然来持续发展，但要节约，取之有时，用之有度，要强调低碳、循环等；资源消耗不能超过自然承载能力、污水排放不能超过环境容量，自然环境不能因人类活动而失去自净能力。三是要人本为主，律己为先。在人与自然关系中，人类应更主动地约束自己的行为，管控和纠正伤害和破坏自然的过错甚至罪孽。人类要勇于承担起与自然平衡的责任，要大力地植树造林，宽领域地保护动物，要把环境保护当成头等重要大事做好。

（二）公正民主

"绿色文明"是一个公正问题，也是一个民主问题。公正是平衡环境利益和环境负担的重要规范。于人之利益指清新空气、干净的水、绿色土壤等，而于人之负担则指各种污染、气候不稳定、生物多样性丧失以及生态系统贫瘠等。具体分析，公正有三层含义：一是社会公正。一个社会中的各阶层各团体，能否公平地承受因环境和生态恶化而造成的后果？特别是，一个社会中的贫困人口阶层和弱势群体，是否会更多地遭受着交通噪声、空气污染、不健康的食品、毒化的土地或者饮用水短缺的痛苦？众所公认，社会里最弱小的人或人群，可以活得尊严、幸福，才是人类高度文明的体现。二是代际公平。代际公正,就是指在一代与下一代甚至下几代人之间存在的社会公正问题。生态和环境的破坏,减少了未来一代或几代人对经济社会发展做出决策的空间也即生存空间。有两句话说得好:"我们这一代不仅是继承了父辈的地球,也是借用了儿辈的地球。""我们不能吃祖宗的饭,断了儿孙的路。"三是区域和国家间的公平。世界在消除极端贫困等领域取得了进展,但做得还远远不够。气候变化的影响以及国家内部和国家之间不平等的加剧正在破坏可持续发展议程落实的进展。[①]一个地区(不论是一国内或者国际的)的发展不能牺牲其他地区的利益主要是环境与资源的代价,比如污染产业和有害垃圾的区域间转移等。我们看到,发达国家绿色发展中强调减少碳排放,发展中国家强调提高资源利用效率和解决环境污染,但都认同"绿色经济是可促成提高人类福祉和社会公平,同时显著降低环境风险与生态稀缺的经济"[②]。

  社会公正与公平性的新进展,尤其是穷人与饥饿人群的情况,这里引用联合国相关组织发布的年度报告。2019年,联合国粮农组织、国际农业发展基金、联合国儿童基金会、世界粮食计划署和世界卫生组织共同发布了《世界粮食安全和营养状况报告》,报告指出,2017年,全球饥饿人口数量为8.21亿,每9个人中就有1人处于饥饿状态。报告称,这个比例相当令人担忧。[③]联合国《2018可持续发展目标报告》指出:"最不发达国家和地区极端贫困问题仍然是可持续发展领域难以彻底消除的痼疾;社会保障福利的覆盖率仍然严重偏低;受战争与冲突以及气候变化、干旱等自然灾害影响,许多国家和地区依然面临粮食生产和供给不安全的严重威胁,而且波及人口有所扩大;此外,最不发达国家和地区的医疗卫生和保健工作任重道远,在清洁饮水、

---

① 央视网:《联合国发布〈2019年可持续发展目标报告〉》,网址:http://finance.sina.com.cn/roll/2019-07-31/doc-ihytcerm2890841.shtml [2019-07-11]。
② 联合国环境规划署:《迈向绿色经济:通向可持续发展和消除贫困的各种途径》,日内瓦:UNEP,2011,第5—7页。
③ 联合国粮农等组织:《世界粮食安全和营养状况报告》,日内瓦:ILO:6-11,2011。

环境卫生及服务方面仍然存在重大卫生安全隐患。"①

在这里,需要进一步阐述"民主"的重要性。首先是各种环保的社会组织比如NGO组织要有民主的权力,建立多层次、多主体的民主环境是绿色文明中重要的环节。要建立与社会群体即利益相关方的协商机制。颁布一个环保新政策,新建一个工程项目,都需要听取社会不同利益群体特别是NGO组织的意见,要与利益相关者进行平等的对话协商。其次是要鼓励和支持企业树立社会责任的意识并形成相关的制度。企业是社会的中坚力量,是生态治理的主体之一。在推进工业化进程中,企业对环境与生态的影响是巨大的。在生态治理上,企业有自觉性,政府及民众要鼓励;企业有困难,政府及民众要帮助;企业引进生态环保的新专利或创新产品,政府审批要降低门槛甚至政策鼓励。创造条件,支持绿色产业发展,让企业能把绿色发展从压力变成动力,从负担变成机遇,这对国家生态治理目标实现具有重大意义。再次是要建立全民参与的生态治理的监督机制。要扩大公众的知情权和参与权。要增强全民生态环保意识,开展全民绿色行动。民之所好好之,民之所恶恶之,努力实现生态治理上的社会公平和民主。

(三)发展可持续

可持续发展的思想是人类社会发展的产物,反映了人类对自身以前走过的发展道路的怀疑,也反映了人类对今后发展道路和发展目标的选择。很多人类学家都不约而同地指出,"可持续发展"思想的形成,是人类在半个世纪中,对自身前途、未来命运最深刻的一次警醒和觉悟。可持续发展可以从全球化属性、自然属性、科技属性、社会属性、经济属性等多角度来下定义。这里,仅从经济角度深入分析"绿色文明"的第三大内涵,即"发展可持续"。

发展可持续,是对可持续发展理念的动态化表述,强调了经济发展的新规则与新约束。人类生产活动对自然资源的耗竭速率应充分顾

---

① 《联合国发布〈2018年可持续发展目标报告〉》,中国企业社会责任网,2018,网址:https://www.sohu.com/a/238537603_100020389 [2018-6-29]。

及资源的临界性，应以不损害支持地球生命的大气、水、土壤、生物等自然系统为前提。换句话说，人类需要根据持续性原则调整自己的生活方式、确定自己的消耗标准，而不是过度生产和过度消费。《议程》确定的目标12，就是"采用可持续的消费和生产模式"①。发展可持续，就要求改变传统的以"高投入、高消耗、高污染"为特征的生产模式和消费模式，实施清洁生产和文明消费，以提高经济活动中的效益、节约资源和减少废物。发展可持续，要求不仅重视经济增长的数量，更追求经济发展的质量。发展可持续，主要就是发展绿色经济。

发展可持续要求管理、法治、科技、教育等多方面来支撑，这里重点强调管理制度和法律法规的保障作用。法治是一个文明社会的核心观念，是从罗马继承来的。②文明社会最大的特征之一是：普遍遵守契约。由于契约的普遍建立，文明社会产生了宪法契约为核心的法治精神。契约（法治）精神是绿色文明的基石。联合国《2030年可持续发展议程》也在第十六项目标的子目标中提出，要"在国家和国际层面促进法治，确保所有人都有平等诉诸司法的机会"③。发展可持续背景下的法律，强调更多的是，国际法与国家法律都在保护生态平衡前提下支持和约束经济发展。遵规惜绿，守法护绿，制度保绿，文明增绿。真正做到经济增长在受约束下的可持续，绿色文明才有了相应的物质基础，才有了一步步实现的希望！

（四）科技智慧

"科技智慧"是指包含着人类伦理的科技进步。下面，我从三方面展开论述。一是科技对人类文明的变化是重要的。二是科技的应用对人类文明进步是双刃剑。三是科技智慧是绿色文明的重要内涵。

---

① 联合国：《变革我们的世界：2030年可持续发展议程》，2016，网址：https://www.fmprc.gov.cn/web/ziliao_674904/zt_674979/dnzt_674981/qtzt/2030kcxfzyc_686343/t1331382.shtml [2016-1-13]。

② 〔美〕塞缪尔·亨廷顿：《文明的冲突与世界秩序的重建》，周琪译，北京：新华出版社，2010年，第187页。

③ 联合国：《变革我们的世界：2030年可持续发展议程》，2016，网址：https://www.fmprc.gov.cn/web/ziliao_674904/zt_674979/dnzt_674981/qtzt/2030kcxfzyc_686343/t1331382.shtml [2016-1-13]。

科技对人类文明变化的重要性可以从人类史中得知。科技进步是人类生活和社会文明进步的主要推动力，也是决定一个国家综合国力的重要因素。从某种意义上说，工业文明是人类运用科学技术的武器以控制和改造自然取得空前胜利的时代。近些年，对人类文明或时代概括，有过很多提法，如后工业化经济时代、生物时代、纳米时代、低碳时代和太空时代等多种提法及其理论，还包括以电子工业、宇航工业、海洋工业、遗传工程、信息通信、人工智能等组成工业群的信息文明的概括。但我认为，这些概括虽然揭示了科学技术甚至社会进展的前沿，但是都可以归纳于工业化第四阶段即绿色工业革命，归于工业文明或者后工业文明中。因为，这些都是工业文明发展的直接产物，有着工业文明的基本特征！

在肯定了科技进步的作用和对人类进步的贡献后，我们必须还要正视科技给人类文明带来的困惑或不利方面。我们曾经以为，依靠科技进步，能够解决地球资源告急和生态环境恶化的危机。绿色文明告诉我们，科技的应用是一柄双刃剑。罗马俱乐部主席奥雷利奥·佩西说得好："任何进步，如果仅仅限于技术的进步，而不同时带来道德、社会、政治的进步，以及我们行为习惯的改进，那是毫无价值可言的。总之，单纯技术进步的理念是不理智的，甚至是糊涂的，社会进步首先是文化的进步。"①

固然，经济开发中利用科技保护生态环境和节约资源，有作用，要肯定，但我们在科技创新与使用过程中，还必须要强调道义、伦理或文化等，那就要提倡"绿色文明"的概念了！著名英国天文学家霍金生前曾对于科技发展可能导致人类的生存危机表示过忧虑，他警告："人工智能的全面发展将宣告人类的灭亡！"这是可能的。②人工智能武器开枪杀人不需要思考人生的意义，艺术鉴赏和创新能力不需要人

---

① 转引自卢俊卿：《第四波：绿色文明》，北京：中信出版社，2011年，第22页。
② 《刚刚霍金最恐怖的预言或成真了》，《财经要参》，2019年。网址：http://caifuhao.eastmoney.com/news/20190209010951951013720 [2019-2-9]。

类的指导，传统的人文道德、文化文明陷入模糊的边缘！显然，人类需要有理性有道德的科技创新，否则前景不可想象！显然，科技创新不能仅仅强调高的智力，还必须有具有伦理的规则和明惠。正如近期科学家们在讨论科技创新时，强调了"加强科技伦理治理"，强调了"让科技造福人类，必须在科技发展中注入'道义'，不能见利忘义"，甚至建议"建立国家科技伦理治理制度"。① 因此，在强调科技革命、科技创新的同时，要强调科技中应含有文明的因子。在"绿色文明"内涵解释中，我提出并强调"科技智慧"。"智"为聪明，"慧"为伦理！新的人类文明需要科技的进步，但这是充满人类文明进步的科技，是"科技智慧"。

（五）和平包容

《变革我们的世界：2030年可持续发展议程》在序言中提到了"和平"这一关键词，并阐述为"我们决心推动创建没有恐惧与暴力的和平、公正和包容的社会"②。没有和平，就没有可持续发展；没有可持续发展，就没有和平。这里提示了"绿色文明"的一个重要内涵，即"和平包容"。

首先让我们呼吁"和平"。在联合国教科文组织总部大楼前的石碑上，用多种语言镌刻着这样一句话："战争起源于人之思想，故务需于人之思想中筑起保卫和平之屏障"。拿破仑曾经说过，世上有两种力量：利剑和思想；从长而论，利剑总是败在思想手下。

事实上，当今世界战争的阴霾是相当令人担忧的。亨廷顿教授分析了相当多的冲突与战争。他说："正在形成的文明间的关系通常有从淡漠到强烈之不同，大多数则可能是处于两者之间。在很多情况下，它们可能接近鲍里斯·叶利钦所警告的：俄罗斯和西方未来的关系可

---

① 陆琦：《科技创新如何应"变"》，2019年。网址：http://news.sciencenet.cn/htmlnews/2019/6/427888.shtm [2019-6-30]。
② 联合国：《变革我们的世界：2030年可持续发展议程》，2016年。网址：https://www.fmprc.gov.cn/web/ziliao_674904/zt_674979/dnzt_674981/qtzt/2030kcxfzyc_686343/t1331382.shtml [2016-1-13]。

能出现'冷和平'。其他文明间的关系可能接近一种'冷战'状态。13世纪的西班牙人在形容他们与地中海区域穆斯林的'不安宁共处'状态时,创造出laguerrafria即'冷战'一词。90年代,许多人看到,在伊斯兰和西方之间又在形成一种'文明冷战'。在各种文明组成的世界里,这种关系并不是唯一的关系。冷和平、冷战、贸易战、准战争、不稳定的和平、困难的关系、紧张的对抗、竞争共存、军备竞赛所有这些说法,或许最恰当地描述了不同文明实体之间的关系。信任和友谊将是罕见的。"①

具体讨论各种冲突需要很大篇幅,需要政治学方面的专业知识。本书作者引用这两段话,是想提几个问题,人类的今天,在现代化与文明旗帜下的今天,为什么国家之间的矛盾一直用战争的手段来解决,难道战争是必然的最优的选择吗? 我认为,过分强调文明之间的隔阂与潜在的冲突,低估文化之交流合作甚至融合的可能,确实是表面客观实际片面甚至危险的。让人欣慰的是:亨廷顿教授全书的重要结论是"避免全球的文明战争要靠世界领导人愿意维持全球政治的多文明特征,并为此进行合作",同时还提出维护世界和平的三个原则:避免干涉其他文明的"避免原则",相互谈判遏制或制止国家间或集团间的断层线战争的"共同调解原则",以及各文明的人民应寻求和扩大与其他文明共有的价值观、制度和实践"共同性原则"。教授全书结论是:"在正在来临的时代,文明的冲突是世界和平的最大威胁,而建立在多文明基础上的国际秩序是防止世界大战的最可靠保障。"②

其次让我们呼吁"包容"。文明是包容的,人类文明因包容才有交流互鉴的动力。文明如水,润物无声,不同历史传统与生活方式形成的多元文化应得到"和而不同"的肯定与尊重。我们应该从不同文明中寻求智慧、汲取营养,为人们提供精神支撑和心灵慰藉,携手解决人类共同面临的各种挑战。文化多元,因交流而丰富,因包容而共荣。

---

① 〔美〕塞缪尔·亨廷顿:《文明的冲突与世界秩序的重建》,周琪译,第184页。
② 同上书,第292、295页。

只要秉持包容精神,就不存在什么"文明冲突",就可以实现文明和谐。绿色文明的关键是呼唤人类求同存异,建立互相包容没有战争的世界文明秩序。这就是"绿色文明"第五大内涵,即"和平包容"。当代文明应是一个全球化共识基础上的多元包容文明!文化多元、交流共荣、顺天应时。和平包容,是新时代高级形态文明的内涵之一!国家是世界事务中主要的活动者,因此,193个国家形成的《2030议程》,当然是一种最具全球化的文明共识!

四、东西方文明交流史为共建绿色文明提供了借鉴

当代文明应是一个全球化共识基础上的多元包容文明。让我们从多元文化的交流史来体会文明包容与共荣。

(一)中国老子《道德经》的东西方共享

老子《道德经》仅短短五千言,却以深邃的智慧,探究了天之道、地之道、人之道,深刻揭示了宇宙生命发生发展和人类社会发展变化的真谛。据统计,世界文化名著总销量除了《圣经》以外就是《道德经》,而在世界各国经典名著中,《道德经》是被翻译成最多种语言、发行量最大的传世经典。《道德经》的外文译本总数近500种,《道德经》的德文译本就多达82种,研究老子思想的专著也高达700多种。

联合国前秘书长潘基文极力推崇老子的《道德经》,援引老子的"天之道,利而不害;圣人之道,为而不争"的名言。美国前总统里根把《道德经》奉为宝典,在第二次总统就职演说中,引用了老子的名言"治大国若烹小鲜"来阐释他的治国理念。德国前总理施罗德在任时,曾在电视讲话中呼吁,每个德国家庭买一本《道德经》,可帮助人们解决思想上的困惑,据说每四个德国人家里就藏有一本《道德经》。记得15年前,我曾在美国巴尔的摩市海边一个书店购买一本英文《道德经》,付费时,售书员说这本书非常好。我问他看过吗?他回答"看过",让我非常吃惊与感动!

许多西方大哲学家或科学家都非常推崇老子。据说，德国哲学家莱布尼兹最初正是根据伏羲黄老的阴阳学说提出了二进制思想。当他第一次看到中国《河图洛书》拉丁文译本以后，惊呼"这是一个宇宙最高的奥秘"，当即给太极阴阳八卦起了一个西洋名字"辩证法"。由此可见以老子为代表的伏羲黄老学说的影响。莱布尼兹对辩证法的论述深刻地影响着伊曼努尔·康德，康德成为了辩证法的奠基人和阐发者。大哲学家黑格尔师承康德，把老子学说看成是真正的哲学。黑格尔研究每一个命题，都完全按照太极图的正（阳）反（阴）合（中）的三维形式，创立了三段式解读法。德国大思想家尼采说《道德经》像一个永不枯竭的井泉，满载宝藏，放入汲桶，垂手可得。英国著名历史学家阿诺德·汤因比在《人类与大地母亲》一书中对老子高度评价。他说："在人类生存的任何地方，老子的道家哲学都是最早的一种哲学。"奥地利经济学家哈耶克认为道家的"我无为而民自化；我好静而民自正"的观点，就是他的自发秩序理论的经典表述。日本学者汤川秀树说："早在两千多年前，老子就已预见到了未来人类文明所达到的状况。"英国科学家霍金在老子的"天下万物生于有，有生于无"的思想启示下，提出了"宇宙创生于无"的理论。著名数学家陈省身说："1943年，我在美国认识爱因斯坦。他书架上的书并不多，但有一本很吸引我，是老子的《道德经》德文译本。西方有思想的科学家，大多喜欢老庄哲学，崇尚道法自然。"

在工业文明取得史无前例的历史成就的时候，看看西方最有智慧的政治家、思想家，能接受并高度评价来自农耕文明时代的东方哲人的理念，让人感叹！这不最充分地表明了东西文明是可交流甚至融汇的吗？

（二）从马勒大地交响乐聆听中国与欧洲同样的精神世界

1999年，德国交响乐团来华演出大地之歌（"Das Lied von der Erde"）交响乐，引起轰动。唐代诗歌、欧洲音乐，文明交流、大美融合。《大地之歌》中表达的情怀，源自中国的七首唐诗。诗是先由法国女作家戈谢译成法文，又由德国作家哈依曼从法文转译成德文，再由奥地利作曲家马勒于1908年谱成乐曲。《大地之歌》是马勒的巅峰之作之一，也是欧洲古典音乐的巅峰之作之一。1911年由马勒先生的弟子布鲁诺·瓦尔特初演于慕尼黑。2005年3月，叶小纲先生的第一版《大地之歌》（四个乐章）由余隆指挥中国爱乐乐团成功地在美国旧金山和纽约林肯中心等近十个城市的主要音乐厅上演，反响强烈。

《大地之歌》情感真实，牵肠动魂。第一乐章："愁世的饮酒歌"（"Das Trinklied vom Jammer der Erde"），歌词以李白的《悲歌行》为基础，明暗交错，悲愤激越；第二乐章："寒秋孤影"（"Der Einsame im Herbst"），歌词以张继《枫桥夜泊》为基础，哀怨凄凉，忧郁浪漫；第三乐章："青春"（"Von der Jugend"），歌词以李白《客中行》一诗为基础，饮酒畅叙，青春欢快。第四乐章："美女"（"Von der Schonheit"），以李白《采莲曲》为基调，欢声笑语，明媚甜蜜。第五乐章："春天的醉者"（"Der Trunkene im Fruhling"），以李白的《春日醉起言志》为基调，鸟声鸣啭，梦幻醉酒。第六乐章："永别"（"Der Abschied"），分别以孟浩然《宿业师山房待丁大不至》和王维《送别》两首诗为基础，倾诉肺腑，凄切眷恋。

为什么马勒先生选中了唐诗？很早就接受了叔本华的哲学思想的马勒先生，一生都在思考：人从何处来、要去往何处、人生活着为何目的？当他已故岳父的好友、任宫廷顾问的特奥帕特·波拉克赠送给他汉斯·贝多克用德文翻译诗集《中国之笛》，阅看了7世纪至9世纪中国大诗人的诗，马勒一下子就被迷住了。唐诗以其透彻的人生哲理抒发出来的悲欢离合，深深地打动了马勒先生的心。

冥冥之中，果有天意，我应邀参加了2019年11月11日，由慧和天语艺术空间、李可染画院等联合主办的"大美融合——中国水墨遇上马勒交响曲"艺术展。中国著名画家、李可染画院院长李庚先生数次在马勒《大地之歌》交响曲的中外演出现场，随着交响乐演奏，创作出了《马勒交响曲系列》水墨作品，在京展出。中国水墨、古代诗歌与欧洲交响乐的融合，是东西方文明融合的大美绝配，让人感叹！引起人无尽的遐思！是啊，东西方文明一直在热爱文化的人们之间交流着，融合着！悲欢离合，爱情友谊，生老病死，回归大地，是人类永恒的影子，触弦入心，不分东西！

（三）从《几何原本》的传播看中欧文化的早期交流

利玛窦，意大利马切拉塔人，原名玛太奥·利奇。利玛窦在罗马公学和葡萄牙耶稣会科英布拉学院学习期间，学习了逻辑学、伦理哲学、形而上学、物理学和数学等学科，当然也学习了神学。利玛窦同时掌握了拉丁文和希腊文，甚至学会手工制造自鸣钟。利玛窦1582年即明万历十年抵达澳门，积极接触中国文化，刻苦钻研中国典籍，用拉丁文意译了"四书"并加注释，还特意为自己取了利玛窦这个中国名字。他广交中国官员和社会名流，传播西方天文、数学、地理等科学技术知识。

1604年，利玛窦随赴京做官的徐光启来到了北京。他带给万历皇帝的有油画、自鸣钟、西琴、地球仪、罗盘、日晷和一些来自威尼斯的化妆镜、放大镜、望远镜、近视眼镜等，其中最令中国人震惊的还是那幅《坤舆万国全图》即一幅中国人从未接触过的世界地图。

1615年后，利玛窦的《利玛窦中国札记》在欧洲出版了。仅明末以前，此《札记》出版就有意大利文、德文本、西班牙文本和英文摘译本，还有三种法文本和四种拉丁文本（包括1615年第一种拉丁文本）。利玛窦全面介绍了中国物产与社会，介绍了中国的汉字、中医、茶、漆、焰火、印刷术、制墨、制扇工艺、天文学、科举制度、政府机构和司法等。该《札记》特别介绍了中国的儒学和儒学的创始人孔子，指出："儒家这一教派的最终目的和总的意图是国内太平和秩序。他们也期待家庭的经济安全和个人的道德修养。"

1605年，利玛窦用公元前3世纪希腊数学家欧几里得的著作《原本》做教材，给徐光启讲授西方科学。徐光启深为欧几里得的基本理论和逻辑推理所折服，提议与利玛窦一道将这本书译成中文。二人协调配合，反复推敲，力求准确表达。"点""线""面""平行线""对角线""三角形""四边形""多边形""对角""直角""锐角""钝角"等中文译名，就是他们二人呕心沥血的智慧结晶。特别是他们将汉语中用于设问的一个词语——几何，创造性地用来命名原书及其学科，信达雅兼备！1607年，《几何原本》前六卷正式翻译出版。这是中国历史上翻译出版的第一部西方教科书，也是中西科学交流史上的第一部自然科学译著。利玛窦的著述不仅对中西交流做出了重要贡献，对日本和朝鲜半岛上的国家认识西方文明也产生了重要影响。300年后，中国著名学者梁启超高度称赞《几何原本》的翻译是"字字精金美玉，是千古不朽之作"。利玛窦和徐光启在中西方文化交流中做出的重大贡献在东西方均为人们知晓和称赞。

（四）从丝绸之路看中国与阿拉伯文化交流的悠久历史

阿拉伯国家在西亚有12国，在北非有11国，他们有统一的语言——阿拉伯语，有统一的文化和风俗习惯。在阿拉伯国家所处的地区，曾出现了一些著名的古代文明，如古埃及文明、巴比伦文明、腓尼基文明等。这些文明不仅在当时，而且直到21世纪都有令人惊叹的成就与神秘性。

中国与阿拉伯文化交流有着悠久的历史。闻名中外的古丝绸之路，就是生动有力的见证。两千多年前，通过丝绸古道传入中国的胡桃、胡椒、胡萝卜等，早已成为中国人喜爱的食物。阿拉伯鼎盛时期的文学经典《一千零一夜》，在中国家喻户晓。伊斯兰风格的音乐、舞蹈和服饰、建筑，在中国深受欢迎。同样，中国古代文化和技术，也传到了阿拉伯国家。中国的瓷器、丝绸、茶叶、造纸术，就是通过阿拉伯国家传入欧洲的。六百年前，中国航海家郑和七下西洋，多次到达阿拉伯地区，成为传播友谊和知识的使者。中国与阿拉伯世界的交流不断扩大和加深，不仅有力促进了双方的文化繁荣和经济发展，还推动了东西方文明的交流。

历史让人感慨！人类发展到了今天，一定要以文明交流超越文明隔阂、以文明互鉴超越文明冲突、以文明互补超越文明封闭，推动不同文明相互理解、相互尊重、相互融合，形成人类互相包容的价值观与文明观！

结束语：展示人类探求共同文明的努力
——奥运圣火赞

在北京冬奥会成功举办的今天，有幸作为两届奥运会主办城市的市民，我想再次借用2008年为北京夏季奥运会写的一篇短文，表示对人类共同文明的期待与祝福吧！

原文摘要如下：

奥运圣火在开幕式上点燃，熊熊聚起竞技的激情和斗志；圣火在闭幕式上隐退，深深留存运动的热情和友谊。圣火升腾，万众欢庆；火炬之旅，歌舞相随。为什么奥运之火被称为人类文明的圣火？为什么奥运圣火被全人类钟爱？奥运圣火是一面旗帜，象征着超越族群主义的整体正义，代表着超越偏见的世界人权，是多元文明的共识与合作，是人类可持续发展的命运共同体精神的体现，而这不正是"绿色文明"的真谛吗？

（一）地上之火与天上之火

翻开历史的篇章，拂去岁月的风尘。我们在火与人类血缘之纽带前深思：希腊传说中，为驱逐黑暗和混沌，普罗米修斯从天上盗来火种；中国的《史记》中，先祖燧人氏钻木取火。传说之外，历史凿凿，50万年前北京周口店火烬，依稀存温，这是中外史学家公认世界上最早的人类用火证明。有了火，人熟食壮体而止疾病；有了火，人驱阴寒而获温暖栖身；有了火，人制陶炼铁而拥器皿；有了火，人烧荒猎兽致农畜。火点燃了人类文明的起点，推动了人类的进步。

为了纪念普罗米修斯，古希腊的奥林匹亚四年一祭，兴火炬助运动会，已有近3000年的历史。这来自神灵的火，这来自天上的火，难道不是圣火吗？我们看到，希腊人在宙斯神前点燃火种，倡导奥运竞技人类一家；火炬传信各邦休战，和平友谊唯此唯大。这就是奥运圣火独具的魅力，这就是奥运精神传承的真谛。

80年前，奥运圣火重现人间。现代奥林匹克运动恢复后，1928年的阿姆斯特丹奥运会首次出现奥运圣火。尽管那只是体育场边一个喷泉盛水盘，尽管那只是来自一位充满国际意识的法国人顾拜旦。1936年第十一届奥运会上开始了奥林匹克火炬传递仪式，圣火行程达3050公里，穿越了7个国家，共有3361人参加了火炬传递。奥运圣火传递仪式由此延续不断。虽然在历史的烛光下，这次奥运会曾晃动过纳粹的阴影，但光明总是伟大的。1948年伦敦奥运会火炬接力是以和平为主题，世界共庆二战结束、和平降临。1956年在澳大利亚墨尔本举行的第16届奥林匹克运动会，奥运圣火首度照亮南半球。在《欢乐颂》的伴奏下，民主德国和联邦德国共同入场，联合参赛，彰显了突破意识形态的大团结。1960年罗马奥运会火炬接力是以赞美古文明为主题，在两个象征着古代文明的城市雅典和罗马之间传递。1964年第18届奥运会在日本东京开幕，奥运火炬首次在亚洲点燃。1968年墨西哥城奥运会火炬接力以新大陆为主题，赞美因哥伦布远航而实现的地中海文明和拉丁美洲文明的连接。1988年汉城奥运会火炬接力以东方文化为主题，传递路线是连接韩国东西部之间的"Z"形路线，体现了道家阴阳两极如鱼优美之结合。1992年巴塞罗那奥运会，50多个国家和地区的255名火炬手包括6名中国人，一起参加火炬接力，为巴塞罗那赢得了国际声誉。2000年悉尼奥运会火炬接力是以澳大利亚古老文化为主题，圣火水下传递，独具匠心。2004年雅典奥运会以百年奥运回家为主题，火炬在一百年来举办过奥运会的国家和城市接力，路经27个国家的34个城市，历时78天，行程78000公里，成为奥运史上第一个传遍五大洲的火炬接力。2008年北京奥运会即将隆重举行，其火炬接力的主题是"和谐之旅"，体现了中国传统优秀文化和当代发展理念的完美结合，火炬接力以"点燃激情，传递梦想"为口号，在五大洲的21

个城市和中国境内31个省（区、市）传递,这将是奥运史上传递路线最长、传递范围最广、参与人数最多的一次火炬接力。

（二）奥运圣火与人类文明

圣火传递突破了一个个城邦古堡,一道道深沟高墙,不同国家、不同城市、不同种族、不同宗教信仰的人们,都愿意放下分歧,暂别仇恨,为奥运圣火放行,为奥运圣火助威,歌颂和平和团结,这是一个何等壮观的场面。邻国在协调,大洲在跨越,从小范围的协调,到全球化的共识,这不是人类文明进步的象征吗？国际奥委会主席罗格说得好,奥运圣火传递是奥林匹克运动的重要组成部分,象征着世界的团结。每天,当我们翻开报纸,打开电视,那些数不清的仇恨,那些打不完的仗,让我们透不过气,更让孩子们对这个世界充满了恐惧和迷茫。感谢奥运圣火,感谢五环旗,在你们的光芒下,我们能让孩子们绽开笑脸,回到一个美好的世界！

奥运圣火跨洋过洲,登峰潜水,既实现着人们的愿望,更体现出科技的力量。且看北京奥运会火炬,不但双焰美观,且强风吹不熄,暴雨扑不灭,低温冻不住,长燃而稳定,轻巧而结实。冬奥圣火,更是文明环保,与雪相拥。这完全是中国人的知识产权,是高科技的中国创造,是名不虚传的奥运科技。

宏大的奥运会组织工作,一届届成功的举办,标志着现代管理科学的伟大成就,标志着人类经济与科技的高度发展,也标志着人类文明发展迈向一个个新阶段。

（三）圣火传递与爱心接力

祥云中国,云翔万里,歌颂圣火,人人获益。北京奥运圣火已飞遍全球。我们看到：在阿拉木图,哈萨克斯坦总统纳扎尔巴耶夫任第一棒火炬手,20万阿拉木图市民为火炬传递迎来了"开门红",他们的真挚、热情永留我们心中；圣彼得堡圣火传递的80名火炬手中,有46名奥运冠军,是名符其实的强手的传递,展现着伟大国度的奥运精神；阿根廷首都布宜诺斯艾利斯是圣火经过的唯一南美城市,50万人涌上街头，好似在过狂欢节，这是一个真正善于享受友谊与欢乐的民族；曼谷不愧属于信奉真善美的国家，他们分享奥运荣耀的神态，让我们也陶醉；平壤人民穿着节日盛装载歌载舞，圣火把朝中友谊塔映照得无比美丽，我们的心因兄弟情谊激动……圣火在奥林匹亚点燃以来，各国朋友为奥运圣火而激情迸发，我们为各国朋友的奥运精神而感动；不少友邦可能在物质上并不是最富裕的，但精神上却享有人类最高的文明！

奥运火炬在中国近300个大中城市传递，每到一处，欢声雷动，笑脸如潮。火炬手幸福荣光，擎五环而奔跑；呐喊观众激情澎湃，挥红旗而加油。奥运五环旗下，各地尽展东方文明，时代新容。

圣火入境，海南当先。西沙岛潜水、五指山进寨、万泉河漂流，水陆空立体传递。圣火成功登顶世界最高峰，更鼓舞了中国和世界。奥林匹克精神、大自然与人类高度结合，神圣而伟大。

突来的汶川大地震，震惊了世界。此时圣火正传递至江西。江西人民立即提出"江西北京心连心，老区灾区手拉手""身在老区、心系灾区"，火炬一路传递，爱心一路汇聚。汶川地震当天国际奥委会主席罗格发来函电："奥林匹克运动与受灾人民同在。"88岁的萨马兰奇发给中国媒体电子邮件："中国人民在地震发生以后，所展现的与灾难顽强斗争的伟大精神，本质上和奥林匹克精神是一脉相通的。你们的坚强意志和挑战极限的精神，是对奥林匹克内涵的最好诠释。"联合国秘书长潘基文站在汶川废墟上感叹：中国人民是充满力量、勇敢无畏、坚忍不拔、富有自助和合作精神的伟大人民。世界人民的关爱，凝聚在胡锦涛总书记与俄罗斯救援队员的那一次握手中，凝聚在温家宝总理与美国志愿者的那一次拥抱中。

汶川大地震赋予圣火大爱之含义，"传递圣火、奉献关爱"，圣火传递变成一次爱心接力。

抗震英雄们高举圣火，昂首挺胸，在四川一站站传递。圣火路经广安，照亮世纪伟人邓小平"中国能办好亚运会，也一定能办好奥运会"

的金色大字。滚滚岷江，听那涛声依旧；巴山蜀水，回荡奥运心声。

130天、行程137000公里的圣火传递，这是奥运史上圣火空前的长征。火炬接力，精神传承，朵朵祥云托起奥林匹克火种，千山万水凝聚人类梦想和心意！

今年，此刻，现在，在北京点燃着绿色文明之光的冬季奥运圣火，正深情地注目着命运与共的人类时代！

文化转场研究的长时段、多空间*
——《文心雕龙》法译本序

〔法〕金丝燕

摘 要：将中国首部古代文论《文心雕龙》译成法文有几件事要做：一是用中法双语和中法思维把这本书读懂；二是要了解翻译重要作品比写批评论著更重要；三是设定跨文化研究的问题、工作重点和翻译体例；四是要译得有节奏，不能拖得太久；五是把翻译过程中的语言、思想、文化的对话都记录下来，留给历史；五是译者的研究跟随翻译进行，同时也用研究指导翻译工作。

关键词：文心雕龙 法译本 翻译对话 文化转场

"你想上《文心雕龙》课吗？"

1981年夏的一天中午，北大中文系前面的苹果园边，同学马燕问。我们中午在那儿练法语。

我点头。那是我喜欢读但难懂的书。中文系给我们西语系学生上课，只是一带而过，或以为学西语的用不上。

"北大历史系吴小如先生上，在他家，中关园，每星期天下午。"

我知道吴先生，他给我们上历史课。板书秀而硬气，出口即为文章，没有闲字，更无犹豫、温良恭俭让的客气。这样精炼的思想表述，后来在接触佛学时再次碰到。

我按时间到。中关园三楼。吴先生的夫人开门，她是天然的笑脸，圆圆的。

---

* 本文中汪德迈先生的中文发言均依原貌，不符合中文语法及表达习惯的地方不予改动。

图2 吴小如夫妇结婚45周年纪念照[①]

课堂入门左手第二间。水泥地白墙,没有装饰。我、马燕和另一位女孩三人各自一个凳子。到点,吴先生进来,坐下,左手持书,右手在空中比画,讲解,一个字一个字地释义,一句一句地念,踩着四六句的拍子,好亲切。"文革"间,父亲教读《归去来兮辞》的音律又起。

我们埋头记录。一个半小时后,起身,致意,走人。呼吸的空隙都被填满。马燕课后介绍,那位女孩要去美国了。她的爷爷是茶叶研究中国第一人,姓吴。[②]言者和听者、听者和听者,我们不提问题,不多言。淡如水地点点头。

一天入门,是一位五十多岁的男子,个子不高,笑容可掬:"我姓白,名化文。吴先生夫人身体不好,糖尿病,我来代课。"

白老师,我知道他,是因为他的夫人李老师,在北大图书馆教师阅览室,2022年元旦去索尔邦书桌咖啡馆为法译本《文心雕龙》写序,

---

[①] 《吴小如夫妇结婚45周年纪念照》,转引自《学者吴小如》,北京:北京大学出版社,2012年。图片来源:http://ent.sina.com.cn/j/2014-05-15/09154141901.shtml?=。

[②] 时隔30年后的今天,我写这一回忆的时候,查到百度如下文字:"吴觉农(1897—1989),浙江上虞丰惠(至今还留有吴觉农故居)人,原名荣堂,是中国知名的爱国民主人士和社会活动家,著名农学家、农业经济学家,现代茶叶事业复兴和发展的奠基人。因立志要献身农业(茶业),故改名觉农。"可能是这位吴先生了。那位文雅的高个子姑娘,可能是吴宁。留待论证。

查到她的名字是李鼎霞。

那些日子比较疯狂，七七级的学生读书不要命，北大图书馆前六点半书包在地上排成一线等待开门。开门后涌入各层阅览室，离座，便用书包占位，图书馆始终满员，直到晚上十点图书馆熄灯。

我争不过，去一楼走道尽头的教师阅览室，推门，两位女馆员微笑地看着。我说占不到位置，想借一个座位看书。她俩点头。就这样，我这个本科生在教师阅览室有了空位，不用抢座了。我自觉地坐在最靠门口的地方。听人称她俩李老师、孟老师。夏天炎热，两位老师用报纸做个纸扇给我。渐渐地，任由我下书库自找书了。

白老师的京腔听着让人喜欢。《文心雕龙》课继续。几次后，吴先生再回他的书房授课。力川加入。

再听说白老师，是北大出版社乐黛云先生的好朋友张文定的微信：2021年7月6日白化文先生去世。

那一年我们在吴先生家的课，上到吴家孙女去美国。之后，大家各忙东西。

时间和地点一样，是灵魂。

一天，在维克多·古善街（Rue Victor Cousin）的家中，依约而至的博士论文导师谢福莱尔（Yves Chevrel）先生，听我说有长期的《文心雕龙》和《长阿含》法译计划，他说："培养一个研究者，花费的时间很长。你专注翻译，是对我们培养的浪费。至少也要把翻译变成研究。"

他平时是好好先生，如此反应让我吃惊。也点醒了我，翻译的激情从此转化为研究的呼吸，翻译与研究并行不悖。

《文心雕龙》的法译和研究遵行这两个原则，给这一工作设定《文心雕龙》研究的论题是，1.刘勰的中国古代文论与西方文学理论的不同点在何处？2.《文心雕龙》是否受佛学思辨的影响？3.刘勰是如何承上启下，建立中古时期的诗学批评的？

2005年2月15日周二下午，书桌咖啡馆，和汉学家马可·卡林诺夫斯基（Marc Kalinowski）见面，他读了我翻译的《原道》，提出：

1. 翻译重要的作品比写批评论著更重要，要留给历史。2. 要译得有节奏，不能拖太久。3. 写总序，解释翻译体例，各章引言，批注要简明。

2010年12月，北京孔子学院年会，力川嘱咐去看望吴先生。我打电话，那一头吴先生嗓门依旧干脆。傍晚如约去他家。保姆开门，吴先生端碗吃饭，一旁，保姆在帮助夫人晚餐。我们谈各自的情况。吴先生说，孩子在香港。生活没有问题。我告诉他，2003年开始翻译《文心雕龙》，没有想到是当年吴先生的家庭课开的蒙、法国语言文学系七年学习垫的底子，到2003年，24年过去了，似乎是在为《文心雕龙》做准备。走一圈，又回来了。吴先生听着，笑了，天真地。

佛陀说过，最重要的事，需要最长的时间和最久的沉默。生命就是。慢慢地，活着就是，不定目的、时间。生命问过自己你在呼吸吗？

图3　汪德迈先生与作者在法国巴黎索尔邦大学广场书桌咖啡馆工作，2017年3月31日，陈陶然摄。

2018年1月，周日工作坊的始终陪伴者、女儿陈陶然（Laure Chen）走了。书桌咖啡馆，我请一直默默支持着这一翻译的汪德迈（Léon Vandermeersch）教授加入法译，他欣然点头。于是，我们2006年开始的工作坊，有了刘勰的声音，周日上午。

我与汪德迈先生的缘来自汤一介、乐黛云两位先生2003年来巴黎访学。受汤一介和乐黛云两位先生之命,加入《跨文化对话》杂志和"远近丛书"并与汪老合作。"要让中国知道汪德迈",汤老师给我的任务。由此开始周日学术工作坊,从无间断,哪怕恐怖事件。在跨文化研究新学科的发生地的中国,北师大提供暑期国际访学期间,会面每日一次。

我们商定,法译本《文心雕龙》工作的重点:

1. 重分量的注释。为了保证翻译的忠实性,翻译正文不加解释,保持原文的纯正,包括姓、名、字。另加注释,在注释中对原文作简要的解释。所有的人名、作品名逐一过,加入生卒年代、写作信息,引句出处等。

2. 翻译尽可能贴近原文原词原意。宁可直译,不以任何今天的理由或尺度在翻译中对原本做任何修改、删除。《文心雕龙》的成书年代在6世纪初,文字的含义断代在6世纪初以前,因此避免用近古文言或当代汉语去意译。

3. 《文心雕龙》的源语为中古文言,译者在所用的译出语中尽力接近这一书面语。

4. 汪老写总序和各章导读,在法译本完成后,我写《文心雕龙》研究论著,时间不限。

5. 所用的中文参照本定为:

范文澜:《文心雕龙注》,北京:人民文学出版社,1978。

郭晋稀:《文心雕龙译注十八篇》,兰州:甘肃人民出版社,1963。

李曰刚:《文心雕龙斠诠》,台北:"国立"编译馆中华丛书编审委员会,1982。

詹锳:《文心雕龙义证》,上海:上海古籍出版社,1989。

周勋初:《文心雕龙解析》,南京:凤凰出版社,2018。

周振甫:《文心雕龙注释》,北京:人民文学出版社,2002。

2020年3月19日巴黎第一次禁足后，移至汪老家。

疫情暴发以来，2015年开设在北京师范大学跨文化研究院的年度暑期班只能上线远程了。《文心雕龙》的翻译工作坊夏季时间表不再是京师大厦的每天，而是回到巴黎的节奏，每周三和周六。改在周六上午，因为汪老家边有菜市，我们工作完后去，无论风雨雪交加还是风和日丽都不会中断。路上，汪老会讲故事，不谈工作。日本的游学生活是他喜欢说的。

> 我的导师内田智雄请我去他家晚餐。要我四点到。我很按时的。他让我进书房："这是我父亲的藏书。"他一本一本地拿下来展开。谈得很开心。六点，小门轻轻开了，他夫人跪着递进两个托盘："请慢用。"我随内田先生坐下，心想："餐前菜很讲究。"我恭敬地等着。内田先生说："晚餐结束。"我恭敬地辞别。看表，六点十分。他退休后，我任远东学院院长再去日本。去看导师，开门的是他夫人，说："先生退休后去寺院出家了，任何人不见。"

记得2015年8月29日，在敦煌的蓝夜下，汪老讲过这个故事，当时的听者有李范文先生夫妇和敦煌研究院科研处的李国先生。面对沙漠，汪老要我转告乐黛云先生一句话：

Le risque principal, ce n'est plus les chocs des civilisation, mais celui de l'unification des civilisations, des langues. Dans le monde d'aujourd'hui, que tout le monde parle quatre langues.

（最大的危险，不再是文明的冲突，而是文明的一元化，语言的一元化。今天的世界，每人要会说四种外语。）

2020年6月27日周六上午，《文心雕龙》法译进入第二次校审。汪老的视力减弱得很厉害，为了保护他的视力，我一字一字地念，古文和法文。他的脑力好，听着，会背出前一天审读的句子。第45章第3节关于柏梁宫，我译成柏穹顶宫，他说："穹顶都是石头建的。要译成柏木屋梁宫。"我赞叹汪老的脑子清晰。他笑了："我早上六点到七点是脑子里念头最多的时候。之后按逻辑整理就是了。"

——那是在日本养成的习惯？我问。
——我做大学博士论文的时候，每天早上四点到七点写作，之后去大学上课。
——白天不累吗？
——一点不。我是早晨，不是晚间。
——很少有法国人是早晨的。
——就我一个。

汪老笑了，还带一丝调皮的满足。

2020年7月16日，布列塔尼海边汪老的朋友家，继续《文心雕龙》工作坊。花园的树丛光影下，主人汉学家白兰花（Flora Blanchon）的丈夫克里斯蒂安（Christian Blanchon）端来咖啡，顺着香味，我们的讨论有了空闲。谈起西方和中国在文学、哲学和文字学三种的关系：

金丝燕：因此，饶宗颐是文字学家。
汪德迈：要搞哲学，必须做文字学。比如我在索尔邦大学做学生时，学西方大作家柏拉图、亚里士多德等，都是从文字学分析进入文本。
金丝燕：就像您所做的，从甲骨文进入，但您没有满足停留在甲骨文的释析上，而是要走出来。可以这么说吗？您想从甲骨文文字学抽象出来。
汪德迈：不一定是抽象出来，而是超过甲骨文，超过不是跨越，而是走其之上。

金丝燕：超越。

汪德迈：对，就是，在哲学上超越。可以说中国文学让我感兴趣的是文学中的哲学性，而这，就是《文心雕龙》。这与亚里士多德的《诗学》一样，西方文学的哲学性在《诗学》，《文心雕龙》是中国文学的一种哲学性。

金丝燕：写入《文心雕龙》法译本的总论如何？

汪德迈：好的。刘勰非常重视"雕龙"中的阴阳五行。

金丝燕：同意。雕龙不仅仅是文字学上的，更是哲学上的，所有人在"雕"的层面挖掘，而您是唯一指出"雕龙"是哲学意义上的。

2020年11月28日上午，周六工作坊。我带去北京师范大学跨文化研究院院长董晓萍教授快递寄来的《汪德迈全集》第一至第四卷，中国大百科全书出版社出版。汪老说："汤一介的书库里有我藏的书和我写的书了。"

图4 汪德迈先生家。《汪德迈全集》首批（1—4卷）抵达巴黎，2020年11月28日，金丝燕摄。

2011年11月，应袁行霈先生邀请，他到北京大学汉学家研修基地讲学三个月。北大讲学一事由张西平先生约我与荣新江先生之前一年在北大勺园咖啡馆谈定。汪老返回巴黎后告诉我，与袁先生研修中心的一位潘副主任签订了协议，将自己藏书捐给北大。

2015年9月汪老陪乐黛云教授去汤一介先生墓地扫墓，并参加北大哲学系组织的纪念会并以"汤一介——21世纪儒学研究的复兴者"为题发言。会后，汪老和乐先生决定将汪德迈赠送北大的藏书入北大图书馆汤一介馆。

2020年9月11日汪老给袁行霈先生写信，9月22日用法语、英语、汉语签字寄出：

敬爱的袁行霈先生：

我希望你一切皆好，别来无恙。

对于92岁的我而言，情况还相当不错，只不过我濒临失明：我不再能阅读，我用不着我的书籍了，仅此而已。因为我同样再也无法书写，我在金丝燕女士的帮助下给你写信。

我怀念起在北京大学度过的几个月愉快时光，感激你对我的热情招待。我曾经答应过要将我的所有藏书捐赠给北京大学国际汉学家研修基地（IACS）的汉学图书馆。随后，乐黛云女士提议将书籍捐给汤一介基金会。我同意了她的提议，条件是她要先获得你的同意。在我看来，这并不成问题，因为这两所图书馆都属于北京大学。

自从我的视力状况每况愈下，无法看书，我认为应当现下就寄送我的书籍，越快越好。不过，如今出现了意想不到的困难。一项新法规规定：为了将书籍带入中国，必须提前提供目录并申请授权。可是我的书籍没有编目，而且编目起来非常困难，因为除了最常用的书存放在几个图书馆中，其他许多书则都摆放在我的阁楼、地窖或书房中的盒子和包装中。这些书数以万计，其中大多数是中文书籍，当然还有法文、英文、德文书籍，也有日文、韩文、拉丁文和古希腊文书籍，以及其他语言的。

  我想到的最简单的方法是打包所有东西以进行批量运输，并在到达目的地时打开包装进行目录编制。不知是否可以获得豁免权，直接将我的书籍录入北京大学？否则，我建议将我的书籍捐赠给香港，而且饶宗颐基金会已准备直接在香港负责。

  我可以毫不费力地在法国将这些书籍出售给专门从事稀有书籍的书商，他们肯定会对我的几乎整套法国远东学院（Bulletin de l'EFEO）全集和《顺化老友杂志》（越南学）（*Bulletin des Amis du vieux Hué*）还有希腊文版本的旧约圣经七十士译本（Septante）等等感兴趣。但是就我而言，我的书籍价格不是市场价格，而是文化价格，这是无法用金钱支付的，只能用来支付不同文化之间的交流。任何文化都可以通过某种审查制度来保护自己，正如用来保护社会人群免受新冠病毒（Corona）侵袭的口罩，但是口罩不应该阻碍交流。

汪德迈

  2022年新年，我去汪老家继续工作坊。汪老拿出一个大信封，让我拿出来读给他听，是袁行霈先生的回信。日期2021年11月2日。

  汪老笑了，说："等《文心雕龙》法译本出版，我要去一趟北大。还有，和你去西藏。女儿要是不同意，就事后告诉。"他女儿是医生，北师大请汪老讲学，通常请她女儿陪同。

  在工作坊《文心雕龙》法译审读、《古文言读本》第二册的编辑、《中国文学——非凡的文学》翻译的空余，汪老坚持参加远程国际会议，他说："与国际的对话很重要，对话是思辨，我从来不一个人做学问，在马赛大学时，有数学家朋友，和他的讨论，让我找到研究中国法家思想的方法。"

复旦大学2020年12月20日复旦大学哲学学院主办"文人笔墨的演进"学术研讨会，受潘公凯先生的邀请，汪老远程参加并用中文以"中国笔墨之维"为题发言：

中国的文化以及和西方文化的不同，我感觉最大的不同就是西方文化的基础是口语，指出文化的基础是语言，这非常重要的。西方的文化特别注重口语，中国的文化特别注重文艺，中国的文化，文化这个字表示其基础是"文"，这是非常重要的，那么这方面呢，你讲中国文化不一样的，在西方是受到口语（影响）的文化，所以希腊的哲学讨论是这样的基础，因为西方的基础是logos逻各斯，就是逻辑，逻辑是分析口语的这样的构造。中国不是口语，是文字的，所以我以为在中国没有逻辑，替代逻辑是"文心"，《文心雕龙》的"文心"。中国的文不但是文学，因为中国的文学是表意文字，这是非常重要的，跟艺术的表意文字是不同的，这方面中国文化里面总结中国文化文学和画有非常密切的关系，这个关系是通过书法递进，西方的文化没有重要的，但在中国，书法非常重要，有密切的关系，那么在中国画家的画是从书法出来的，是很有意思，是唯一的文化有这样的情况的。我看，在中国画和书法，大概是唐朝的时候发展很好，用书法的笔法非常有意思的用法来画东西的，因此在中国画跟诗文有密切的关系。中国文化、中国文学从正面弘扬，有很多各种各样发展的，西方跟中国文化的发展是完全不一样的。所以我非常高兴有可能性地全程研究中国文化，中国文化跟西方文化是另外的路，所以我以为应该保护中国文化，也尽可能让我在法国的同胞了解中国文化。

我以为中国画的特点是写意，西方的画家不是写意而是写形，他们模仿自然。中国的艺术家不是模仿自然，他是和自然合作，中国很重要的策略是天人合一。天人合一是非常重要的。在这一方面，中国文化跟西方文化不一样，西方文化不是天人合一，西方是人是自然的主人，西方文明有很大危险，它太破坏自然，这方面很可惜。目前，中国文化受到西方文化很多的影响，应该恢复中国天人合一的传统的，否则恐怕人类将来太没有希望了。

图5　法国阿尔多瓦大学跨文化研究室与北京师范大学跨文化研究院合作举办《跨文化性：话语、语言、文学与文化》远程网络学术研讨会会，2021年7月8日，金丝燕摄。

2021年7月8日上午，汪老远程参加法国阿尔多瓦大学（Université d'Artois）跨文化研究室与北京师范大学共同举办的"跨文化性：话语、语言、文学与文化"国际讨论会。汪先生在家中客厅的圆桌上用中文发言：

中国文言直接表意不表音。中国文字的这个特点，使我能对语言史的研究有特殊的角度。文言不仅是书面字，也是语言，另外一种语言，影响思辨，深深地。没有文字的文化不能进步。依靠思想的文字可以进步。占卜师研究文字与其他的不同，书面文字不仅仅是符号，也是概念性的字。创造汉字者，研究如何表示概念，方法是六书。创造代表概念的字。表意文字影响思想。

西方的文字，不过是讲究的口语。书面语也发展思想。只是不同的影响。也表示概念，依靠口语。西方的科学家用另一种六书，一种特别的办法，是用古代的口语，古希腊口语用在了科学上，创造新字。表音文字影响思想。如果用文言，其字的创造是特别的。写法和笔画有关系。汉文规律化，用毛笔写，秦汉开始的。美笔，之后用来画画。美术性来自书法。与文学关系密切。中国文学里有画。诗文是画。

西方，画家与文学家分开，没有中国这样的关系。西方重模仿自然来写文学。亚里士多德提出模仿。中国呢，是与自然融合。在古代中国文学史里，《诗经》中国风的风，是引起人感觉的自然的真实的风，而这引起诗情。中国的西方文学重视戏曲和小说。人物很重要。逐渐成为小说的人物。模仿自然而模仿人物。19世纪末，中国受影响。

汉文是中国的特点。中国文学比其他文学有更丰富的材料。中国文学最重要的特点是对句。西方的对句是非语意的而是文法的。

语言的功能有两种：交流和思辨，两者不能混淆。而语言学家们不注意这一点。我研究中国文化，注意到这一点，两者是分开的。中国语言是思辨的，白话还是保留着本来的功能。我主张称汉文，不主张叫汉语，因为今天，文言仍然保留思辨的功能。文言不是交流的语言，是思辨的语言，当然也用于口语表述。应该保护文言的文化，依靠汉文，20世纪取消中国文字，好在这个运动没有成功。我从外国来看，特别影响我的研究是汉文而不是汉语。

在这里，汪老再次提出，中国文字是举世无双的非自然语言，语音与语意分开，自然语言所特有的语音和语意双重组合在汉字不存在了。中国文字是科学的创造,重如何将概念体现在字上,不是口语交流的笔录。自然语言是讲究的口语符号化的记录。中国语言是思辨的,白话还是保留着本来的功能。西方亚里士多德模仿说走向戏曲和小说。中国是与自然融合走向诗。日本小说纯粹欧化而得到欧洲承认。在中国19世纪有过这样的努力,但不及日本,中国也不需要纯粹西化,也不可能西化,有着那么悠久丰富独特的历史,今天的中国人可以在中国和他者之间建立桥梁。汪德迈明确他的观点,认为应该称"汉文",不主张称"汉语"。

2021年3月汪老摔伤,出院后,在家不下楼了。去市场购物的任务落在我的手上。《文心雕龙》的翻译进入第二次审校末尾,感到松快一些,有了喝咖啡的时间,我们的话语也多了。

2021年4月22日,周四上午汪老家,因为大学春假,我们每周三次工作。咖啡期间,我问:"您的老师戴密微(Paul Demiéville)和您有什么不同?"

"戴密微研究佛教,我研究儒学。戴密微是梵文学者,用的是印度梵文语法学方法。我认为至今写得最好的一部书是他和佛辽沙父亲写的印度佛教史。他不懂中国甲骨文。中国研究重在佛学和佛教文学。我用的是中国古文字学方法。戴密微是极为优秀的语文学家,小学专家,我是哲学出身,研究思想史。

戴密微和我关系非常亲近,相互举家一起度假,在他瑞士的家里。他对我的影响除了做学问的方法,还有他高贵的人道胸怀。他是那么朴素、温和、高贵、善良。看到越南战争、柬埔寨战争、伊朗战争等,我对人类是很悲观的。但只要想到戴密微、饶宗颐、米歇尔·冉刻(Michel Zink)[①],我的心就释然了,又乐观起来。"

汪老的眼里闪出一丝泪光。

2021年5月8日周六上午工作坊,咖啡时间,汪老的故事开始:

[①] Michel Zink,法兰西学院院士,汪老敬重的好友。

"在日本的时候，京都大学学习，上中国法律史家内田的课，入住另一位经济学教授家的一间房子，早上一起用餐，米饭咸鱼。"

"没咖啡怎么办？"我问。

"京都城里有的是。"他回答，"中午晚上在外面吃。日语的发音，三文鱼和清酒很接近，我点'清酒'。上来的是一盘三文鱼。只好接受。不明白，问我导师内田教授，他说要说'希望喝物'，就有清酒喝了。到现在我还不会区分它们的发音。"

"您在日本写的《汉文化圈》以长时间、大框架为研究的维度，是受到法国年鉴学派的影响？"

"日本的资料学、法国的历史学、中国的小学训诂都有。何以可能？第一，不满足做专家或日本式的学者，要做架桥人，学科之间的。伯希和是优秀的文字学家，我是思想家。第二，提出问题，不理会答案。进入老年，我更是这样。"

2021年8月22日，画家江大海开车接汪老来我家午餐。这是他三月摔倒住院后第一次在外聚餐。阳台上，汪老举着香槟酒说："这才是我喝的水。"我想起2020年夏巴黎禁足以来，每次去汪老家工作，上楼，门前堆着瓶装矿泉水。入门，走廊上也堆满。见我惊异，他说："是净空禅师派送的。可是我不喝水。告诉不要送了，他们不明白。""他们不懂您只喝酒。您可以把水送给楼下的门房。"我说。

阳光下，讨论随着香槟酒弥散开来：

陈力川：有一个问题，把《文心雕龙》翻译介绍出来会给法国读者带来什么？

汪德迈：我想，这会给他们带来一个文学美学的视野，也就是文学表达方式之美，与他们的完全不同。最近巴黎高师和我联系，问我是否能加入中国文学批评概念辞典工作。我说可以，但要等到《文心雕龙》翻译完成之后。《文心雕龙》有惊人的地方：

文学之美和道德之美永远相连，这与西方美学不同。纪德（André Gide）说过："美好的文学不来自美好的情感"。而《文心雕龙》说，无美好的情感则不文。

陈力川：希腊哲学中有崇高的概念，我想这与崇高有关，纪德说"美好的文学不来自美好的情感"，应该是把希腊关于崇高的训诫放置一边了。

汪德迈：您说的希腊观念是"kalóskagathos"，即"kalós"——美，与"kagathos"——善之间的关系。两者是一起的。崇高被康德观念化了。

陈力川：是。您在《文心雕龙》里找到与希腊崇高观相近的地方吗？

汪德迈：没有。

陈力川：如果希腊人将美与善两者的含义相连，那就是道德了。

汪德迈：不作为文学的质量，而是作为人类行为的质量、道德行为质量，但这与文学无关。在康德那里，用于批评范畴，尤其在艺术、绘画上。但是，不仅在文学上，中国和西方文化价值上的不同让我入迷。两方的价值都受到尊重，但并不相同，次序不同。

陈力川：您所说的道德和美学与人性的尊严有关吗？

汪德迈：在中国美学里没有。在中国美学里，不是尊严而是恭敬。尊严在中国没有被概念化，那是西方的一个价值观。

陈力川：是。我是在西方的框架下谈尊严，在中国和西方，"道德"与"尊严"之间是否有一种联系？

汪德迈：不见得，我想在中文里没有与人的尊严有关的概念。在那里，人并没有被如此看重。在西方文化里，有一个希腊谚语很重要："人是一切的主宰。"但这是希腊的，不是中国的。在中国，一切的主宰是上天。

陈力川：希腊人试图在人的层面建立和谐，某种平衡、限度。

汪德迈：因为对于希腊人来说，创造层面，万物中人性是最高的。因此人性值得特别的尊重，人是一切的核心。在中国，人与天地共行，天地至高无上，在易卦里，人在天和地之间，必须和天地共同运行。

陈力川：那么，您如何看法国人对类似《文心雕龙》这样的作品的认知呢？在万物美学的概念上它如此相反。

汪德迈：不是相反，而是陌生，是另外一回事。而我希望的正是让他们发现，看待事物还有另一种方式。

陈力川：奇特，是吗？

汪德迈：是。解构他们自己的价值尺度，去发现另一种价值尺度。

陈力川：但这样做需要越过事物的语言障碍。《文心雕龙》在文字上已经很难了，您认为法国读者可以超越这一层去认知另一种美学价值系统的奇特性吗？

汪德迈：我不知道。这非常不容易，刘勰说到某位作者写出的诗很有价值，就用比喻如"玉""珠"，这在法文，就比较夸张，过不去，因此不容易。《文心雕龙》第16章《史传》谈到司马迁、班固、《春秋》等。在《文心雕龙》里，历史是一种文学，刘勰说，危险是历史学家们在谈到遥远之事时，有认可寓言、神话等非真实事物的倾向，而当言及当代之事、当代历史时，他们的倾向则受当时风气的影响。对于西方文学来说，历史不是文学，而属于历史学。当然有些历史学家写作的文笔令人赞叹，比如19世纪的大历史学家们，但文学批评不同，它是关于文字质量的批评，和忠实历史完全无关。忠实历史是一个科学问题，不是美学问题。

陈力川：历史在中国是一种文学形式，在这种情况下，历史学的纯历史性在何处呢？

汪德迈：很简单，在中国的技术文学、科学文学和艺术文学之间。作者的创造性没有西方那么重要。因为，我认为在中国，文言从甲骨文开始,是科学,因此从这一种科学起步,发展出文学,而在欧洲,完全不同,文学绝非从科学而是从口语文学发展出来的。一种矛盾,因为"口语"不是"文",在西方,"文"只是用于转写"口语"。对于我,对我的研究来说,这是要点:字母文字与表意文字之间的区别。这是根本,我试着让我的读者们明白这一点。我想伽利玛(Gallimard,出版社)也是感兴趣这一点。

陈力川:您认为荷马(Homère)和希罗多德(Hérodote)的作品是文学还是历史?

汪德迈:希罗多德是历史,荷马是文学。荷马的《伊利亚特》(*Iliade*)与《奥德赛》(*Odyssée*)是神话,不是真实。而希罗多德对希腊波斯战争进行四处考察。《远征记》(*Anabase*)……

陈力川:和修昔底德(Thucydide)。

汪德迈:是。波斯战争,《远征记》。希罗多德和修昔底德作为历史学家受到批评,作为文学家也受到批评,因为他们是以历史学去写作,带着文学的品质。

陈力川:这是我想说的,伯罗奔尼撒战争或希腊波斯战争,希罗多德和修昔底德的作品是历史著作也被认为是文学作品,那么,历史著作可以是文学作品。

汪德迈:一切写作都是文学,只有技术性文本不是,当然也有文学的。

陈力川:比如司马迁,是一个例子。

汪德迈:是的,从中国的角度看,没有区别,两者合一。

陈力川:不做分别,在司马迁、希罗多德、赫西俄德(Hésiode)和修昔底德那里是这样。

汪德迈:不,有分别,因为从批评的角度看,在创作上看是一回事。分析不同,在西方的分析里将之分开,在中国的分析里两者合一。

陈力川:您认为司马迁的《史记》有文学批评也有历史批评?

汪德迈：在《文心雕龙》里没有。
陈力川：在《文心雕龙》里只是文学批评，不是历史批评？
汪德迈：是。但文学批评所用的概念是历史批评的概念。

在与汪老的工作坊里，我们逐段逐句讨论他著作的汉译：《中国思想的两种理性》(Les deux raisons de la pensée chinoise—Divination et Idéographie, Paris, Gallimard, 2013)、《中国教给我们什么》(Ce que la Chine nous apprend, Paris, Gallimard, 2019)，《中国文学——非凡的文学》(La littérature chinoise—une littérature hors norme, Paris: Gallimard, 2022)，一起编辑《古文言读本》上下册 (Manuel de chinois classique, Paris: Youfeng, 2017、2021)；一起翻译2003年我独自开始、2018年汪老参加的《文心雕龙》法文本，后一文本的校译以每周两次工作的节奏，连续两年半。暑假则尽可能每天。

2021年10月6日周三上午12点。汪老家。我合上计算机笔记本，与汪老相视一笑：终于完成《文心雕龙》的法译二次校译，历时十八年的单人而后双人的译事即将画上句号。

这几年，汪老一直坚持住家。"等和金丝燕的工作完后"，他这样回复她女儿，不去女儿选的马赛养老院。《文心雕龙》法译本完成，他有设想，与我一起编注2015年开始的《中法诗歌细读》。我们约定三天后的周六再见。

周五接到他女儿夏德兰的电话，父亲紧急住院，急性坐骨神经痛。

让汪老休息一下，今年夏天我们的工作节奏不轻松，我对自己说。没有去医院看望。

10月17日清晨七点，电话短信："我父亲晚间在高山医院走了。夏德兰"。

10月21日，下午三点，巴黎圣方济·沙勿略教堂 (Paroisse Saint François-Xavier)，汪德迈先生葬礼。教堂规定三个讲话，致辞时间各三分钟，汪老的外孙女代表家属发言，她让出一分钟给我。法兰西学院金石美文学院终身秘书长米歇尔·冉刻（Michel Zink）院士发言后，我对汪老说：

> 2021年10月11日上午，电话铃响。电话的那一头，是您略显急促的声音："《文心雕龙》第19章有一处我们要再看一下，等着我出院。"这是我记住的您最后的话。
>
> 今天，在圣方济·沙勿略教堂我们再次见面。生命始终给我们满满的希望，然而，也给我们同等的痛楚。我们在死亡中体验某种高强度的生命。面对死亡，我们完整地掂量着生命的意义。
>
> 2005年4月的一天，索尔邦大学笛卡尔阶梯教室，北京大学哲学教授汤一介这样介绍您："汪德迈，法国第一儒，如果不是唯一的。"就这样，我与您首次相识是通过您的中文名字。
>
> 2011年春，索尔邦广场书桌咖啡馆。我们开始您《中国思想的两种理性——占卜与表意》一书的工作。您的书写和我的翻译逐段进行，因为您希望法文本和中文译本同时出版。这本书于2013年和2015年在法国和中国相继出版。
>
> 2015年8月，星空下，敦煌石窟前，您忽然说："若上天继续给我光明，我要写一本小书，《中国教给我们什么》。"
>
> 2015年11月15日，巴黎发生一连串恐怖袭击的两天后，我们继续在书桌咖啡馆工作，一位女士走过来说："你们在这样的情况下还在探讨文化，我很感动。"
>
> 四年后，《中国教给我们什么》由法国加利玛出版社出版（法文版）和香港中文大学出版社出版（中文繁体字版），相隔一个月。
>
> 2018年4月，我们出访北京师范大学，您希望去故宫城墙根看看，1933年著名历史学家钱穆每天来此撰写他的《中国思想史》。长时间的沉默后，您说："我的下一本书将写《中国文学——不平凡的文学》。我为写作而活着。我的老师饶宗颐九十岁封笔，我要

继续写下去。"

回到巴黎,我们的周日工作坊重拾中国文学批评的"圣经"《文心雕龙》的翻译,直到2021年10月6日,您住院前的两天。

现在,您在场,全体出席者见证,我承诺,法兰西会看到我们共同完成的最后工作。

此刻,在这充满灵魂的圣殿里,我想寄给您一首诗:
每一个瞬间
是一个完整的生命
消逝是您高强度的存在方式
完满在缺席里
宇宙为您把自己写作诗

2021年10月26日晚间,收到一个微信:

你找个时间去书桌咖啡馆好好坐下来,闭着眼睛回顾十四年来在书桌咖啡馆的往事,然后开始动笔去写……

白乐桑(Joël Bellassen)

在巴黎国际高等佛学研究院为汪老办七周佛事后的第一个周日上午,我来到索尔邦广场书桌咖啡馆晨写。咖啡和羊角面包依旧。这是14年以来第一次独自的周末研究坊。2018年1月18日,陶陶走了,书桌咖啡周日上午的咖啡羊角面包和艺术哲学讨论从此中断。2021年10月17日汪老走了,14年的工作坊从此只剩下我一人茕茕孑立。我对自己说,继续呼吸吧,为了配得上陶陶和汪先生的生命。

空气里,他俩的微笑,融于咖啡的气息,浓浓的,写作也坦然。

10月22日上午10点,汪老葬礼的第二天,汪德迈先生一家四代——最小的六个月,在巴黎拉丁区索尔邦大学前的广场书桌咖啡馆会合,他们想感受汪老的周日工作坊。

图6 汪德迈计算机工作优盘,里面是他和我工作的最后文本,《文心雕龙》法译本和《中国文学——非凡的文学》法文稿。2021年10月22日上午,巴黎索尔邦广场书桌咖啡馆,西藏噶陀寺自制香。金丝燕摄。

在那里,自2008年始,年年元旦,他赶来,哪怕从马赛,与法宝和平大使、汉学家白乐桑,约上阿尔多瓦大学孔子学院的年轻人,开始新年的第一顿早餐。

2022年元月一日上午10点,书桌咖啡馆依旧,除了两杯特浓,只有白乐桑和我了。

马国贤与科学汉学的诞生

〔意〕路易萨

摘　要：对西方汉学史的研究，可以使用三个概念开展工作，即想象的汉学、宗教的汉学和科学的汉学。想象的汉学，指用自我文化的语言、兴趣和观念，想象他者的文化，并进行描述。宗教的汉学，指在西方基督教背景下接触、观察和解释中国文化，有时也借用中国文化的非宗教概念，对西方基督教教义进行补充性的解释。科学的汉学，指在西方高校中设立汉语教席，开展汉语教学，培养汉学人才。18世纪意大利传教士马国贤在意大利那不勒斯成立"中国学院"，成为欧洲第一所教授汉语的教育机构，由此西方汉学逐步转变以西方知识和西方人为中心认识中国的做法。

关键词：欧洲汉学　学术史　概念史　跨文化

西方的汉学有很长时间的发展历史，可以使用所谓"想象的汉学""宗教的汉学"和"科学的汉学"三个概念，并将这部历史划分为三个阶段，进行有区别和有联系的研究。

一、想象的汉学

想象的汉学是威尼斯人马可·波罗（Marco Polo，1254—1324）的时代，他的著作《马可·波罗游记》是这个阶段的代表作。他于1275年至1292年生活在中国，精通蒙古语、波斯语、土耳其语和阿拉伯语四种语言，曾任大汗忽必烈（1260—1294年）的顾问和翻译。他撰写了这部个人著作，记录自己从欧洲到中国之间的往返旅行，描述自己在元代（1279—1368）留居中国长期生活的各种见闻。

回到威尼斯六年后，1298年，马可·波罗参加了威尼斯和热那亚在达尔马提亚海岸的一场大海战。在那场战争中，威尼斯舰队覆灭，马可·波罗被俘。他被囚禁在热那亚。一名狱友皮萨·鲁斯蒂谦（Rustichello daPisa）是小说家，使用古法语写作[①]，马可·波罗向他口述了他前往中国的陆路旅行、在大汗帝国的逗留，以及从海上返回威尼斯的历程。这部古法语作品就是闻名于世的《马可·波罗游记》，于1307年出版，意大利文的书名是 Il Milione.。

马可·波罗在这本书中对中国和他所访问的其他国家的描述之详细，令欧洲人感到惊讶。这是欧洲第一本全面详细介绍一个位于世界另一端的神奇而又深奥的国家的书。马可·波罗的介绍是积极的，甚至是田园诗式的。马可·波罗从未学过中文，但这并未减少他的描述的趣味性。他所描述的生活是中国城市的生活，这些城市在蒙古人征服之前就已经存在，而且从根本上说，在元朝建立后，在蒙古皇帝统治时期，这些城市仍然是中国的。

在14世纪和15世纪，《马可·波罗游记》已有法语、意大利语和拉丁语的143种版本，足以证明此书受欢迎的程度。《马可·波罗游记》对欧洲传教士的远行记述和论文写作也起到非常重要的示范作用，比较主要的例子是，胡安·冈萨雷斯·德·门多萨（Juan Gonzales de Mendoza）的论文（1585）和利玛窦（Matteo Ricci）的论文（1615）都受到他的启发。

二、宗教的汉学

16世纪至18世纪末，欧洲汉学都是天主教传教士的工作，耶稣会士们尤为勤奋。对他们来说，了解中国、汉语、汉字、中国人的习俗

[①] 《马可·波罗游记》的原始版本确实是用法语写的。马可·波罗选择法语，可以解释为法语是当时欧洲的主要交流语言。因此，马可·波罗显然希望他的著作在意大利以外的地方被阅读。

和制度，是向中国老百姓和中国朝廷官员传播福音和改变信仰的手段。当时有几个宗教团体在传教和研究中国方面相互竞争，包括方济各会、多米尼加会、奥古斯丁会、耶稣会和巴黎的外国传教会。

耶稣会士利玛窦（1552—1610）是研究中国的语言文字、哲学和历史的先驱，是发展"宗教的汉学"的里程碑似的人物，也可以将其视为西方汉学之父。他在家乡马切拉塔、罗马、科英布拉和果阿等地，接受了广泛的人文（语言、文学、哲学、神学、法律）和精密科学（数学、天文学、地理学、制图学）的训练，这为他在中西社会之间开辟一条新路提前做了充分准备。他具有惊人的记忆力，在1583年到达中国后，他记住了伟大的儒家典籍，并将"四书"翻译成拉丁文。"四书"被认为是记录孔子（公元前551—公元前479）及其传人，特别是孟子（公元前380？—公元前289？）基本思想的经典著作。利玛窦用中文撰写了几部关于神学、哲学、记忆、友谊的著作，受到明代中国学者和官员的高度赞赏。他也把欧洲科学著作译成中文，其中最有名的，是他把希腊文的《几何原本》（*Elements*）翻成中文。

我们在利玛窦的著作中，能看到，他对中国文化，包括伦理道德、哲学和宗教，都给予非常积极的评价。他建议基督教的教义和实践要与中国人的观念和价值观相适应，他的这种主张让他与其他传教士不同。他的研究使他相信，中国的祖先崇拜仪式只是对死者的感情和尊重的一种民间表达，并没有偶像崇拜的成分。中国人对孔子的崇拜也不是神祇崇拜，而是对一位伟大圣人的崇敬。因此，他认为，中国人可以接受基督教信仰，同时宗教信仰并不排斥中国人的祖先崇拜和孔子信仰。这种文化混合的现象，就像基督教早期从罗马人的异教崇拜中，借用上帝（deus）的词汇，指代耶稣的天父，即宇宙的创造者一样。利玛窦认为，从古老的中国借用上帝（至尊），特别是天主（天堂之主）的词语，再用这些中文概念去理解基督教的上帝，这是合法的。

利玛窦还有一个方法，就是承认中国社会的等级制。他认为，有必要在中国社会上层统治者的最高政治层面开展传教工作。在利玛窦看来，中国皇帝皈依基督教，就意味着整个中国皈依基督教。他用自己令人惊异的丰富科学知识，特别是在数学、天文学和制图学上的才华与智慧，在他所居住的许多城市中，征服那里的文人阶层和国家政要。他们惊叹他的博学多识，向他打开交往的大门。在北京，他甚至进入朝廷的核心部门，在礼部管辖下的钦天监谋职，担任顾问，并直接参与了中国的历法改革，做出了历史贡献。他曾在罗马接受过德国耶稣会士克拉维乌斯（Kristofer Clavius，1538—1612）的指导，而克拉维乌斯是当时最重要的数学家和天文学家之一。

1608年，利玛窦大概意识到自己时日无多，开始用意大利语撰写他的集大成著作，书名为《耶稣会士和天文学在中国的传播》(*Della entrata della Compania di Gesù e christianità nella Cina*)。此书的第一部分对汉学来说最为重要，是关于古老的和传统的中国语言、文字、历史、地理、风俗、文化、社会和政治组织、哲学和宗教、科学和技术的严谨论述，其中特别强调了他所身处的明代社会（1368—1644）的历史状况。此书的第二部分也十分丰富和详细地介绍了天主教和耶稣会在中国的传教史。利玛窦于1610年去世，该著作的写作计划庞大，他生前并未完成，那些未出版的意大利文手稿已放入梵蒂冈的耶稣会档案馆中，保留了下来。1615年，在德国汉堡出现了一个拉丁文的译本，译者为利玛窦的弟子金尼阁（Nicolas Trigault，1577—1628），书名是《基督教对中国的远征》(*De christiana expedition eapud Sinas*)[1]。

在利玛窦身后，特别是在1650年至1773年间，教皇克莱门特十四世（Clemens XIV）镇压耶稣会，此时在耶稣会汉学家的推动下，"宗教的汉学"的发展反而达到顶峰，约有50名耶稣会学者出版了专著、集体作品、回忆录、拉丁语词典与论文一样长的信件，以及中国经典和其他作品的翻译著作。

---

[1] 金尼阁是佛兰德的耶稣会士，师从利玛窦，在中国传教多年，据说他对利玛窦的文本进行了修饰和"改进"。

我们应该提到这些耶稣会士与欧洲学者留下的有关中国的大量通信。一个重要的例子是，数学家、天文学家和哲学家白晋（Joachim Bouvier，1655—1730）与戈特弗里德·威廉·莱布尼茨（Gottfried Wilhelm Leibniz，1646—1716）的往来信件，他们在多年持续的通信中，讨论语言、哲学、宗教问题，尤其是对《易经》的数字与莱布尼茨发明的二进制算术系统之间的关系，进行了很多讨论。

明代发生的一个改变游戏规则的事件，是关于礼仪之争（Chinese Rites Controversy）。这场争论从法国开始，波及整个欧洲。其源头要追溯到利玛窦提出的基督教适应中国礼仪和礼俗的理论。反对者们在以下三个问题上产生了激烈的争论：

1. 对孔子的崇拜是否是神祇偶像崇拜？
2. 祖先崇拜和祭祀亡者到底是不是偶像崇拜？
3. 中文词汇命名上帝的名字是否属于异端邪说？

对这三个问题，耶稣会的回答都说"不"，他们的对立面则回答"是"。每个派别都提供了神学和哲学的证据。在争论的高峰期，罗马教廷做出有利于耶稣会的反对派的裁决，颁布了两个关于中国的通谕：1715年通谕（*Ex Illa Die*）和1742年通谕（*Ex quo singulari*），对耶稣会进行谴责。通谕还禁止中国传教士讨论"礼仪"问题。由此耶稣会由此遭到了沉重打击，法国的耶稣会甚至被封禁。直到十年后，1842年，罗马教廷又通过了新的教皇法令，为耶稣会正名，耶稣会的活动才得以恢复。随后，耶稣会在中国、欧洲和美国又都恢复了汉学工作。

耶稣会汉学家们虽然曾遭遇禁令，但他们的积极工作构成了宗教汉学发展的基础。在这方面，我们应该特别提到顾赛芬（Séraphin Couvreur，1835—1919），他出版了第一部真正的古汉语词典，即《中国语言分类词典》（1890），这本词典收入顾赛芬对几乎所有中国古代经典的翻译作品，中文、拉丁文、法文三语对照，今天仍然适用。

戴遂良（Léon Wieger，1856—1933）是另一位高产的传教士，他的著作有大约三十卷。他是最早研究"道藏"的汉学家之一，这部集道教作品之大成的书籍约有5318个分册，他对各个分册都做了简要的目录。他还翻译了老子、庄子和列子的著作，而老庄和列子都被认为是道教体系的创始人。他改编了许慎编写的中国著名字典《说文解字》，新书名为《汉字》（1890），这本书的价值在欧洲不可取代。他还出版了其他几部关于佛教和儒家主要典籍的不同卷宗的作品（翻译和评论），以及从中文翻译而来的大量现代中国作品（1921—1932）。

耶稣会士在过去两个世纪中最重要的汉学工作可能是编纂《利氏汉法辞典》（2001年），共七大卷，有13390个单字和约30万个汉字。作为半个多世纪的集体工作，于2001年由甘易逢神父（Père Yves Raguin，1912—1998）和顾从义神父（Père Claude Larre，1919—2001）编辑成最终版本。它是21世纪的汉学家不可缺少的工作工具。

耶稣会士对宗教的汉学发展做出了巨大的贡献。在两个多世纪里（1570—1773年），他们几乎是单枪匹马、不知疲倦地扛起了汉学研究的重担。他们起初的工作几乎没有任何工具书，字典、语法书、百科全书、年表、地图册，什么都缺，但他们却取得了非凡的成果。今天西方汉学界的积累，在很大程度上，都是在中国辛苦工作的耶稣会士不断向法国和欧洲传递的，是他们把中国知识的火炬传递下去。

三、科学汉学的诞生

18世纪初，汉学在几个欧洲国家生根发芽。它不再是在宗教团体的专利，而是出现在高等教育机构中。这一转变并不是由耶稣会士完成的，它的开创者是马国贤（Matteo Ripa，1682—1746）。

1682年，马国贤出生于意大利那不勒斯（Neapolis）南部的埃波利（Eboli）。父亲吉安·菲利普·利帕（Gian Filippo Ripa）是一名医生，母亲安东尼娅·龙果（Antonia Longo）的兄弟姐妹中有人是神父，有人当医生，两家基本上门当户对。1704 年，18 岁的马国贤在维萨戈尔宫（Vicergal Palace）前面闲逛的时候，偶然听到一名圣方济各会士布道，竟然改变了他的一生。他受到感动，决定加入教会，献身于天主教。他接受了罗马传信部的汉语语言培训，于1707 年踏上了中国之旅。 他们一行中还有其他七名牧师和医生，当时清朝政府与西方传教士的关系还比较紧张，但在西方传教士中，在礼仪之争之后，对中国文化的热情占了上风。

马国贤是传教士，他理应站在耶稣会士的对立面提倡禁止崇拜祖先和孔子，但他没有这样做。他没有给自己制造阻力。他像以往的传教士一样积极工作，推动中西交流，赢得了康熙皇帝的青睐。

马国贤在中国的环境中逐渐意识到，了解中国文化和学习语言是一个传教士在中国良好工作的基本要素。他经过13 年的"传教工作"得出一个重要的结论，就是汉学工作不能完全依靠外来的欧洲传教士。于是他决定离开中国，回到那不勒斯，创建一所能够培训中国人作传教士的学院，这些传教士从学院毕业后，再回到中国进行传教工作。

1724 年1 月，马国贤带着他的四名中国弟子和一名教师离开北京，经过十个月的旅行，于1724 年11 月抵达意大利。经过八年的沟通和一系列的失败，马国贤终于实现了他的目标，于1732 年在那不勒斯成立了"中国学院"（il CollegiodeiCinesi）。这是全欧洲第一所教授汉语的学院，其教学目标逐渐地从培养传教士，转向汉语教学和培养汉学人才。学习的科目主要是历史、神学和拉丁文。此外，马国贤从中国带来的中文老师王雅敬（1693—1738），也向年轻的中国学生传授中文母语。随着书院的发展，不同国籍的学生进入书院学习中文，中文都是由中文教师教的。尽管中文课程不是中国学院的重点，但它却变成了中国学院的一个突出特色。在19 世纪上半叶，欧洲人如果想跟中国老师学习中文，就必须去那不勒斯的中国学院。

这所意大利的中国学院最重要的转折点是，在那不勒斯被法国统治者占领的时间内所发生的变化。在波拿巴王朝期间,法国人占领了那不勒斯,由约瑟夫·波拿巴(Joseph Bonaparte,1768—1844)和若阿尚·缪拉(Joachim Murat,1767—1815)进行了近十年的统治。缪拉于1808年上台之后,推行了一系列的改革措施,政府的公共教育部对整个意大利的教育系统进行了调整,那不勒斯的中国学院也在改革之列。为了保证中国学院能在新政权的统治下安稳地生存下去,学院必须接受缪拉政府的改革建议:除了为在学院学习的中国传教士提供必需的培训之外,还为那不勒斯的青年学院提供必要的服务,对青少年开展教育。庆幸的是,作为中国学院特有的汉语课程,缪拉政府并没有禁止,而是作为特色保留下来。也就是说,除了要去中国进行传教工作的传教士需要学习汉语之外,当时的汉语课程也面向那不勒斯的青少年开放。在转型之前,学院生源大都是来自中国立志成为传教士的学生,少部分是来自其他国家打算毕业后去中国传教的学生。在转型之后,学院变成了类似"全日制高中"性质的教育机构,除了培养传教士以外,学生当中更多的是那不勒斯青少年。另一个重要的变化是学校所教授的课程。在前期,学校以教授神学知识、历史知识和拉丁语为主,没有开设科技、音乐、美术的相关课程,这类课程设计明显具有培养传教士的目的。到了后期,由于在缪拉政府压力下的转型,学校新增了希腊语、法语、英语、书法、设计、音乐、演讲、数学、物理、地理哲学等专业的课程,扩大了教育领域。

对于中国学院特色课程的汉语课来说,这些转型扩大了汉语学生的生源。教育对象不再是传教士,而是一般的青少年,此时的中国书院开始将汉语传播到了意大利的一般民众之中。学院后期保留了教授汉语的传统,开设了专门的4年制自费课程培养汉语人才。同时,为使意大利人能够更好地学习汉语,学院开始编纂意大利语的汉语教科书。有几名学生,为汉语在意大利的传播做出了杰出的贡献。我们可以将这种转变分为两个阶段:第一阶段,是欧洲人撰写汉语教科书的时代,在这个时期,乔瓦尼·非洛梅诺·玛利亚·特莱斯(Giovanni

Filomeno Maria Terres，生卒年不详）撰写了意大利语汉语教材《中文语法》(*La Gramatica Cinese*，1813 年编写，编写工作未完成并且未出版）①，而另外也有人将西班牙多明我会传教士万济国（FranciscoVaro，1627—1687）用西班牙语编写的《华语官话语法》(*Arte de la lengua mandarina*，1703出版）翻译并且修订成了拉丁语版《初学简径》(*GrammaticaLingvae Sinensis*，1835出版于那不勒斯）。

第二阶段，是中国人撰写意大利语汉语教材的时代，代表人物是郭栋臣（1846—1923），他编写了《华学进境》(1872年出版于那不勒斯），把《三字经》翻译成意大利语，撰写了《中文文法概述》(*SuntodellaGramatica Cinese*，1873年编写，1917 年重写，未出版）②。另一位是王佐才（1842—1921）。

上述两个阶段的区别是显而易见的。在第一阶段，欧洲人为学习汉语而编撰的教科书是基于"八大词类"的原则，这些词类继承自希腊人狄奥尼修斯·瑟拉克斯（DionusiusThrax，公元前170—前90）的分类，构成整个西方语法传统的基础，即：专有名词、动词、分词、冠词、代词、介词、副词、连词。作者做了一些尝试，使汉语适应这"八个词类"。在第二阶段，中国人用意大利语编撰手册，在欧洲第一次从中国的语法系统本身出发，试图让欧洲人了解中西语言的差异。

直到19世纪，欧洲的汉学仍然相当分散，没有规律，没有方法，缺乏连续性。正如我们刚才所看到的，很多人为之付出了值得称赞的个人努力，特别是如果我们考虑到以往研究工作的可悲条件。但是，这些努力并没有让汉学研究领域成为一门科学。在这个意义上说，1814年，建于法兰西学院（Collègede France）的第一个中国学讲座是实质性的科学汉学诞生的标志。

第一位就职者，是让-皮埃尔·阿贝尔-雷慕沙（Jean-Pierre Abel-Rémusat，1788—1832），他当时年仅28岁。他具有无与伦比的语言能

---

① 此手稿存于那不勒斯国家档案馆。
② 此手稿存于罗马圣方济各档案馆。

力(他知道大约10种最难的语言),他接受了全面的中文培训,这使他能够接触到大量的语料库。当时工具书仍然严重缺乏,他却在中国古代文献的文字学、古代汉语语法、中医等方面都开辟了新的研究途径。在他的教学中,他优先考虑的是对文本的分析。他在44岁时死于霍乱,当时他作为一名汉学家正走向成熟。还应该指出的是,他也许是第一位没有去过中国的伟大的欧洲汉学家。

法兰西学院中国学教席的其他人,陆续在个人的研究领域,为科学汉学的发展做出了卓越的贡献:儒莲(Stanislas Julien,1802—1873)对中国古代语法和中国佛教进行了深入研究,德理文(Hervey de Saint-Denys,1823—1892)对唐诗进行了研究和翻译,沙畹(Édouard Chavannes,1865—1918)对司马迁的《史记》做了令人钦佩的注释和翻译,创造了一部难以逾越的杰作,马伯乐(Henri Maspero,1883—1945)提出了道教研究方法,戴密微(Paul Demiéville,1894—1979)提出了研究中国佛教和中国古代诗歌的新方法,谢和耐(Jacques Gernet,1921—2018)对明代知识分子的生活及其与西方的关系进行了创新研究。在这份汉学家名单的最后,我们还不能不提到伯希和(Paul Pelliot,1878—1945),他是法兰西学院中亚考古学主席,他在历史学和语言学方面为汉学典籍的收藏和研究建立了新的标准,他的敦煌考察丰富了西方汉学文献。还有葛兰言(Marcel Granet,1884—1940),他以一种非常新颖的方式,将汉学和社会学结合,研究中国社会结构、宗教习俗和古代神话,提出了令人耳目一新的解释。我们同样不能忽略李约瑟(Joseph Needham,1900—1995),他是一位英国科学家,很晚才开始接触汉学,但他可能是20世纪最伟大的西方汉学家。1951年,他构思了一部关于中国科学技术史及其向西方传播的百科全书式的著作,他与几位专家的合作,完成了这个巨大的工程。还应该提到鲁惟一(Michael Loewe,1922—),他是英国剑桥大学的专家,研究汉代精神史和制度史,他的专著和参考书等作为工具也非常有用。在德国,卫礼贤(Richard Wilhelm,1873—1930)也很突出,他长期在中国传教，翻译了许多儒家和道家的哲学作品。他最著名的译著是《易经》，至今仍是标准译本。瑞典语言学家高本汉（Bernhard Karlgren，1889—1978）在斯德哥尔摩大学建立了中国研究系，创办了重要的汉学杂志，领导了重建古代汉语词汇语音的工作，并提出了一种新的研究方法。直到20世纪80年代，他的著作都是欧洲汉学界的必读参考书。

我们分析科学汉学在欧洲的诞生和发展，不能不说，如果没有利玛窦和马国贤，这一切梦想都不可能实现。

马国贤的工作在三个方面具有决定性意义：首先，他在中国朝廷和西方教会之间的关系紧张时恢复和保持了中西世界的联系；其次，他将他在中国培养的人才带回意大利，让这些中国人在意大利毕业后再返回中国传教，结果更容易被朝廷接受，成为中西交流的未来使者；第三，通过他的努力，在欧洲建立了第一所中国学院，成为欧洲汉语教学和汉语教材编写的最早基地，开启了向包括欧洲人在内的所有人教授中文的先河。他把欧洲的语言和文化带到中国，也把中国的语言和文化带到了欧洲，他为意大利和整个欧洲的汉学发展奠定了基础。

欧洲汉学

——一种语言和文化交流的历史 *

〔比〕巴得胜

摘　要： 当代中国不再只是欧洲汉学研究的对象，而且也有很多欧洲的政治学者、经济学者和社会学者介入研究。但从欧洲汉学史的角度看，研究中国首先要有汉语、汉字的基础，掌握汉语、汉字需要时间和耐心，才能逐步进入中国文化，做出有根据的论述。如果没有汉语、汉字的基础就去讨论中国文化，就会失去根基，而且也抓不住重点。欧洲汉学史的兴起与发展是以了解汉语、汉字和中国文化知识为起点的。从欧洲汉学研究的角度看，通过汉语、汉字和中国文化知识去研究中国，也只能超越自己的语言和已知文化的界限，还不等于真正深入到中国文化的内部，在这一点上，法国汉学家汪德迈先生为我们做出了榜样。在一般情况下，欧洲汉学家通过写作，向欧洲的听众和读者介绍中国，对欧洲公民进行跨文化交流的教育，也应该是当代欧洲汉学的一个重要任务。

关键词： 汪德迈　欧洲汉学　语言　文化　交流

汪德迈（Léon Vandermeersch）先生的中文名字中的"德"字，出自老子《道德经》的"德"，我就是从《道德经》开始，简要阐述我的题目《欧洲汉学——一种语言和文化交流的历史》。

---

* 本文据作者于2021年5月14日在"汪德迈中国学研究国际会议暨《汪德迈全集》出版发布会"上的数字录音讲稿整理而成。本会由中国大百科全书出版社、北京师范大学跨文化研究院与法国阿尔多瓦大学跨文化研究室联合举办。数字转录：北京师范大学跨文化研究院2015级博士生李亚妮，文字整理：董晓萍。

《道德经》第二十四章:

> 企者不立,跨者不行,自见者不明,自是者不彰,自伐者无功,自矜者不长。其在道也,曰余食赘行。物或恶之,故有道者不处。

《道德经》这段文字中的前八个字"企者不立,跨者不行",一个可能性的理解是:那些踮起脚尖,希望增长身高的人,就不能站稳脚跟。那些盲目加速的人,就不会走得更快。对于任何想要掌握中文,了解中国文化的人来说,这是多么真切的道理!

正如所有欧洲汉学家所知道的那样,学习汉语是一项艰巨的任务。理解、学习每个汉字都需要花费相当的时间。掌握汉语和汉字需要时间和耐心,然后才能逐步了解中国文化,对中国文化做出有根据的论述。的确,踮脚尖对于测量身高没有实际意义,研究中国文化而没有汉语、汉字的基础,也就没有根基,而且是抓不住重点的,这就是为什么研究汉语、汉字的知识会成为欧洲汉学的起源。

从欧洲汉学史的研究历程看,即使了解了汉语、汉字和中国文化知识,就要解释中国,也只能是跨过自身语言文化的边界而已,这就是我以上引用《道德经》第二十四章中所讲"自见者不明;自是者不彰"的道理。这也等于说,只用自己的眼睛看世界的人是看不清的,认为自己永远正确的人是肯定有错误的。欧洲汉学不只是从中国人的角度来看中国,也要从中国人的角度来看欧洲的文化,这是优秀汉学家的特点,也正是汪德迈教授在他的《中国教给我们什么》一书中谈到的基本问题[1]。

《道德经》第二十四章还提到"自伐者无功;自矜者不长",这是说,吹牛者不会取得成绩,自负者不会成长。《道德经》还说,"其在道也,曰余食赘行。物或恶之,故有道者不处"。这就是在告诉我们,从伦理道德文化的角度来看,过量的食物和多余的行动,不仅没有好

---

[1] 〔法〕汪德迈:《中国教给我们什么》,金丝燕译,北京:中国大百科全书出版社,2020年。

处，还可能是有害的。得道之人不会进入这种状态，这也是欧洲汉学要研究的中国思想文化的一种内涵。

对一般欧洲汉学家来说，通过写作，向欧洲的听众和读者介绍中国，解释中国，对欧洲公民进行的教育，这也应该是当代欧洲汉学的一个很重要的任务。

谈到汪德迈先生的学术成就，我会想到中国唐代诗人贺知章。他在公元695年成为进士，在武则天统治期间任职，随后又在唐中宗、唐睿宗和唐玄宗三个皇帝执政时期任职。贺知章85岁时，在为皇朝服务近50年后，被唐玄宗御赐退休，这时他写了大概是他一生中最著名的一首诗《回乡偶书》：

> 少小离家老大回，
> 乡音无改鬓毛衰。
> 儿童相见不相识，
> 笑问客从何处来。

汪德迈先生早已年逾85岁大关，他也没有为三个皇帝服务，但他在中国研究领域中经历了漫长的岁月。他积累了丰富的汉学研究经验，做出了重要的学术贡献。

现在中国在世界的地位越来越重要，近年关于中国各领域的研究专家也越来越多。中国不再只是汉学家研究的对象，现在也是欧洲政治学家、经济学家、社会学家的研究对象。而汪德迈先生在他的整个学术生涯中始终忠于他最初选择的方向，经过毕生的研究，去理解汉语、汉字和中国文化。

汪德迈教授为欧洲新一代汉学家留下了一面镜子。这面镜子映照了他们自己的面貌，也叙述了欧洲汉学史和汉学专业的重要性。这面镜子还让他们对语言、文字和文化研究的基本价值进行思考。

我相信，欧洲新一代欧洲汉学家可能不会再像中国唐代诗人贺知章的诗篇中所描写的儿童那样，探问"客从何处来"，但他们迟早会认识到，没有语言和文化的基础，研究中国文化很容易变成空谈。

贺知章被誉为唐代的"饮中八仙"之一，在此，也让我向欧洲汉学界的寿星，一位长期以来给我留下深刻印象的法国汉学家汪德迈教授郑重致敬！

中国文学的社会角色

董晓萍

摘　要：从中国文学的角度研究中国社会，依据有三：一是中国文学与儒学、政治学和道德伦理学的关系，以及开放发展的格局。中国文学通过上层经典成为政治教本，通过通俗文学变成社会文本，通过佛道文学变成多元文化汇合的支点，通过戏曲小说成为海外汉学研究的热点，通过中外共享译本成为跨文化学研究的对象。二是中国文学史的知人论世法与社会背景相连，中国戏曲的历史性，中国通俗小说和民间文学中的生活方式与风土人情记录，这些都导向社会史描述。三是中国文学是中国文化史的根基之一，中国文学被纳入中国文化的成分之一，引起海外汉学研究的关注与发挥。海外汉学在中国上古甲骨与古代典籍解读上，在敦煌文献的发掘利用上，在中国民间文学与典籍文献互动研究上，把中国文学史当作中介。他们的成果从局外的角度提供了许多可借鉴的观点和方法。

关键词：中国文学　海外汉学　跨文化社会研究

从中国文学切入跨文化社会研究是以往很少使用的视角，但中国文学历来有观风载道的使命，而书写社会也是中国文学的一个特点，所以通过中国文学研究中国社会，从资料和方法上说并不为过。海外汉学界研究中国社会，有时也通过中国文学史，有时还从作家作品的角度，探讨中国社会"江山代有才人出"的成就。在一般古老文明中，传统越久，断层越多，中国文学史却始终伴随着中国社会的发展而发展，乃至将许多代表作绵藏于历代社会的经史子集中，予以权威保存，并随时提供再利用。"五四"以后，中国文学成为考古学、艺术学、语言学、历史学、民俗学、哲学等多学科研究的资料，而海外汉学也通过多学科综合研究的路子，分析中国文学的社会角色，双方在有些方面殊途同归。

一、汉字汉语与中国文学的不解之缘

在中外文化相遇的十字路口上，汉字汉语和中国文学都是关键点。海外汉学要了解中国社会，读懂中国文学，就要掌握汉字汉语。在汉字汉语的字书与词典中，浓缩了中国文学的精华；在中国文学中，也能找到汉字汉语的历史变迁轨迹。此外，西方语言是表音文字，汉语汉字是表意文字，西方人并不用表音字母讲故事，汉字汉语却需要借助中国文学解释意义，所以这种研究从一开始就具有强烈的中西对比意识，这种研究难度大，但也很有建设性。

（一）汉语汉字研究使中国文学史成为中国社会史的一种根基

朱自清有旅欧的经历，谈到"有一位外国教授说过，阅读经典的好处，就在教人见识经典一番"[1]，而他的《经典常谈》开篇就从《说文解字》讲起：

> 不但研究字形要靠它，研究字音字义也要靠它。研究文字的形音义的，以前叫"小学"，现在叫文字学，从前学问限于经典，所以研究学问必须从小学入手；现在学问的范围是广了，但要研究古典、古史、古文化，也还得从文字学入手[2]。

朱自清讲得很清楚，要认识中国文学（"古典"），掌握中国文学史和社会史资料（"古史料"），都应该了解《说文解字》，而且从基础上说，"都凭得这部书"。

---

[1] 朱自清：《经典常谈》，北京：生活·读书·新知三联书店，2008年，《序》第4页。
[2] 同上书，第5页。

王宁也从传统语言汉字学的角度谈过"文"。王宁也认为,"文"是一个知识系统,中国文学史中的精品,唐诗、宋词和元曲,都是这个系统的现象。

"文"的本义是"错画",也就是花纹。在古代汉语里,它的意义有所引申:因为花纹总是画在载体上的,所以,在人类认知领域里,"文"引申为后天形成的品德、修养,与表示先天素质的"质"相对。《论语·雍也》曾说:"质胜文则野,文胜质则史,文质彬彬,然后君子。"①

中国古代对"文"的认识还反映在对天文和人文的区分上,《易·贲卦》说:"圣人观乎天文,以察时变;观乎人文,以化成天下"。天文指的是自然现象和规律,人文指的是社会现象和规律。

文化现象指人类文化发展过程中呈现出的某种外部状态和联系。现象具有个别、具体、可直接观察和经验性等特点。……有些现象带有单一性,例如,观察捕鱼……有些现象表现为多种事物的联系性……在汉字问题上,战国时期的文字构形的差异远远高于它的前后代;在诗歌题材问题上,律诗盛行于唐代,词盛行于宋代,曲盛行于元代……这些都是人们观察出的现象。②

描摹大千世界的本质是本体论,文字观、文学观、自然观和社会观等分类知识是认识论,汉字汉语是承载中国思维的本体论与认识论的最初介质,而汉字汉语的故事就是文学,解释汉字汉语的历史文献也离不开文学。董琨举了古诗朗读的例子:"中国古代的诗歌讲究押韵,可是不少古诗今天念起来却不太押韵,有时甚至完全不押韵了。""这是古今语音的不同造成古今字音的差异。"他说,崔颢的《长干曲》之二,诗曰"家临九江水,来去九江侧。同是长干人,生小不相

---

① 王宁主编:《中国文化概论》,北京:外语教学与研究出版社,2015年,《绪论》第3页。
② 同上书,《绪论》第7页。

识",第二句的末字"侧"与第四句的末字"识",用今天的普通话朗读"侧"是去声,"识"是平声,彼此并不叶声;两个字的韵母,一个是e,一个是i,也不押韵。董琨说,在崔颢生活的唐代,这两个字却是押韵的,它们的发音都是入声字,韵母也近似。只是到了元代,社会背景发生了变化,北方流行蒙古族统治者带来的元大都话,入声字消失,这首诗的朗读效果也发生了问题。现在南方的客家话和粤语方言中还保留了入声字[①]。中国学者研究汉语汉字怎样解决这个问题?他们有一门功夫叫声训,董琨又讲到声训。用声训的方法,可以大体恢复中国古代诗词的音韵美。我的导师钟敬文先生是广东客家人,是精通音律的诗人,我念书的时候,就经常看见他用客家话吟诵古诗。

(二)语言、文学和社会的结构链

在法国汉学史上,中国始终吸引着西方,法国学者若瑟·佛莱什(Jose Freches)认为,将中西文化隔开的藩篱是语言[②]。要进入语言、文学和社会的结构链,然后才能了解中国社会。美国语言学家匹克提出的etic(语音)和emic(语义)差异研究法,在此或可借用,解释语言的意义部分与社会环境的联系。当然匹克不研究汉语,但他发明的这个方法适用性很强,所以很多现代人文社会科学的学科都在应用。再举个例子,意大利来华传教士利玛窦和他的比利时裔法国弟子金尼阁(Nicolas Trigault)是另外一种成功的个案。他们利用汉字汉语的工具,把西方经典文学作品《伊索寓言》译成中文,再亲近中国社会,走出脚下一片坦途。利玛窦还有两个中国弟子,一个是徐光启,一个是王徵,也都是文采斐然的学者。一般对徐光启知道得比较多,对王徵了解很少,其实王徵也是一位语言学家,他写了一本汉语读音的书,还发明了拼音和类似四角号码的检索方法,为当时中法交流带去了很多方便,我和法国学者在陕西泾阳调查时顺道去了王徵的古墓,

---

[①] 董琨:《汉字发展史话》,北京:商务印书馆,1991年,第75—76页。
[②] 〔法〕若瑟·佛莱什:《从法国汉学到国际汉学》,耿昇:《法国汉学史》(上册),北京:学苑出版社,2015年,第1页。

距现代文学家吴宓的墓地不远。他的事迹通过墓碑上的文字流传到今天。

沙畹（Edouard Chavannes）研究正统书经、先秦诸子和《史记》等都有著作。他从汉字开始，关注传统国学对整个中国的影响。他认为，汉字适应中国礼制社会的制度，帮助传统国学在中国社会制度中占据社会地位。

> 三千多年来，中国一直维持着它的组织形式，能够确保一个社会如此长存的道德规则一定有其独特的力量，不承认这点就很幼稚。身处能征好战的民族之中，这个伟大的民族依然能保持它平和的本性，而且甚至能让其征服者接受。她影响深远，思想观念传遍了半个亚洲大陆。因此，她的道德及政策能确保采纳它的人得到幸福，使之热爱生活。中国的社会结构建立在教育的基础之上，尽管我们从中发现了一些陈旧的迹象，但是可以肯定，这种建筑能够适应当地居民的需要，使他们感到自在，而我们设计的新式房屋也许对他们不这么合适。①

在沙畹看来，汉字按中国人的理解发展，给中国人以存在感。中国人在汉字文化里感到幸福，社会稳定。但汉字过于适应中国的礼俗社会，也产生了依附礼俗体制的缺陷。因此，用欧洲人的眼光看，对汉字的社会角色的提法不容易被接受，还可能要去改造它。不过沙畹对中国传统国学富于"文"的气质和"文"的传承脉络印象深刻：

> 如果和一位很有教养的中国人交谈，或者和他分析一篇文章，人们很快会惊叹他几乎总是具有关于古代作家的深厚知识。他能牢记大段章节，一旦在他所看的文章里有经典作品的引语，无论

---

① 〔法〕沙畹：《沙畹汉学论著选译》，邢克超、杨金平、乔雪梅译，北京：中华书局，2014年，第147页。

> 是否被指出,他都会很快注意到并指明出自哪本书的哪一部分。
> 任何一个上层社会的中国人都沉醉于文学知识,这不仅是出于兴趣,也是他所处地位的要求。①

他看到中国人出口成章、信手拈来的礼仪传习现象、记忆力和文学能力,感到惊讶,有时不理解,也很欣赏。他的再传弟子汪德迈(Léon Vandermeersch)继承了他的观点,并加以系统地发展。汪德迈甚至认为,中国整个社会性质都是"文",而不是"武"和"商"②。

汉字和中国文学,在海外都没有。海外汉学家接近和研究它们。他们的共同特点,是进行中外文化结构和实际操作的对比,所发表的见解直白明了。了解他们的看法,能让我们反思中国社会结构的要素。

被戴仁(Jean-Pierre Drège)誉为"同时代汉学研究第一人"的沙畹曾问,为什么中国"所有有教养的人都学习汉字"?为什么"中国文学在很多人中流行,其数量远远超过整个欧洲"③?结果他发现,中国文学对社会结构的作用,贯穿于历朝历代,成为中国社会中的文明内核。

> 我们可以看到中国文学的广泛传播及其形成的链接中华民族各个朝代的纽带。此外,在不朽的文学作品中,最古老的备受推崇,我们曾经试图揭示这种偏爱的原因。④
> 中国文学传播之广,延续之久,在思想各领域及生活各领域影响之大,使之成为中华民族的伟大导师。如果想认并了解如此富有生命力的文明,就必须学习中国文学。⑤

---

① 〔法〕沙畹:《沙畹汉学论著选译》,邢克超、杨金平、乔雪梅译,第142—143、146—147页。
② 〔法〕汪德迈:《中国教给我们什么》,〔法〕金丝燕译,北京:中国大百科全书出版社,2020年。
③ 〔法〕沙畹:《沙畹汉学论著选译》,邢克超、杨金平、乔雪梅译,第135—136页。
④ 同上书,第141—142页。
⑤ 同上书,第149页。

一般认为，传统越久，断层越多，沙畹却找不到这种断层。他的发现也帮助我们中国人自己认识到，中华文明的例子与其他文明的例子正相反。中国古典文学绵藏于中国文化史的各种资料中，成为中国历史文明连续传承的有力精神支撑。但是，沙畹也认为，中国古典文学追求唯美，放弃了社会应用。

在那些源于科学的应用并改变世界面貌的发现中，没有一个是中国人的成果。他们甚至没有完善其祖先已经发现的生存必需的初步发明。当黄河——道光帝称之为"中国忧患"——决堤并淹没广阔的平原时，地方官员呈交了一份文笔优美的奏折，模仿《书经》风格写道："无边的水已漫到天际。"但不幸的是，为了堵住缺口，他使用了与此文一样古老的方法，因此，黄河年复一年不断泛滥。[①]

他的意思是，中国人过分看重文学的华丽辞藻的作用，以为美文具有通天颂神的力量，靠诰帖祭文阻挡社会灾难和自然灾害，不过这种习惯也会阻碍中国人改造社会的主动性。

任何一个上层社会的中国人都沉醉于文学知识，这不仅是出于兴趣，也是他所处地位的要求：他凌驾于劳动人和手艺人之上，作为孔子的虔诚信徒，他蔑视商业，在他眼中，这是"下九流"。因此，在国家的社会组织里，他只能做官或者渴望得到一官半职，然而，所有想谋求官位的人都必须具备文学知识。科举考试几乎是选拔官员唯一的手段，对所有人都一样：应试者要具有撰写类似于我们的作文或拉丁文诗的能力，内容包括通过评论从经典作品里选取的一个段落，以此展示非凡的记忆力。[②]

---

① 〔法〕沙畹：《沙畹汉学论著选译》，邢克超、杨金平、乔雪梅译，第146页。
② 同上书，第143页。

通过与欧洲人接触，中国人已经开始意识到他们欠缺的一切东西。他们购买了坚船利炮，组建了电报网，成立了机械纱厂并使用蒸汽机，开始修建铁路。为了使用这些新式机器，他们必须学习科学，但却只保留了应用中必不可少的内容。他们可以造就优秀的工头，但不能肯定这些人将来能否成为具有创新能力的工程师或机械师。他们有超凡的记忆力，学起来得心应手，但不懂得唯一能够推动科学发展的更深原理。①

沙畹称赞中国人有很多精神上的能力，但就是不知道怎样实干。他们能当工匠，不能当工程师。他们能记忆，不能创新。推动科学发展的深层动力是创新，但在中国缺乏创新精神。

文学也要创新，但中国古典文学的创新是文本与文字的运动，自然科学的创新是精神与物质的运动。中国儒家将精神劳动界定为高大上，把物质劳动界定为下品。中国文人肩不担担、手不提篮，不擅长物质劳动。中国农民和工匠等劳动阶层有日常发明，但与上层文人的精神运动隔离。"非物质因素使中国人组成了一个民族国家"②，社会的物质运行由中央集权统一管理。这些历史传统中的弊病，造成了中国人对精神运动与物质运动的共同驾驭，更不要说从精神到物质的娴熟思考。沙畹从外国人的角度看这件事，能很简单地表达出来。他甚至假设，不过口气很严重："人们不会赞同，如此关注精神事物的民族会彻底消亡。"③这是一种什么性质的社会现象呢？他引用莱布尼茨的话："在实用哲学，即伦理教育和政治方面，中国人要优先于我们，他们更多地为社会培养人才，而不是为不同教派造就创始人"④。中国文学，主要是儒家文学，我们也称之为载道文学，它在自己的农业文明环境

---

① 〔法〕沙畹：《沙畹汉学论著选译》，邢克超、杨金平、乔雪梅译，第146页。
② 同上书，第136页。
③ 同上书，第148页。
④ 同上。

里,起到文学、伦理和政治三重作用。它在欧洲工业文明环境中,在机器工业对比下,反射出异样的东西:文学扼杀思想,伦理扼杀人性,政治扼杀创新。

二、社会语言学对中国文学的研究

在跨文化社会研究方面,考察社会语言学的作用,观察社会语言学对中国文学的综合分析,也很有启发,陈原先生是一位开路人。他的著作《语言与社会生活》提供了好几个分析实例①。他说,在社会生活发生急剧变化的时候,就会引发语言结构的变化,也驱动中国文学跟着变化。在他的例子中,他讲了诺贝尔物理学奖获得者杨振宁,也讲了文豪鲁迅。

> 诺贝尔奖金获得者杨振宁博士,一九七七年四月二十日在美国马里兰大学对物理学专业的工作人员和学生做了一个专题演讲,据新闻报道,这次专题演讲的题目是:《规范场、单极子与纤维束》。
> 仅仅十个字,十个汉字,十个方块字,或者准确地说,只有三个专门词汇(科学术语),加上一个连接词("与"),就这样,使我们这样一些具有一般文化水平、而没有受过现代科学训练的读者,不得不瞠目结舌,望"词"兴叹!②
> 鲁迅在《门外文谈》中提到墙壁上挂着的"敬惜字纸"的篓子,我小的时候是常常看见的,现在似乎哪里都没有了。……当一张纸上写了字,它就不是普普通通的纸了,它就带有一种神秘力量了。……既然成为神物,那就迫使所有的"凡人"去"尊敬"它("敬惜"),以免这种神力使自己倒霉的,或者使别

---

① 陈原:《语言与社会生活》,北京:生活·读书·新知三联书店,1980年。
② 同上书,第2—3页。

人倒霉……①

陈原在这本书里还设了一个专节叫《文学作品中的描写》,放眼看去,里面谈论的人物不止中国或华裔,还有俄罗斯文学家谢德林,法国文学家雨果,等等,这是一个跨文化文学人物长廊②。

沙畹为了研究中国社会,制定了一个庞大的计划,对汉语汉字、金石碑刻、中国文学、中国史学、中国哲学和中国佛学都展开研究。他的结论很多,但其中有一句中国人都会重视,就是"必须学习中国文学"。

> 看到中国的人口,就可以对汉字的使用范围之广有一个更加明确的认识。……那里所有有教养的人都学习汉字。因此中国文学在很多人中流行,其数量远远超过整个欧洲。
>
> 我们可以看到中国文学的广泛传播及其形成的链接中华民族各个朝代的纽带。此外,在不朽的文学作品中,最古老的备受推崇,我们曾经试图揭示这种偏爱的原因。
>
> 如果想认并了解如此富有生命力的文明,就必须学习中国文学。③

看沙畹的研究意见,还要看到他的极为开阔的学术视野。他是第一个系统谈到中国民间文学的人。他是怎样发现民间文学的呢?我们知道,在中外交流史上,器物的交换,始终是异地传播和异地互识的重要部分。沙畹认为,汉字、中国文学与官方物质运动的结合是失败的,但与民俗器物的结合是成功的,在中国纸张、陶瓷、丝绸等产品中,都带有大量民间艺术祈福求运的象征性符号,在这些符号中,汉

---

① 陈原:《语言与社会生活》,第39页。
② 同上书,第42—45页。
③ 〔法〕沙畹:《中国文学的社会角色》,《沙畹汉学论著选译》,邢克超、杨金平、乔雪梅译,第134、137、142、148—149页。

字、民间文学艺术、民俗信仰和与日用实体物品结合，表达祝颂观念，展现得十分普遍。他为此撰写了一篇论文，题目就叫《中国民间艺术中对祝颂的表达》。他在文中把中国民间艺术的象征观念表达方式分成四类，并认为这就是中国民俗学的内容：

  第一种表达方法是直接写出表达其含义的词。凭借字形的优雅及字体的变化，中国字非常适于装饰。……像用不同字体把寿字写在上面的百寿瓶。

  第二种表达方法是观念联合的象征法，即可以用金锭代表富贵，书籍代表学问，石榴由于多籽表示多子多孙。……

  第三种表达方法是用图形暗示词的发音以借代词汇，这是猜画谜最常用的方法。……

  第四种象征法是用人物表达观念，由于这样或那样的原因，只要见到某一个人就会想起相应的一种观念。人们经常会在瓷器上看到两个总是相伴出现、笑容可掬的男子，这是和合二仙。和、合两字分别表示和睦和合好，因此这两个人物就是和睦、和谐的象征。……

  第五种也是最后一种象征手法。由于识别人物时重要的是标志，因此在某些情况下可以只画出标志。

  ……

  以上的思考课程解释中国人不断改变其思想表达方式的原因，但并未说明为什么中国的各种家用艺术品总是重复体现相同的思想。在研究中国人运用象征手法表达其最为偏爱的观念时，我们的出发点是幸福这一观念，而所有其他概念，像长寿、多子多孙、高官厚禄等只是对幸福观念的解析，是它的一部分。因此一般来说，这些象征手法表达的是对幸福的祝愿。中国人到处书写这些祝愿，是因为他们相信它的有效性。

  ……

  可以毫不犹豫地说，正是在这里才可以找到对中国性格的深刻诠释。当外国宗教——像佛教或基督教——尚未传入时，中国人并不为是否有天堂感到焦虑，因为他满足于自己所认识的生活，不奢求别的东西。他诚心诚意地遵循一种道德伦理，即主张纯人性义务和惩戒的儒家思想。生活有自己存在的理由。

关于器皿和纺织品装饰的这些思考看起来似乎有些矫饰，但在这些装饰画中，不正是无名画家的作品更能迎合大众口味，不正是这种民间艺术才最能体现一个民族内心深处精神世界的基本倾向吗？这些瓷器和绣品并不只是赏心悦目的自由幻想，我更相信从中可以听到成千上万的声音，不断重复着中国心灵的同一祝愿，使一个民族的人类命运观更加坚定①。

在以上的讨论中，沙畹讲理论也好，谈感想也好，都与沙畹时代已经兴起的欧洲民俗学有关。沙畹在这段论述之后，自己增加了一段注释，提到"民俗学"："威廉·顾路柏先生近期出版了一部优秀作品，名为《北京民俗学》[Zur Pekinger Volkkunde (Verölkerkunde, Ⅶ Band, 1-4, Heft, Berlin, 1901)]，书后的绣品插图中可以见到许多具有象征意义的范例"②。

三、哲学领域对中国文学的关注

张岱年主编《中国文化概论》，其中专设《中国文学史》一章。作者引用《论语》《说文解字》和《礼记》等经典文献，引申到对中国文学的评价。作者认为："中国文学史的确是古代文化中极为重要的一个

---

① 〔法〕沙畹：《中国民间艺术中对祝颂的表达》，《沙畹汉学论著选译》，邢克超、杨金平、乔雪梅译，第209—213、230—231页。
② 〔法〕沙畹：《中国民间艺术中对祝颂的表达》，《沙畹汉学论著选译》，邢克超、杨金平、乔雪梅译，第231页。沙畹原注：威廉·顾路柏为《北京民俗学》[Zur Pekinger Volkkunde (Verölkerkunde, Ⅶ Band, 1-4, Heft, Berlin, 1901)]。

组成部分。"①中国文学高峰迭起的内在动力是获得了新思想,新思想刺激了文学的进步:1)上古巫官文化向史官文化转化,促进了《尚书》散文的发展;2)春秋乐官文化的发展,促进了《诗经》的形成和定型;3)楚辞的杂言体和句末多了一个感叹词"兮"字,提供了表达现实思想的新形式,促进了楚辞的发展;4)魏晋时期本土神话和佛道观念小说发达,促成了唐人传奇小说的异军突起,带动了明清小说的高原状态。

作者通过对中国文学的哲学分析,得出三个"文化特征":一是关注现实的理性精神,二是"文以载道"的教化传统,三是写意手法与中和之美②。作者还认为,中国文学史的精神支柱是儒学,佛学和道学是补充儒学的思想学说。作者还强调说:"宗教观念在中国文学史中的反映是极其淡薄的,即使在佛、道二教兴盛之后,它们对文学的影响也主要体现为作家世界观和思维方式的多元化,而没有造成文学主题偏离现世的转移。"③

本书还有一个提法需要指出,作者把清代蒲松龄写《聊斋志异》标明注为"蒲松龄(蒙古族人)的《聊斋志异》"④,谈到中国内部多民族文学互动的问题。应该算是一种巧合,早在作者之前的九十年,沙畹发表过同样的观点,他说,"中国文学举世瞩目",而周边国家却看不到同样灿烂的"传世之作"⑤,但汉族与少数民族的互动是长期存在的,这不是以汉族为中心向外辐射的结果,而是汉族和少数民族都需要外借新思想,然后彼此吸收,双方是平等的。沙畹还认为,中国文

---

① 张岱年、方克立主编:《中国文化概论》第九章《中国古代文学》,北京:北京师范大学出版社,1994年,第210页。
② 同上书,第229—231页。
③ 同上书,第230页。
④ 同上书,第211页。作者对中国文学史的具体分析见第二节《中国古代文学的辉煌成就》,值得一提的是,作者没有做文学家的文学分析,而是从中国古代社会思想与现代思想两方面总结中国古代文学的意义,详见第212—228页。
⑤ 〔法〕沙畹:《中国文学的社会角色》,《沙畹汉学论著选译》,邢克超、杨金平、乔雪梅译,第211页。

学中有佛教思想和其他宗教思想都是外借的结果,伟大的名著都有伟大的外借。他说:

> (这类古典名著都)向具有此种精神优势的邻近大国学习:向印度借来了佛教作为自己的宗教,向中国求教各种政治和道德观念,这些便成为远东地区社会及私人生活的准则。①

沙畹是一位严谨勤奋的学者,他认为,中国文学作品的成名是多元因素起作用的结果,包括外借和内译。他的这种观点,对内部未必明晰察觉的研究是重要提示,对外部社会则产生了强大的影响力,有助于建设海外汉学与中国文学研究的共享话题。再看以上张岱年先生书中讨论的魏晋文学,张岱年先生带给我们的,就是内部多学科交叉研究的启示。张岱年所说的魏晋外来文化补充儒家主流文化,与沙畹所讲的印度外来因素成就中国文学,今天都可以放到跨文化社会研究的平台上重新看,对"文化间"的吸引力做出再解释。其实,除了魏晋,还有更好的个案,比如唐玄奘的中印之旅和他的那部名闻遐迩的《大唐西域记》,使他成为中国历史上将外来文化引入中国最成功的人士之一。欧洲的伏尔泰、孟德斯鸠、莱布尼茨和托尔斯泰也都对外来文化融入本土文化做出了重要贡献。

四、中国文学史、民间文学史与比较文学

新中国成立初期至20世纪60年代是中国大学文学史教育的建立时期,我国出现了两部《中国文学史》,一部是中国科学院文学研究

---

① 〔法〕沙畹:《中国文学的社会角色》,《沙畹汉学论著选译》,邢克超、杨金平、乔雪梅译,第134页。

所编写的《中国文学史》①，作者中有的得到过北京大学五四运动精神的滋养，也有的留英和留苏，学养深厚、中西兼通，都是做文学史的一代名家，但对民间文学作品重视不够。谈一件小事。书中提到《诗经》的《硕鼠》篇是阶级斗争的代表作②。而留心民俗的学者会知道，老鼠的故事很复杂，不能一概而论。钟敬文留学日本时发表过研究老鼠故事的专文，那只鼠是一只民俗鼠。此前的一千多年前唐玄奘在《大唐西域记》里也写过老鼠，那只鼠是一只神鼠。多年后，季羡林和钟敬文也都曾撰文分析老鼠故事，那只鼠是一只佛鼠，也是在印度、锡兰、中国和日本之间承担跨文化的故事角色。总之，各种鼠，在各种叙事中有各种历史、地理、文化和民俗的界定，不能只有一种解释。

另一部游国恩先生等主编的《中国文学史》③，也谈到《硕鼠》是"对剥削阶级的愤怒和控诉"④，此外，还有一种倾向，就是以中国文学史取代中国民间文学史。钟敬文先生对此提出不同意见。为什么不能用中国文学史代替民间文学？他说，第一，中国文学史与中国民间文学史是两种性质的文学，在中国社会里各有其地位，不能取消民间文学史；第二，民间文学不仅有中国文学史的记录，还有现代流传，不能因为有了古典的，就不顾现代的；第三，不能因为民间文学有现代口传，就不管古代记录，而是要将两者结合研究。总之，要对中国社会这两笔文化财富整体继承⑤。这两部《中国文学史》学史都是经典教材，后来多次改进，沿用至今。钟敬文先生主张在中国文学史中加进

---

① 中国科学院文学研究所中国文学史编写组：《中国文学史》（全三册），北京：人民文学出版社，1962年，《编写说明》第1页。
② 同上书，《编写说明》第30页。
③ 游国恩、王起、季镇淮、费振刚主编：《中国文学史》，北京：人民文学出版社，1963年，《说明》第1页。
④ 同上书，第9页。
⑤ 钟敬文：《在高校设置民间文学课》，1957年《光明日报》，钟敬文：《钟敬文教育与文化文存》，董晓萍编，海口：南海出版公司，1993年，第67—72页。

民间文学史的建议也逐步得到落实①。改革开放后,海外汉学著作大量涌入中国,普罗普、巴赫金等人的学说也被正式引入,又为改变中国文学史观吹来劲风。

乐黛云在中国高校开创了比较文学学科,提出了互为主观法的研究理念,给原中国文学史研究带来了根本性的冲击。据我的理解,乐黛云有几层意思:首先是重返本土文化,认识本土文化;其次是打破封闭心态,采用外在法,由"他者"迁回到自我文化上;最后是在主观性的互动中,建构新的文化认知,审视不同文化的互补性。比较研究要摆脱殖民文化的偏见,殖民文化由强国告诉弱国文化是什么,宣传自我文化的优越性,在二战后遭到了激烈的批评。比较研究也要突破自我文化中心的狭隘观念,承认别国文化也有中心,获得两个或两个以上认知。在此基础上,进行不同文化认知系统的对话②。

根据乐黛云的观点,中国比较文学的发展与中国文学史的命运密不可分。晚清至五四时期的文学改革,要求"旧学为本,新学为用",中国文学史在废除八股与科举中遭到重创。出国留学、学习外语,学习欧美文学,成为新的选择。西学东渐已成大局,促成新中国文学史的发轫。在这种背景下,中国文学史与外来文学相比较,从一开始就有诸多不同,并产生了它们在中国独有的"重大意义与价值",包括:1)与中国当时的社会现实需要相关,2)从一开始就有强烈的中外对比意识,3)始终没有脱离中国文学史与中国文化史的根基。对此,乐黛云引用王国维的一段话解释说:"世界学问,不出科学、史学、文学,故中国之学,西国类皆有之,西国之学,我国亦类皆有之;所异者,广狭疏密耳。"③

---

① 钟敬文关于民间文艺学有相对独立性的观点,早期论文有写于1935年的《民间文艺学的建设》,后期更多,其中一些仍是在谈高校教材时强调民间文学教材的地位的,如《谈谈民间文学在大学中文系课程中的位置》。

② 乐黛云:《多元文化中的中国思想——21世纪跨文化流通十六讲》,北京:中华书局,2015年,第80页。

③ 徐洪兴编选:《求善、求美、求真:王国维文选》,上海:上海远东出版社,1997年,第110页。

中国比较文学研究有明显的学术价值，在范畴上，由沙畹带来的早期汉学综合研究转向中国人的综合研究；在方法上，在中外宏观比较的视野下进行学术史分期，而不是内部单一文化的学术史分期；在目标上，突出现代立场，解决当代问题，不再是一味地考古，或者为文学史而文学史。

中国比较文学的研究产生了两个带动：一是带动了中国文化史的研究，二是带动了跨文化对话的研究。这就为后来兴起的跨文化学研究做了铺垫。

五、新时期的历史学对中国文学的讨论

20世纪初以来，从历史学角度讨论中国文学的现象很多，胡适、顾颉刚都是先驱。改革开放后，在历史学研究领域，中国文学史同样被讨论。在冯天瑜等历史学者看来，在中国历史上，中国文学史的自觉，代表了中国文化的自觉。中国文化自觉性的发轫，就是魏晋文学。魏晋文学的特点是蔑视儒学，崇尚佛道学和玄学，这使中国文学创作充满了生机。

> （在魏晋之前）即便是司马相如、扬雄这样著名的文学家，在当时的实际地位也不过是帝王以"倡优畜之"的文学弄臣，毫无个人的独立人格。
>
> 然后，文学终于在魏晋时期高扬起头颅，走上自我独立的历程，其起步的标志便是曹丕《典论·文论》的诞生。
>
> 在推动文学走向本体自觉的历程上，刘勰亦卓有功绩。……刘勰把文学的渊源追溯到宇宙之处，从而把文学提升到"与天地并生"的具有宇宙意义的重要地位。
>
> 在推动文学本体观念发展的同时，魏晋南北朝文化人更全力

展开"纯粹性"的文学创作①。

冯天瑜将中国文学史纳入历史学的研究范畴是新开拓,但也有可商榷之处,如儒学与中国文学史的关系是载道,魏晋文学摆脱儒学的束缚也不等于不载道。此外,加强研究思想史的变迁,不等于忽略文学多样性的作用,而大量涌现的魏晋搜神志怪小说就是文学多样化的产物。

六、从文化史的角度研究中国文学史

民俗学和人类学都重视中国文学史。它们都有一套从自我本土或异邦本土文化总结出来的研究方法,这些方法与跨文化学的方法贴近,也对重新评价中国文学史的研究和加强与海外汉学研究的对话有实际意义。假定民俗学和人类学者都能熟悉跨文化学的研究方法,又能将贯通文化分层的研究方法加以参照,再迁回到跨文化社会研究上来,就会发现,这个视角在文学史操作方面有不少优点,下面从知识系统、思维方式、生活方式和价值观四个方面进行讨论。

(一)知识系统

我们再回到沙畹的研究。沙畹曾发现,中国文学史的政治属性、道德属性、文学属性和教育属性兼备,而且是一个统一结构。在这样的知识结构系统内进行研究,要"试图提炼出它的深层意思"。

> 坦率地讲,对于欧洲读者来说,礼仪规则是中国书籍中最乏味的内容,关于丧服、不同的问候方式、文人应有的举止都有非常详细的规定,我们不明白这有什么意义。我们需要更多的自发性,事先详细限定好我们的态度及感情是荒谬的。相反。在一个

---

① 冯天瑜、何晓明、周积明:《中华文化史》,上海:上海人民出版社,1990年,第551—554页。

中国人看来，必须要认真学习为人处世。……在这里，我想回忆一下亲眼所见：途经一个村庄时，我注意到两个刚刚三四岁的孩子，面对面，表情严肃，专心地学习行大礼，这要求做一系列的跪拜动作，前额碰地。一位老人站在门口，微笑地看着他们。这两个小孩，重复着世代相传的姿态，在他们之前，已经有很多代人这么做了。这就是崇尚传统形式的整个中国。此时，我深深地感到了传统的、永恒的习俗的固有力量。①

"四书"受到文人尊崇的程度仅次于"五经"，它用于详述相同的观念并证明它们的重要性，形式更加教条。记史内容较少。《大学》及《中庸》系统地论述了中华道德的精髓，并在《论语》及《孟子》两书中加以讨论。"四书"常引证"五经"，试图提炼出它的深层意思。②

中国人认为他们的文学具有教诲作用，这似乎很有道理。我们发现中国人身上具有的美德正是经典著作中大加宣扬的东西。③

沙畹对中国文学史了解很深，研究很多。在上面的阐述中，他从礼仪制度、儒家经典和中国文学诸方面，提取中国人传承中国文学的深层意义。他还认为，中国的这种文学史没有与外界文化混合，是一种古老的文化造就的形态。他能发现这种文化是出于他的博学、敏感、喜爱，也是中欧文化史的差异所致。

在孔博恩（Antoine Compagnon）看来，文学总体上是关于自我与他者的知识和经验，在这方面的研究上，要注意文学价值与多元文化结构的关系。

---

① 〔法〕沙畹：《中国文学的社会角色》，《沙畹汉学论著选译》，邢克超、杨金平、乔雪梅译，第141页。
② 同上书，第140页。
③ 〔法〕沙畹：《中国文学的社会角色》，《沙畹汉学论著选译》，邢克超、杨金平、乔雪梅译，第143—144、146—148页。

我所谓的文学知识是指文学中特有的知识，是对于世界、对于他者的经验。我认为，文学具有科学和哲学都不具备的一种提供知识的模式。这种模式不是概念模式，它与叙事形式或诗的形式有关。我不是说只有小说和叙事性中才有文学知识。不是说有一种关于世界的知识只有文学中才有。在我的讲演中，我避免这么说。但有一种知识，在文学中确实可以得到特别好的传播。文学并非必不可少，独一无二。但它确实是获得关于自我和他者的知识特别有效的途径。这就是我所谓的文学知识。即文学能够给予人的关于自我和他者的知识[1]。

在他的观点里，文学从知识的角度是能够跨文化的。如果没有知识的角度，直接从文学去跨文化是不合适的。从内涵上讲，文学小于文化，以小涵大必不周延。乐黛云因此推重比较文学，要求比较文学应承担跨文化的责任，途径是开展诗学研究，以此为中介，"研究文学文本的模式和程式……它不仅研究文学所反映的一定的文化历史内容，而且更重要的是研究特定的历史文化内容如何在作品中得到反映，即如何被形式化"[2]。她说："比较文学的真正意义就在于跨文化、跨学科，冲决一切人为的、曾经是神圣不可侵犯的界限，在多元文化的语境中重新认识自己，在不同文化的人们的视野融合的基础上，寻求新的起点，创造新的未来。"[3] 这是美好的理想，澎湃的激情，也借鉴了当时已从欧美和俄罗斯输入中国的新理论知识，包括文化诗学、人类学、民俗学的内容，但开展这些工作的前提是需要对文学的内涵加以厘定。文学又含有大量的想象成分，想象成分不能直接进入文化，此点也需要辨析。

（二）思维方式

一些北欧汉学家认为，中国文学史的撰写，重视政治人事描写，

---

[1] 〔法〕金丝燕、〔法〕孔博恩：《文学何为？》，杨振译，《跨文化对话》第41辑，北京：商务印书馆，2019年，第122页。
[2] 乐黛云：《比较文学的国际性和民族性》，《中国比较文学》1996年第4期，第12—13页。
[3] 季进、曾攀：《乐黛云传》，南京：江苏人民出版社，2017年，第9页。

不关注衰落研究，荷兰汉学家龙彼得（Pier van der Loon）是一个代表。

中国学者程毅中认为，以往中国文学史研究重视钦定版本，不大容易接受文化分析方法。他在《宋元话本》中提出考订宋代话本版本的五种方法：1.根据现存本的刻印年代；2.参考书目著录和其他文献记载；3.考察话本本身的体制、语言风格和涉及的名物制度、社会风俗；4.比较同时代同题材的戏曲故事或民间传说、野史笔记，从故事情节的演变中判断它的时代先后；5.分析不同时代、不同社会阶层的思想意识[①]。他认为，这种过分重视官方版本的思维方式，导致一些中国学者不会研究通俗版本，对社会变化不关注，在这方面不如海外汉学家。

龙彼得在剑桥大学的弟子杜德桥（Glen Dudbridge）研究继承了龙彼得的方法，并加以发展。他首先把中国文学史作品分成两类，一类是个人写本，一类社会写本。其次是对文献资料系统做整体研究，包括他的老师关注的通俗文学、民间宝卷、志怪小说、作家文学和明传奇戏剧，创设了独特的文本分析法。他是用概念工作的人。以他的著作《妙善研究》为例，他界定了四个文本概念，即记录本、重塑本、流通本和改编本。其中，记录本，指民间传说最早被文字记录的文本形态。妙善传说的记录本是庙碑；重塑本，指文人记录本被重塑为宗教经卷的文本形态。妙善传说的重塑本有僧人祖琇的《隆兴佛教编年通论》和僧人觉连的《销释金刚科仪会要注释》；流通本，指传说在社会各界广为流传的文本形态。妙善传说的流通本有笔记文学本、志怪文学本、宝卷文学本和小说文学本；改编本，指传说被改造成带有主流社会特征的文本形态。妙善传说的改编本就是明传奇的正统戏剧教化本。他认为，在中国文学史上，唐宋传说和明代传奇的超时代的思想结构与时代性很强的主流文学相比，缺乏轰动效应。而好的文本是需要轰动效应的。民间文本要进入主流文学，就要改编，增加时代特征。

---

① 程毅中：《宋元话本》，北京：中华书局，2003年，第34页。

（三）生活方式

中国的正统文学和民间文学都有一部分转为通俗文学。五四新文化运动以来，胡适、刘复、郑振铎都为建设通俗文学史做出了历史贡献。程毅中在《宋元话本》中指出，讲唱文学，在先秦就成为民间流行的文娱生活方式。到了唐代，讲唱文学发展的水平很高，仍被请到听众的家里去唱，如白行简写《李娃传》就在新昌宅演唱①。刘耕路等认为，在中国，通俗文学就是一种生活方式文学，传播通俗文学就是一种生活样态。

> 在中国，不仅读诗的人多，写诗的人也特别多。历史上，上起帝王将相，下至平民百姓，旁及三教九流，都有许多人作诗。中国几千年文明史创造了光辉灿烂的文化，留下了丰富的文化遗产，其中诗歌遗产是最为绚丽多彩的一页。②

他还引用《论语·阳货》记载的孔子对学生说的话"小子何莫学夫诗？诗，可以兴，可以观，可以群，可以怨"，这是描述诗进入生活方式的四个渠道和目标，包括提升积极的精神状态，观察社会，团结人和开展社会批评。

李思敬讲古人的老礼，见面怎么说话，怎么才算有礼貌。他说，上层《仪礼》的礼节太复杂，"举步就是礼"。下层也有礼教，但比较简单。这是日常生活，但如果研究，就不仅要关注上层经典、文学史，还要关注文化史和民俗学，因为上层礼节往往是"从庶民的礼节发展起来的"，特别是在上层礼节失传的时候，"就到民间去访求。因此，研究古代社会，除文献记载之外，还要结合民俗来研究"③。

海外汉学家对通俗文学的重视程度超过我们的想象。法国汉学

---

① 程毅中：《宋元话本》，第2、4—5页。
② 刘耕路：《中国的诗词曲赋》，北京：商务印书馆，1991年，第3页。
③ 李思敬：《五经四书说略》，北京：中华书局，1991年，第91页。

家雷慕莎（Abel Remusal）、儒莲（Stanislas Julien）、德里文（DeSaint-Denys）、巴赞（Antoine Bazin）都翻译了大量通俗话本和戏曲教本。他们无法通过这项研究直接了解中国社会，但正是他们扩大了中国通俗文学的海外影响。

（四）价值观

中外研究者强调中国文学史对于中国社会政治秩序巩固、历史稳定、多元文化传播、发展古代教育和丰富日常生活的积极作用。张国风在《中国古代的小说》提出："中国历代高度重视文学，在于文学可以提供史鉴，封建政治强调以史为鉴。"①蒲松龄在《聊斋志异》中揭示官场腐败、人生沉浮，歌颂美好爱情。②程毅中在《宋元话本》以话本为例，高度评价唐宋文学史的教育价值、历史价值和博物价值。

> 宋代话本特别发达，到了全民娱乐的程度③。
>
> 广大市民养得起一班说话人，使他们能够长期固定地在勾栏瓦肆里献艺，才培养出一大批专业的讲史家、小说家以及专说某种话本的说话人。他们的艺术不断地提高，队伍逐步地扩大，也由于文化有了一定程度的普及，人民群众不但爱听说话，而且也爱看话本。他们从话本中既得到了娱乐，也得到了知识。尤其是历史知识，广大的劳动人民和少年儿童，主要就是从话本里得来的。说话人要提高自己的水平，就必须有很多知识。在书本知识上，就要"幼习《太平广记》，长攻历代史书"，"开天辟地通经史，博古明今历传奇。"④

话本作为通俗读物流行，就成为一种新型的小说。

话本是中国小说史的一大变迁，对中国小说史的发展起到继

---

① 张国风：《中国古代的小说》，北京：商务印书馆，1991年，第9页。
② 同上书，第102—110页。
③ 程毅中：《宋元话本》，第131页。
④ 同上书，第135页。

往开来的作用。

有了话本研究,才有明清文言小说和戏剧研究。①

乐黛云认为,可以利用中国文学描写来观察中国知识分子的价值观。她分析了一批有代表性的中国古今小说,包括汉代的《世说新语》、明代的《浮生六记》、现代作家茅盾的《蚀》和《虹》,当代作者路翎的《财主的儿女们》和王蒙的《布礼》。在她看来,这些文学作品时间上跨越两千年,所涉及中国知识分子的社会背景不同,思想感情各异,但都有孟子所概括的"士"的精神价值一线贯穿,即把"德"和"位""道"和"势"相对立,知识分子就要取"德"和"道",通晓古今知识、明辨是非,"以德抗位""以情抗礼"和以"道"自任,与政治权力掌握的"位"和"势"虽有依附,但也要保持距离。这样的文学虽不乏想象的故事,但具有社会史和思想史的价值。②再继续考察,文学是想象的产品,社会文化是现实的网络,要从想象直接跨入网络,仍不免冒险,于是就还要进行多重元素建构。乐黛云为《中国大百科全书·外国文学卷》撰写的"比较文学"词条,引进了比较文学研究的多重对象论,指出这种文学包括"本民族"与"他种"文学的"类同和差异",增广了它的内涵。

---

① 程毅中:《宋元话本》,第141、146页。
② 参见乐黛云:《多元文化中的中国思想——21世纪跨文化流通十六讲》,北京:中华书局,2015年。

论 稿
Articles

中古汉语训诂与哲学翻译

〔法〕金丝燕

摘　要：公元五世纪前后汉译佛经主要途径可以归为意译的八种情况，是推动古文言向中古汉语转变的重要因素。佛经汉译运用直接借用古文言字、严格遵守原意、增扩性借用、古文言字带新含义、哲学化借用、古文言字带超越性含义、调制而造就一词多义、拓展-译词加释的四言句式、直译生成多音节新字、浓缩-复调性字汇，折合性字句转换这八种方式推动了中古汉语形成。为文化转场研究提供了生动案例。

关键词：文化转场　哲学翻译　中古汉语的形成

《长阿含·小缘经》佛学术语54个。此经解决佛典专有词汇的汉译问题有三种途径。第一，通过音译的略音、双音和多音创造汉语新词。第二，通过意译组合成长音节多项字的词语结构创造汉语新词。第三，用半音译半意译组合成长音节多项字的词语结构创造汉语新词。

1. 音译词（transcription phonétique）：通过略音、双音和多音创造汉语新词

《小缘经》的音译词有16个，占此经佛学词语翻译总数的29.62%。

我们作两步分析，第一是音译词的音节数即字项占比。十六个音译词按字项可以分为三组。第一组单音字，有两个：

佛　　　　　　Bhagavā
僧　　　　　　Saṅgha

第二组为双音字，有六个：

比丘	Bhikkhu
瞿昙	Gotama
刹利	Khattiyā
沙门	Samaṇas
泥洹	Nibbāna
罗汉	Arhat

第三组为三项字，共八个：

婆罗门	Brāhmane
婆悉咤	Vāseṭṭha
婆罗堕	Bhāradvājā
首陀罗	Suddā
须陀洹	Srotāpanna
斯陀含	Sakadāgāmin
阿那含	Anāgāmin
阿罗汉	Arhat

十六个音译词语中，单音字两个，占音译词总数的12.5%，双音字六个，占总数的37.5%，三项字八个，占总数的50%。三音节音译词语位居第一，双音节音译词语位列第二。两组加起来占总数的87.5%。这与《长阿含·阇尼沙经》音译词多音字占82.6%的情形相似，超过《长阿含·大本经》的音译词70%的多音字比例。作为古文言特征的单音字均为少数。如此，佛经圣本汉译中的音译词造成文言字汇的复音化，并以双音和三音节词语为主要倾向。在佛经汉译一千五百年的历史上，以音译词复音化造新字的方法经久不衰。

在音译词字项分析的基础上，我们的第二步工作是对音译词语作结构模式和语义上的分类。十六个音译词根据含义分为三组。第一组由三个人名组成：

| 瞿昙 | Siddhattha Gotama |

婆罗堕	*Bhāradvājā*
婆悉咤	*Vāseṭṭha*

第二组由三个代表社会等级的词语组成：

刹利	*Khattiyā*
婆罗门	*Brāhmane*
首陀罗	*Suddā*

第三组由十个代表修行不同次第的称呼或名词构成：

僧	*Saṅgha*
佛	*Bhagavā*
比丘	*Bhikkhu*
沙门	*Samaṇas*
泥洹	*Nibbāna*
罗汉	*Arhat*
须陀含	*Sotapanna*
斯陀含	*Sakadāgāmin*
阿那含	*Anāgāmi*
阿罗汉	*Arhat*

从音译词的身份分析看，修行类居第一位，占62.5%，人名和社会等级类名并列，各占18.75%。与上一部《阇尼沙经》的音译词相比，变化最大的是地名词。《阇尼沙经》中地名类为首，占音译词的63.04%。修行类居第二位，占19.57%，社会等级类有2个：刹利、婆罗门，居末位。

居于音译词第一位的十个修行词语，其意译在其他经本的翻译中已经存在。这与《阇尼沙经》的情形一致，两经重合的音译词情况如下：

《小缘经》	《阇泥沙经》
佛	佛（*Bhagavā* 世尊）：悟道者
比丘	比丘（*Bhikkhu*）：乞士
斯陀含	斯陀含（*Sakadāgāmin*）：一还果

须陀洹	须陀洹（*Sotāpanna*）：	预流
沙门	沙门（*Samaṇas*）：	勤息，出家修行者统称
阿那含	阿那含（*Anāgāmi*）：	不还

从对比中看出，《小缘经》的音译词重点在出家层的修行次第上，对比《阇尼沙经》，后者的音译词中包括在家居士和女出家众，如"优婆夷"（Upāsīkā），"比丘尼"（Bhikkhuṇī），"优婆塞"（Upāsaka），但没有《小缘经》音译词中的"僧""泥洹""罗汉"或"阿罗汉"。

两经中合和修行类音译词，我们在《阇尼沙经》的音译词章节作了分析。这里，我们对《小缘经》中出现而《阇尼沙经》没有的"僧""泥洹""罗汉"或"阿罗汉"这几个音译词语作翻译学方法分类。

"僧"是巴利文"Saṅgha"一词的第一个音节的音译，"僧"是略音，略去巴利文此词的第二音节。汉译佛经中存在直接完整译成"僧伽"。"罗汉"是巴利文"Arhat"的第二和第三个音节的音译，略去第一音节。略音这是汉译佛经音译和意译比较重要的方法之一。

音译词"泥洹"（nibbāna），意译为"灭""灭度"或"寂灭"。汉译按巴利文此词的音节完整托出。汉译本法显（337—422）所译的《大般泥洹经》中的"般泥洹"用此音译。该词语的另一种音译"涅槃"也在相近的时期出现，如昙无谶于公元421年译出的《大般涅槃经》，标题中的"般涅槃"由"般"（pari）和"涅槃"（nibbāna）组成。这里的"涅槃"与"泥洹"在巴利文是同一个词，按音节逐一译出。不同的是，"般涅槃"为无余涅槃，与"涅槃"在次第上不同。"阿罗汉"也属于这样的按原音"直译"的方法，依照巴利文"Arhat"的音节逐一译出而成一个三音节汉字。

如此，通过略音、双音和多音的直译生成多字项创造新词是佛经汉译造字的重要方法。

从两经音译词语的含义看，保持修行次第观含义的完整性可能是译者从语音进入的原因，属于"五不翻译"中的第五种情况，即为"生善故"。佛学修行类词语用音译，汉译佛经重要途径，它不局限在翻译人名、地名和咒语上①。它和意译与半音半译，为人类历史上的翻译学研究领域提供独一无二的、最长的时段和最大的文化转场空间。

2. 意译词（traduction sémantique）：五组字汇、八种汉译途径

《小缘经》中意译词30个，占总数的55.6%。意译词在各经佛学词语的比重不同。如汉译《长阿含·游行经》的204个佛学词语中，180个意译词，占总数的88.3%。汉译本《小缘经》前一部《阇尼沙经》意译词是18个，占总数的24%。变化很大。这里，我们对意译词的音节和含义作两步分析。首先是意译词的音节数，也就是组合而成的词语所含的字数。

《小缘经》意译词按音节分组，双音节词比重最大，有14个，占此经意译词数量的43%。其次是三音节词，8个，占30%，单音节和四音节两组持平，各为四个。没有五音节以上的词语。

以多音节的佛教词语导入单音节的古文言，直接影响古文言向中古文言的转化。《长阿含·阇尼沙经》中的意译词音节情形与《小缘经》的情形相近，有8个双音节和8个三音节、一个4音节和一个5音节。由此推断，双音节和三音节应该是汉译佛经词语的主要趋向，代表古文言特性的单音节逐渐淡出佛学词语字汇。定论尚需等《长阿含》汉译对勘研究全部完成。

第二步，我们对30个意译词作分类，共五组。第一组为地点名词：

鹿母讲堂　　　*Migāra-mātā Pāsāde*
光音天　　　　*Ābhassaras*

第二组为佛陀的名号：

世尊　　　　　*Bhagavā*

---

① 这里是对林光明观念的一个补充。参见林光明：《梵汉对音初探》，台北：嘉丰出版社，2011年，第2页。

如来	Tathāgata
至真	Arhat
等正觉	Anuttara-samyak-sambodhi
十号	Dasanāmāh

第三组为普通名词：

| 居士 | Vessā |
| 颂 | Gāthā |

第四组为经名：

| 《小缘经》 | Aggaññasutta |

第五组为20个佛教修行词语：

经行	Caṅkamati
出家	Anagāriyaṃ pabbajitā
正法	No adhammena
戒	Sīla
定	Samādhi
慧	Sammadaññā
解脱	Vimutto
神足	Iddhi-pādā
三恶道	tayodugatī
七觉意	sattannaṃ bodhi-pakkhiyānaṃ
现法	Diṭṭheva-dhamme
道成	Parinibbāyati
受苦报	Duggatiṃ vin pātaṃ nirayaṃ upapajjati
受乐报	Sugatiṃ saggaṃ lokaṃ upapajjati
生死已尽	Khīṇāsavo
所作已办	Katakaraṇīyo
不复受有	Parikkhīṇabhavasaṃyojano
明行	Vijjācaraṇa

| 心解脱 | *Cetovimutti* |
| 无漏 | *Arahaṁ* |

《小缘经》巴利文第2节中的"caṅkamantaṃ 经行 anucaṅkamiṃsu 漫步",汉译本第2节译为"彷徉经行",形象生动。佛陀静坐后起身经行,记录在经本中,作为佛陀静思的一部分。之后,"彷徉经行"简为"经行",入坐禅法。

巴利文为"caṅkamati",意思是一边环绕或往返于冥想地一边沉思。汉译为"经行""行道"或"行禅",一种坐禅的辅助方法。"经行"的译法在稍早的法显(337—422)所著《佛国记》中已经出现:

> 佛在世时,有剪发爪作塔,及过去三佛并释迦文佛坐处、经行处及作诸佛形像处,尽有塔。

含"常"意,要恒常地持德与智。延伸为"持续不断、经常不变"。稍早于佛陀耶舍和竺佛念译本的法显在其《佛国记》中已经用"经行"来翻译巴利文的"caṅkamati"沉思漫步了。巴利文强调的是漫步的方式是沉思,强调的是"行"的方式是在沉思,汉译强调的是"行"的"经"即持续不断。此词通过汉译,增入禅思修行因素,由古文言进入佛教汉语。

汉译的"出家",巴利文为"anagāriyaṃ pabbajitā",原本在印度吠陀时期是婆罗门教的遁世。"agāra"是家居,加上前缀"an",意为"非家居的"。"pabbajitā"的含义是"前往"。离开家居状态后的趣向,在佛陀时代是前往森林修行,故亦有"林居者"之译,后世将之直接指代僧人。这里,巴利文此词的汉译精准。

巴利文本的"agārasmā anagāriyaṃ pabbajitā"从有家走向无家,无"修道"二字。汉译本是"在我法中出家为道",似乎仅言"出家"不够,加入了两个因素:一是"在我法中",二是"为道",古文言里的"法"和"道"二字在这里相合,词意发生变化,形成新词,指在佛法中修行。"出家修道"成为佛教的一个词语。

"正法"在此经汉译本第17节出现：

> 17.时，彼众中自选一人，形体长大，颜貌端正，有威德者，而语之言："汝今为我等作平等主，应护者护，应责者责，应遣者遣，当共集米，以相供给。"时，彼一人闻众人言，即与为主，断理诤讼，众人即共集供给。时，**彼一人复以善言慰劳众人，众人闻已，皆大欢喜，皆共称言："善哉！大王！善哉！大王！"**于是，**世间便有王名，以正法治民**，故名刹利，于是世间始有刹利名生。

汉译本第17节是巴利文本第20节和21节的合并。后面部分是巴利文本第21节内容。汉译本第17节的这一句"世间便有王名，以正法治民，故名刹利，于是世间始有刹利名生"，是巴利文本第21节的开首。

巴利文本第21节汉译如下：

> 21.婆悉咤，"为众生所尊重者乃大尊者。'大尊'乃第一个出现的称呼。'田地之主'乃刹利，'刹利'乃第二个出现的称呼。'能以法让人开心者'乃国王也，'国王'乃第三个出现的称呼。婆悉咤，如此，刹利族群乃从古代之称谓。此乃诸众生同源非异类之源。此乃依法，而非不依法。婆悉咤，现世、未来、生者中法为最胜"。

巴利文原文中言"Dhammeneva以法，no adhammena非非法，Dhammo hi法"，汉译本以"正法"翻译巴利文的否定之否定"no adhammena非非法"，翻译上处理得很巧妙。

"正"为会意字，《说文解字》释义为"正是也。从止，一以止"，转为指事。用"正法"翻译巴利文的"no adhammena",取"正"的延伸意,将巴利文的双中否定句"非非"转为"真实的、准确的",也因此为古文言的"正"注入新的含义。

汉译以"法"翻译巴利文的"dhamma",取古文言法字的延伸意即法则,并将古文言的人间法则伸延至宇宙法则。佛经汉译赋予古文言的法字新的意义,哲学的、形而上的维度。

《小缘经》巴利文本未言"戒"。而汉译本第9节出现一大段巴利文本或缺的文字,其中有比较重要的佛学术语"戒":

> 9. "婆悉咤!若刹利种中有笃信于佛、如来、至真、等正觉,十号具足,笃信于法,信如来法,微妙清净,现可修行,说无时节,示泥洹要,智者所知,非是凡愚所能及教;笃信于僧,性善质直,道果成就,眷属成就,佛真弟子法法成就;所谓众者,戒众成就,定众、慧众、解脱众、解脱知见众成就。向须陀洹、得须陀洹;向斯陀含,得斯陀含;向阿那含,得阿那含;向阿罗汉,得阿罗汉;四双八辈,是为如来弟子众也。可敬可尊,为世福田,应受人供;笃信于戒,圣戒具足,无有缺漏,无诸瑕隙,亦无点污,智者所称,具足善寂。婆悉咤!诸婆罗门种、居士、首陀罗种亦应如是笃信于佛、信法、信众,成就圣戒。婆悉咤!刹利种中亦有供养罗汉,恭敬礼拜者;婆罗门、居士、首陀罗亦皆供养罗汉,恭敬礼拜。"

汉译本此段提出细致的修行次第。第一步,"笃信于佛""笃信于法""笃信于僧"。第二步,从"戒、定、慧"三学进入,走向解脱。第三步,不同层次的解脱,或须陀洹,或斯陀含,或阿那含,或阿罗汉,或四双八辈。

《小缘经》的巴利文本《知源经》中无汉译本第9节这一内容。这一增加,是当时的版本不同抑或译者从他处佛学经本中借用挪至此处？我们先存疑。

佛经圣本翻译中，用"戒"翻译巴利文的"Sīla"。在巴利文的原意是"道德""善行""道德之律"。汉译"戒"的音译词是"尸罗"。由古文言的警觉和禁止之"戒"到佛教的道德之律的"戒"，含义发生变化。汉译此词，用的是古文言此字的延伸意"禁止"，而巴利文的"尸罗"重的是"道德之律"。由此，佛教词语中的"戒"因其特殊含义为古文言此字注入新的因素。

汉译本增入段落提出三学后的两个结果：一是智性的，"具足戒无漏，智者所称叹，具足善寂"，二是福德的，"可敬可尊，为世福田，应受人供"。

"戒、定、慧"三学中的"戒"是修行次第第二步的第一阶段。由此进入第二阶段"定"。

三学中的"定"是修行次第第二步的第二阶段。与"戒"的情形一样，巴利文本《小缘经》中未言"定"。此字在汉译本《小缘经》的第9节增入段落中出现。

巴利文"Samādhi"汉语意译为"定""等持"，音译为"三昧""三菩提"。作为佛学修行的重要方法，指精神的完全专注，不散乱。在《小缘经》的前面一部《阇尼沙经》中佛言"七定具"（Satta samādhi-parikkhārā），其中的"samādhi"就译成"定"。

在传统佛法中，"Samādhi"有两层含义，首先是在禅坐层面的精神高度专注，而不是普通智性上的思绪集中。分三个层次：预备定或言遍作定（parikamma samadhi），近行定（upacāra-samādhi）与安止定（appanā-samādhi）。预备定或言遍作定是禅观的心一境性。近行定是破除界限、观与所观相融的状态。安止定指心完全专一的状态，即"禅那"（jhāna），之后的修行内容非常丰富，包括色界四禅与无色界四定。

"Samādhi"的第二层含义，是佛学修行开悟的八圣道分（Ariyo aṭṭhaṅgiko maggo）正见、正思惟、正语、正业、正命、正精进、正念、正定中的第八道。

由此可见,"Samādhi"的汉译"定",其含义已经不是古文言的"安"或者"设定",而增入佛教修行的次第和哲学两重新意。

三学中的"慧"是修行次第第二步的第三阶段,此字在汉译本《小缘经》的第9节增入段落中出现。与"戒""定"的情形相同,巴利文本《小缘经》没有"慧"字但出现"正知"。

巴利文第7节有关段落汉译如下:

> 7. 婆悉咤,在四种姓中,凡有比丘成为漏尽阿罗汉,所作已办,弃舍重担,达到自利,斩断有结,从正知而解脱,他便因法,而不是非法而被称为翘首者。①

此经中的巴利文的"Sammadaññā"即正知。"Samma""正",加"aññā""知识"组成。而"慧"在巴利文是"paññā",汉译通常为"般若",用音译,前缀"pa"含"向前""超过"之意,指"超越的智慧",一种高度的知觉。

佛教用之翻译"paññā",如闻慧（Pāli: suta-maya-paññā）,思慧（Pāli: cinta-maya-paññā）,修慧（Pāli: bhāvanā-maya-paññā）。这里,"suta""cinta"和"bhāvanā"分别为"听""心"和"做"。"maya"是"依据"的意思。此为佛学修行的三个阶段:听闻善法、善知识、智能;思考善法、善知识、智能;直接从精神的高度修炼得道善法、善知识、智能。公元五世纪的智者觉音（Buddhaghosa）认为精神的高度内观。"内观"是巴利文Vipassanā的意译。巴利文前缀的"Vi"指"遍及"或"朝向","paś"是动词"看"的词根,"内观"的含义是"遍观",而无向内的指向。《长阿含·阇尼沙经》对"慧"之观的细化是"四念处"（Cattāro satipatthānā）:"身念处"（kāyānupassanā）、"受念处"（vedanānupassanā）、"心念处"（cittānupassanā）和"法念处"

---

① 译文参见《汉译巴利三藏·经藏·长部》,段晴译,泰国法胜大学协助证义,上海:中西书局,2012年,第303页。

(dhammānupassanā)。

由古文言的"解脱"到汉土用该词语翻译佛经中的"Vimutto",语义发生变化。其本意"免除"或"消除"就具体事务而言,在汉译此词时含义延伸为脱离烦恼,不受羁绊,得开悟,指生命的升华,具哲学的维度,带抽象性。今天的汉语中,该词的词义仍然有生存意义的和哲学的两种维度。

巴利文本出现"正知-解脱"(sammad-aññā-vimutto),此词由"正知"(sammāñāṇaṃ)和"正解脱"(sammā-vimutti)合成。汉译本《小缘经》无"正知解脱"一词。汉译本第9节所提出的五众"戒众成就,定众、慧众、解脱众、解脱知见众",而巴利文本则无。若细究,汉译的五次第"戒、定、慧、解脱、解脱知见",其中的戒定慧可以看作汉译本对巴利文本第7节中"梵行已立"的诠释,"解脱"是对巴利文本中"全断有结"的诠释,"解脱知见众"在汉译本中放在"解脱众"后,应该指比"解脱"更进一步地进入深解脱次第者。由此逻辑推论,"解脱知见"中的"知见"不是古汉语中普通意义上的"知识"或"见解",而应该是巴利文的"正知-解脱"(sammad-aññā-vimutto)中的"知"。因此,"解脱知见"是"正知-解脱"的汉译。这样,汉文本第9节中"五众"忠实而妙译了巴利文本从正知到正知解脱sammadaññāvimutto的过程。佛经汉译中文化转场的一个案例。

我们的分析被如下的问题冲击:为何不以通常的佛经汉译法,逐字翻译为"正-知-解脱",而将巴利文此词的动词提前,译成"解脱-知见"并舍去"正知"?是否可以将"解脱-知见"理解为两个动词构成的词语?抑或"知见"通"智见",由"知"即"智"翻译巴利文的"正"?

我们借巴利文《长阿含·阇尼沙经》中的"解脱"来分析汉译《小缘经》中的"解脱"一词在汉译过程中发生的两种意义,第一,词义扩展和升华,第二,从"解脱知见"到"正-知-解脱"(sammad-aññā-vimutto)汉译过程,"知见"由古文言含义转为"正知"层面的

"智见"。

神足（Iddhi-pādā，神力-足）一词在佛学词语里，本意是"神妙之足"，延伸意是"神奇的能力""超自然的力量"。《阇尼沙经》中，佛陀谈到由"四念处"得智慧力，但定力不足，需要继续修习，得四种定，即"四神足"（Cattāro iddhi-pādā），直译是"四-神-足"。亦称"四如意足"，依次修行"欲三摩地""勤三摩地""心三摩地"和"观三摩地"。由粗而细，通过欲定、精进定、心定和观定四种三摩地。"三摩地"是巴利文"samādhi"的音译，意思是"定""等持"。修行者的智力与定力等持。

四种神足的词语结构是长音节多项字的词语结构，完全不符合古文言的结构，却忠实地翻译出巴利文的词语结构：

欲定-断行-具神足
精进定-断行-具神足
心定-断行-具神足
观定-断行-具神足

由此可知，"神足"一词在"四神足"有特定的含义，指"具有神奇的根基"。"足"在四神足的概念里，指"根本"。

我们看到文化转场中汉土接受的一个特殊情况：在翻译中加入译者的注释，首先，从中可以想到译者翻译时不仅仅是面对文本，同时考虑到未来的读者了。其次，从语言层面看，"神足"回到巴利文的本意，"Iddhi-pādā""神力-足"，由此看出译者对"神足"一词是逐字理解，并不止步"四神足"中"神足"的延伸意。译者在作整部《长阿含》的汉译，上一部《阇尼沙经》所用的"神足"一词挪用此处并用其本意，应该出于译者特殊的考虑，以加强"飞空"即"antalikkhacarā""空中行"的效果。

《小缘经》第20节的"七觉意"，巴利文《小缘经》第30节是"实

现七菩提支"。我们看经文。汉译《小缘经》第20节有关"七觉意"的段落如下:

20.婆悉咤!刹利种中,有剃除须发,法服修道,**修七觉意,道成不久**。所以者何?彼族姓子法服出家,修无上梵行,于现法中自身作证。

巴利文第30节有关"实现七菩提支"的段落汉译如下:

30.**婆悉咤,有刹帝力经过对身、口、意的修持修成七菩提支法**,于现世般涅槃。婆悉咤,有婆罗门、居士、首陀罗经过对身、口、意的修持修成七觉意法,于现世般涅槃。

"七觉支"与巴利文的"sattatiṃsa bodhi-pakkhiyā"相应,指羽翼层面、有帮助的七菩提支。古文言的"支"的本意经佛经汉译伸延有羽翼词根的"帮助"含义。

汉译《长阿含经·小缘经》的"七觉意",对应南传《长部·知源经》中原文,为"sattatiṃsa bodhi-pakkhiyā",即"七觉菩提支"。因此,应该是涵盖三十七道品的"七菩提支",而非其中一项"七菩提分"(satta sambojjhaṅgā)。

《长阿含经·小缘经》用"七觉意",而非"七菩提支",有两种可能。第一种可能,是"七菩提支"的古译,尽管当时没有"三十七道品"这一术语,但三十七道在《长阿含经》的《游行经》《阇尼沙经》中逐一完整提出。"意"由"心""言"会意,《说文解字》释义为"意志也,从心察言而知意也。从心,从言"。原意是"意愿"。用之翻译巴利文的"sattatiṃsa bodhi-pakkhiyā"即"七菩提支""意"若沿用本义"意愿",似乎勉强。应该是伸延该词的"志向"含义,推向巴利文"bodhi-pakkhiyā"隐含的"菩提-羽翼帮助"。如若如此,"意"字经汉译巴利文的"bodhi-pakkhiyā"而有了新的含义。第二种可能，《长阿含经·小缘经》的"七觉意"，在巴利文"sattatiṃsa bodhi-pakkhiyā"的"支"中加入了译者的理解，即修行菩提的愿望，沿用古文言的"意"。如若如此，巴利文此词的汉译是带有古文言汉译解释的意译词。

汉译过程中，出现将"satta sambojjhaṅgā"与"sattatiṃsa bodhi-pakkhiyā"都译成"七觉支"或"七觉分"的情况。因此，需注意根据原文文本定夺是哪一层面的"七觉支"或"七菩提支"。是三十七道品中的其中一项"七菩提分"？是涵盖三十七道品的七层架构的"七觉支"？"支"与"分"含义不同，前者源于羽翼，后者为整体的一部分，两字不应该混用。

"现法"一词出现在汉译《小缘经》第20节。与"七觉意"同一段落：

20.婆悉咤！刹利种中，有剃除须发，法服修道，修七觉意，道成不久。所以者何？彼族姓子法服出家，修无上梵行，于**现法**中自身作证。

与汉译本对应，巴利文第30节有关段落汉译如下：

30.婆悉咤，有刹帝力经过对身、口、意的修持修成七菩提支法，于**现世**般涅槃。婆悉咤，有婆罗门、居士、首陀罗经过对身、口、意的修持修成七觉意法，于**现世**般涅盘。

这里，汉译本中的"现法"对应巴利文的"diṭṭheva dhamme"。其中的"diṭṭh"为"所见""eva"为"此"，"dhamme"为"现象""法"。巴利文"dhamme"的词根是"dhṛ"，本意为"带有"，既指"常理"，延伸为意"习俗""规则"，也含有"存在""生"之意。"diṭṭheva dhamme"是"此时此地"的意思。巴利文此词的含义是"当生""于此生",在此意义上,汉译为"现法",即现世。在这里,"diṭtheva"是"见"通"现",为"当下""于当世"之意,而非"见到",如中古汉语的汉土佛经中将巴利文的"diṭtheva dhamme"译成"见法"。如"diṭṭhadhammanibbānappatta",汉译为"当生证得解脱涅槃",在这个意义上又译为"见法涅槃"。因此,"现法"或"见法"要放到当时的文本中去理解。"现"和"见"与今天"出现"或看见的"见"含义不同。

汉译本《小缘经》第20节的"于现法中自身作证",应该读作"于现法中-自身作证",即"当生证得""于此生作证"。从两文本有关段落的对勘可以看到,"于现法中,自身作证"是巴利文"diṭtheva现dhamme于此生,于此生sayaṃ自己abhiññā认知sacchikatvā证明"的汉译,精妙。在《长阿含》的汉译中此句型成为定格。以"自身"翻译"sayaṃ"即自己,可以证明,在公元五世纪的中古汉语仍然用古汉语"自身"表示"自己"。后者是双音类意语词,出现的时间要比"自身"晚。

我们对"于现法中,自身作证"作了汉译与巴利原文的对勘,得出两个结论,第一,"现法"一词应根据巴利文原文,结合中古汉语的字义去理解这两个字,避免望文生义,以至于用今天的理解去解释"dhamme",将之生硬地译成"法"。第二,已成定格的"自身作证",是"自己作证",避免理解为"以己身作证"。

"心解脱"与"慧解脱"(paññāvimuttiṃ)在佛学上是一对重要概念。《小缘经》谈到"心解脱",因此我们只作"心解脱"对勘释义。该词的巴利文为"cetovimutti",分解为ceto心vimutti解脱。

第一,是"akuppā cetovimutti",即不动心解脱。也译为"空心解脱",得阿罗汉果。指脱离世间的忧、悲、恼、苦的解脱。

第二,是"sammadaññā cetovimutti",汉译为"正知心解脱",以正确的了知得心解脱。

第三,"appamāṇa cetovimutti","无量心解脱","无量""appamāṇa"

指四无量心（慈、悲、喜、舍）。

第四，"anāsava cetovimutti"，即"无漏心解脱"，指诸烦恼不再泛起，得心解脱。

第五，"āsava cetovimutti"，即"有漏心解脱"。这里，"有漏"与"无漏"相对，指在有情生命这一层面得心解脱，但含摄苦谛和集谛，"漏"也就是烦恼会增长，仍然在三界内轮回。

汉译本《小缘经》第25节提出"无漏心解脱"应该是哪一层"心解脱"呢？我们先看汉译本此节：

25.尔时，世尊说此法已，婆悉咤、婆罗堕**无漏心解脱**，闻佛所说，欢喜奉行。

此节与巴利文第32节末尾对应。巴利文此段汉译如下：

32.世尊说此法已，婆悉咤与婆罗堕开心、欢喜佛所说。

从对勘中我们看到，巴利文是"心解脱"汉译本《小缘经》第25节提出"无漏心解脱"应该是第四层，"anāsava cetovimutti"。该词语的汉译，用直接意译法，造出一个含五音节三字段的新词：an ā sava 无漏 -ceto 心 -vimutti 解脱。因为三段式，该词语的结构又是可分的。"无漏"定义"心解脱"的层次。

3. 意译词的八种汉译途径

在此经的佛学术语中，意译词比重最大，以地名、专有名词、修行次第为主，意译的修行词语更趋向指出的修行途径。含义简明，受者容易记住。这20个意译词与佛学修行词语，其汉译有八种情况。

（1）直接借用古文言文，严格遵守原意（l'emprunt simple d'un

mot en gardant le sens étymologique de la langue cible «wenyan»），以"现"与"法"的翻译为例；

（2）增扩性借用，古文言文字带佛学新含义（l'emprunt par incrémentalisation en l'ajout à un mot du « wenyan » un nouveau sens），以"明行成就罗汉"为例；

（3）哲学化借用，古文言文字带超越性含义（l'emprunt philosophique d'un mot du «wenyan» en lui ajoutant un sens transcendent venant de la langue source），以"慧"的翻译为例；

（4）调制，一词多义（la modulation par un mot en polysémie divergente），以"受"和"七觉意"的翻译为例；

（5）拓展，译词加释的四言句式（l'expansion, par l'ajout des mots sont ajoutes pour créer une structure quadrisyllabique），以"神足飞空"的翻译为例；

（6）直译生成多音节新字（le calque lexical créant un néologisme multisyllabique dans la langue cible en adoptant la structure de la langue source:une polyphonie révolutionnaire au «wenyan» monosyllabique）以"无漏心解脱"为例；

（7）浓缩，字汇多义（la concentration, traitement de la polysémie lexicale），以"苦报"翻译为例；

（8）字句转换及其不可控性（la transposition en entropie lexicale et phrastique）以"道成"为例。

这里，我们逐一作出解释。第一，直接借用古文言文，严格遵守原意，以"现"与"法"的翻译为例。

汉译本第20节有关段落如下：

20.刹利种中，有剃除须发，法服修道，修七觉意，道成不久。所以者何？彼族姓子法服出家，修无上梵行，于**现**法中自身作证。

相应的段落在巴利文第30节：

30.*Khattiyo pi kho, Vāseṭṭha, kāyena saṃvuto vācāya saṃvuto manasā saṃvuto sattannaṃ bodhi-pakkhiyānaṃ dhammānaṃ bhāvanam anvāya **diṭtheva dhamme** parinibbāyati.*（……）

借用古文言的"现"字翻译"sayaṃ"（自己），而非现代汉语理解的"己身"。

第二，增入性借用，词义发生变化。

汉译本中有五例。如第20节中"漏尽"是对古文言"夜将尽"之"漏尽"的借用而伸延为断尽三界烦恼。

"经行"延伸为"持续不断、经常不变"，增入禅思修行。

"出家修道"将古文言里的"法"和"道"二字相合，形成佛学新词。

"戒"由古文言禁止之"戒"到佛教的道德之律的"戒"。

最后用"苦报"涵盖巴利文本的四个趣向：苦道、恶趣、险峻地、地狱（apāyaṃ duggatiṃ vinipātaṃ nirayaṃ upapajjati）"苦"与"报"这两个古文言字合用，变成双音节的佛学新词。

第三，哲学性借用，使古文言字的语义带超越性维度。如用"慧"翻译"般若"即"paññā"，词义因此发生变化，涉及超越性的知觉。汉译《小缘经》第9节中的"慧"，是将"般若"即"paññā"的意译，应该与巴利文的"sammadaññā"不同。巴利文的两个词"般若"-智-和"正知"在汉译中有合为一词"慧"的情况。

汉译巴利文的"慧"，涵盖上述几重修行，比较古文言，此字的词义发生变化，涉及超越性的知觉。三学的"戒定慧"，以高度敏锐的心力无分别地遍观，穿透表相，接近真正的智慧，体验而非通过信仰或智性的明白。

第四，调制，一词多义，即用一词翻译不同的巴利文词语。以"受"和"七觉意"的翻译为例。

在佛经意译词汇中，"受"字含双重意义，既是受结缚，又为十二因缘之七的"受有"。"七觉意"的汉译涵盖巴利文的"satta sambojjhaṅgā"与"sattatiṃsa bodhi-pakkhiyā"即"七觉支"或"七觉分"。最后是汉译本的"无漏"，此词对应巴利文"漏尽"，又可以翻译巴利文的"无漏"。一词多义。

第五，拓展，译词加释的四言句式。如以"神足飞空"对应巴利文本的"antalikkhacarā"在源头语的"空中行"上加译为"神足飞行"，由此而成四言句，散文翻译向《诗经》体的四言诗体靠拢。通过翻译，将源头语的佛经书面语化与诗化。这一方法与圣本翻译中的散文偈诵化方法一致。

第六，直译生成多字项的汉土佛学术语，如"无漏心解脱"。该词语的汉译，用直接意译法，造出一个含五字项三段式的新词：anāsava无漏-ceto心-vimutti解脱。这一构词法对单字项的古文言冲击最大。

Ainsi, le calque lexique provoque un effet récolutionnaire dans la langue cible originairement monosyllabique.

第七，浓缩-复调性字汇，字汇多义。浓缩指翻译中将源头语文本中的句子或词语加以概括，不直接翻译。以《小缘经》中出现的"苦报"和"三恶道"为例，两词均指巴利文本中具体列出的"苦道、恶道、险地、地狱"四种有情众生的不善趣向。要注意的是，这里，汉译词"三恶道"对应四向："苦道、恶道、险地、地狱"。很明显，这里，汉译者引入六道概念，即天道、人道、阿修罗三善道和畜生道、饿鬼道与地狱三恶道。此经的巴利文本中没有提到六道。

直接借用古文言字，严格遵守原意，增扩性借用，古文言字带新含义，哲学化借用，古文言字带超越性含义，调制而造就一词多义，拓展-译词加释的四言句式，直译生成多音节新字，浓缩-复调性字汇，折合性字句转换这八个方面。

第八，折合性字句转换。"折合性"是翻译学上的一个术语，法文是"entropie"。指翻译中，从源头语转换到目的语时，字或者语句发生若干变化,含义基本不动,但源头语的文本在这一转场中会有变化。这是早期佛经圣本汉译中比较重要的方法之一。

以"道成"为例。《小缘经》汉译本第20节中我们读到如下句子:

20.婆悉咤!刹利种中,有剃除须发,法服修道,修七觉意,**道成**不久。

与之相应的巴利文本在第30节,原文如下:

30.Khattiyo pi kho, Vāseṭṭha, kāyena saṃvuto vācāya saṃvuto manasā saṃvuto sattannaṃ bodhipakkhiyānaṃ dhammānaṃ bhāvanam anvāya diṭṭheva dhamme **parinibbāyati**.①

巴利第30节原文逐字翻译:

30. Khattiyo 刹帝力 pi 也 kho 事实上, Vāseṭṭha, kāyena 身体 saṃvuto 防护 vācāya saṃvuto 防护语 manasā saṃvuto 防护意 sattannaṃ 七 bodhipakkhiyānaṃ 菩提分 dhammānaṃ 法 bhāvanam 修行 anvāya 随着 diṭṭheva dhamme 此生 parinibbāyati 涅槃。

这里,"道成"对应巴利文的"Parinibbāyati"。巴利文言刹利、婆罗门、居士、首陀罗的"现世般涅槃"(diṭṭheva dhamme 此生 parinibbāyati 般涅槃),巴利文"parinibbāna"一词由前缀"pari"(完全、圆满)和"nibbāna"(涅槃)构成,也用音译,即"般涅槃",意译为"圆满涅槃"。

第二例,汉译本第20节中用"明行成就罗汉"翻译巴利文本第31

---

① *Dīghanikāya*, Edited by T.W. Rhys Davids and J. Estlin Carpenter, vol. III (London: Pali Text Society, 1982), p. 97.

节起首的"圆满漏尽阿罗汉"（arahaṃ 阿罗汉 khīṇāsavo 漏尽者 vusitavā 完成）。"明行"对应"khīṇāsava"，"成就"对应"vusitavā"，"罗汉"对应"arahaṃ"。在古文言里，"成"的原意是"做完"，《说文解字》释义为"成，就也"。"就"字，《说文解字》释义为"就高也"。"成就"作为同义合用，在《汉书》中已出现，如《汉书·王嘉传》中：

> 今诸大夫有材能者甚少，宜豫畜养**可成就者**，则士赴难不爱其死。

"成就"指完成、获有功德。这里有"明行"的译法含义比"漏尽"要广，它应该指巴利文"明行足"（vijjācaraṇasampanno，完美具足智慧与德行者）中的 vijjā 明和 caraṇa 行（足行与行为两重含义）。

以"明行成就罗汉"对应的"圆满漏尽阿罗汉"（arahaṃ 阿罗汉 khīṇāsavo 漏尽者 vusitavā 完成），以"明行"对应"漏尽者"khīṇāsava，由此将巴利文的"漏尽"转译。

第三例，汉译本第 20 节两次出现的"生死已尽"。以"生死已尽"对应巴利文本第 31 节的"khīṇāsava"（漏尽），将原词转译为"生死（漏、流）尽"。

《小缘经》意译的八种情况可以归为公元 5 世纪前后汉译佛经主要途径，是推动古文言向中古汉语转变的重要因素。我们看到，其中第二种情况，即借用古文言字，加入佛学内容使词义伸延的词语，在 20 个意译词中有 5 个，为第一位。第三种情况，即在借用的文言字中注入佛学哲学概念使之具有超越性，列第二位，有 4 例意译词。第四种情况，即用一词翻译不同的巴利文词语，和第八种情况，即转译，并列第三位，各有 3 个例字。第七种情况，即具有多重对译的解释性意译有两例，为第四位。列为最后的是第一、第五和第六种情况，即完全借用古文言字、加注式意译或合成多音节汉土佛教词语。

从《小缘经》意译词的分析可以得出结论，佛经汉译在直接借用古文言字,严格遵守原意,增扩性借用,古文言字带新含义,哲学化借用,古文言字带超越性含义,调制而造就一词多义,拓展-译词加释的四言句式,直译生成多音节新字,浓缩-复调性字汇,折合性字句转换这八个方面具体推动了中古汉语形成,并为圣本翻译类型研究提供生动案例。

4. 半音半意词:调制(modulation)、浓缩(concentration)、增入(incrémentalisation)

半音半意词是佛经汉译的创造。与《长阿含》其他各部经一样,《小缘经》的半音半译词汇对初、中期中古汉语的推动有关键作用。佛陀耶舍和竺佛念用专有名词音译加上对该音译词的解释,合成一个结构为半音半译的佛学词语。《小缘经》中有8个半音半意词,占此经佛学词汇总数的14.8%。

其中表示专有名词的有四个(梵天王,波斯匿王,释种,大梵),表示地理的名词两个(舍卫国,梵天),表示修行的词语两个(坐禅,梵行)。

从半音半译词的音节看,以双字词语为主,出现三项字和四项字词语,没有单音词。

表1 《小缘经》半音半意词音节表

佛学词语	单音节词	双音节词	三音节词	四音节词
半音半译词		5	2	1
比例	%	62.5%	25%	12.5%

与《阇尼沙经》的半音半译词音节情形相近,《阇尼沙经》也以双项字词语和三项字词语为主,并出现四项字音节和五项字音节词。佛经汉译中多字音节词语促使古文言的单音词语往多项字词语移动。

本经汉译本的八个半音半译词的结构呈三种形式。第一种形式的组成结构是:"音译+类名词",即音译原名加上身份的意译解释,翻译学上称为调制(modulation)法,如表示专有名词的"波斯匿王"(Rājā Pasenadi),"释种"(Sākya-puttiy);表示地理的名词的"舍卫国"(Savātthi),和"梵天"(Brahmā)。表示修行的"梵行"(Brahma-cariyā)。"梵"字巴利原文为"brahmā",意思是"洁净""清净"。"梵"字保持音译,而不意译,后面加类名词表示身份或地点等。此为半音半译词的第一种形式。

第二种形式是"形容词+音译"简略,如"大梵"(Mahā-Brahmā),这在表示专有名词类中是一个特例,可以归类到翻译学上的浓缩(concentration)。其结构为"类名词+音译"简略。与《阇尼沙经》中的"帝释"情形一致。"帝"加音译简略名"释"(Sakko devānaṃ indo),后者被简略成一个音节。

第三种半音半译词的结构形式,是增加具有解释作用的词+音译词,如"坐禅"。"坐禅"的结构特别。"禅"在巴利文是"Jhāna",指精神层面不同程度的高度集中。汉译本加入"坐"字解释行禅的具体姿势,增扩了词义。这一方法在翻译学上可以归到"增入"(incrémentalisation)类。

从结构和语义上看,和《长阿含·大本经》《长阿含·阇尼沙经》情形相同,半音半译词的翻译,表示专有名词、地理和修行,有三种复合名词类型结构,即"音译+类名词"、"形容词+音译"简略和"解释词+音译词",通过语词省缩、增扩、解释形成新的佛学汉语词。半音半译词的数量相对于音译词和意译词比较少,而在促使古文言结构的松动和新词的创造上则有很直接的作用。

我们对《小缘经》佛学词语的音译、意译和半音半译情况所做的研究与早先《大本经》《阇尼沙经》的分析结果相应。《长阿含·小缘经》佛学术语54个。佛典词汇汉译通过改变文言字的含义、音译、意译和半音译半意译词四步完成。在此经的54个佛学词语汉译中,音译词有15个,占总数的27.8%,意译词30个,占总数的55.6%,8个半音半意词，占总数的 14.8%。

意译词比重最大，以地名、专有名词、修行次第为主，意译的修行词语更趋向指出的修行途径。含义简明，受者容易记住。20个有关佛学修行的意译词的汉译有八种情况：1.直接借用古文言字，严格遵守原意；2.增扩性借用，古文言字带新含义；3.哲学化借用，古文言字带超越性含义；4.调制而造就一词多义；5.拓展-译词加释的四言句式；6.直译生成多音节新字；7.浓缩-复调性字汇；8.折合性字句转换这八个方面。

《小缘经》意译的八种情况体现出公元5世纪前后汉译佛经主要途径，是推动古文言向中古汉语转变的重要因素。我们看到，其中第二种情况，即借用古文言字，加入佛学内容使词义伸延的词语，在20个意译词中有5个，为第一位。第三种情况，即在借用的文言字中注入佛学哲学概念使之具有超越性，列第二位，有4例意译词。第四种情况，即用一词翻译不同的巴利文词语，和第八种情况，即转译，并列第三位，各有3个例字。第七种情况，即具有多重对译的解释性意译有2例，为第四位。列为最后的是第一、第五和六种情况，即完全借用古文言字、加注式意译与质疑以合成多项字佛教词语。

从《小缘经》意译词的分析可以得出结论，佛经汉译在古文言词义的借用、增扩、哲学化、一词多义，拓展-译词加释的四言句式，直译生成多音节新字，浓缩-复调性字汇，折合性字句转换这八个方面为公元5世纪的圣本翻译构建出细致多重的翻译方法，具体推动了中古汉语形成，并为圣本翻译类型研究与理论提供新的数据库。

音译词居中，以修行途径为主。在词义上看，可以发现，音译修行词更趋向是修行次第的称呼。半音半译词居后，以专有名词为主。有三种名词结构。

《长阿含·小缘经》中有30个意译词、16个音译词、8个半音半意词。这与早先《大本经》《阇尼沙经》和正在进行的《游行经》分析结果相应：在佛经的佛学词语汉译中，意译词和音译词比重都比较大。

半音半译词次之，以专有名词为主，《阇尼沙经》有四种名词结构，《小缘经》有三种名词结构。以地名、专有名词、修行者次第音译为主。意译词居中，以修行途径为主。在词义上看，可以发现，音译修行词更趋向是修行次第的称呼，意译的修行词语更趋向指出的修行途径。含义简明，受者容易记住。

《小缘经》佛学词语的音译、意译和半音半译三类词语的翻译，为佛经汉译的文化转场研究提供生动、可以依据的案例。所合成一个多字项结构的佛学词语对古文言的单字形态有解构作用，是初期中古汉语形成的重要因素。从已经完成的为《长阿含》部的《大本经》《游行经》《典尊经》和《阇尼沙经》巴利文本与汉译本对勘结果来看，音译、意译和半音半意是公元5世纪前后佛经汉译的主要方法。佛经汉译者通过音译、意译和半音半意词造汉语新词，多音节词汇的导入，使中古汉语的发生成为可能。

音译、意译、半音半意的语汇对比，从研究"巴汉"对音（而非"梵汉"）探讨中古中期音译词，寻求译经时代的汉字音读；从意译词的汉译看文言变迁的痕迹，从半音半意词的创造看文言的开放性和中古汉语的形成因素，这是我们作汉译佛经对勘和早期中国期待视野研究的问题框架。我们要注意不落入音的陷阱。汉语是文，不是音。是文言系统的文字，不是口语的书面语化。因此应该研究文言的多字项的突破而非借用建立在话语基础上的普通语言学理论。

此项研究在多经的平台展开。不局限单独研究一经，需要对《长阿含》二十二经的汉译本逐一对勘。

赫尔曼·黑塞论印度吠陀时期的宗教哲学*

马 剑

摘 要：通过细致地梳理赫尔曼·黑塞关于印度宗教哲学文献的阅读是理解其与印度思想关系的基础，分析他撰写的多篇评论文章，可以看到他对于古代印度婆罗门教以梵书、奥义书为代表的吠陀时期的宗教哲学思想的理解和把握，这些不仅构成了其不朽名作《悉达多》的重要内容，也为他后续探索东西方思想的融合奠定了基础。

关键词：吠陀 奥义书 智慧 梵 阿特曼 悉达多

每当人们谈起德国作家赫尔曼·黑塞（Hermann Hesse）与印度的关系，对于他生平经历略有了解的读者都会马上想到他的家庭影响——无论是他的外祖父赫尔曼·贡德特（Hermann Gundert）还是他的父亲约翰内斯·黑塞（Johannes Hesse）都曾经在印度传教，而她的母亲玛丽·贡德特（Marie Gundert）更是在印度出生并且长期在那里生活。因此，1922年，应印度文化史学者卡里达斯·纳格（Kalidas Nag）之邀，黑塞写下了短文《关于我与印度和中国思想的关系》（"Über mein Verhältnis zum geistigen Indien und China"），在文章的开头，黑塞便简要回顾了他的外祖父和父母与印度的紧密联系："从童年时起，我便由于外部原因对印度非常熟悉，我的外祖父、我的母亲和我的父亲三个人都长年待在印度，说印度的各种语言，在我们家里有很多印度的物品——衣物、布料、图片等。在不知不觉中，我对印度有了深入的了解。……我的父母和外祖父母都曾经在印度传教，我的外祖父在印度

---

* 本文为国家社科基金一般项目"赫尔曼黑塞文学文化评论研究"（项目编号：18BWW065）的阶段性成果。

待了几十年。然而，他们却绝不是那种普普通通的传教士，而是深入钻研为他们所热爱的印度的语言和思想。"① 与这些"在不知不觉中"了解的印度相对应的，则是黑塞成年之后在阅读中对印度的认识——按照他的回忆，这一切是以他大约27岁时开始研究叔本华（Arthur Schopenhauer）的著作为起点的，从那时开始，他研读了大量关于印度的著作，其中研读得最多的便是印度古代宗教哲学的作品。下面，本文将重点讨论黑塞对于印度古代吠陀时期宗教哲学思想的接受和评论。

在印度古代文化的发展史上，公元前15世纪至公元前4世纪被称为吠陀时期，"印度现存最早的文献是四部吠陀本集"。② 到20世纪初期为止，这四部吠陀本集并没有被完整地翻译成德语，然而，从保留下来的各种文字资料中还是可以清楚地看到黑塞对这段历史的了解。其中，一个很重要的知识来源是德国哲学史家兼翻译家保罗·多伊森（Paul Deussen）翻译和改写的作品，在1909年5月18日慕尼黑的《三月》（*März*）上，黑塞在谈到欧根·迪特里希斯出版社将要出版的丛书《各民族的宗教之声》（*Religiöse Stimmen der Völker*）时，就希望能够找到"按照多伊森的想法改写吠陀的可靠的编者"③，之所以这样说，是因为黑塞对于多伊森撰写的、1907年至1909年由莱比锡布罗克豪斯出版社出版的《吠陀的神秘学说》（*Die Geheimlehre des Veda*）格外推崇。④ 比如，在1907年7月31日写给雅各布·沙夫纳（Jakob

---

① Hermann Hesse,"Über mein Verhältnis zum geistigen Indien und China", *Sämtliche Werke in 20 Bänden, Band 12, Autobiographische Schriften II, Selbstzeugnisse, Erinnerungen, Gedenkblätter und Rundbriefe* (Frankfurt am Main: Suhrkamp Verlag, 2003), S. 128ff; hier S. 128f.

② 黄宝生：《印度古代文学》，北京：中国社会科学出版社，2020年。第4页。以下引用简称《印度古代文学》。

③ Hermann Hesse: "Der Verlag Eugen Diederichs", *Sämtliche Werke in 20 Bänden, Band 16, Die Welt im Buch I, Rezensionen und Aufsätze aus den Jahren 1900-1910* (Frankfurt am Main: Suhrkamp Verlag, 2002), 以下引用简称 SW Band16, S. 368-372; hier S. 371.

④ *SW Band 16*, S. 567. 事实上，在此之前，多伊森还翻译和改写了多部关于吠陀和吠檀多的著作，但大多发表在19世纪80年代和90年代，比如1897年出版的由他翻译的《六十奥义书》（*Sechzig Upanishads des Veda*），也就是在黑塞开始撰写评论文章之前，由于这些著作在其评论中从未被提及，所以无法确定他是否研读过。

Schaffner）的信中，黑塞就这样写道："多伊森的《吠陀的神秘学说》是一本包括了多篇节译得非常好的书。"① 又比如，在1909年12月23日刊载于《法兰克福报》（Frankfurter Zeitung）上的文章《东方的童话》（"Morgenländische Märchen"）中，在感叹德国的东方学学者们在译介方面落后于英法两国的同时，黑塞认为"作为一个值得称赞的、的确非常值得称赞的例外，我们更应当想到多伊森在译介吠陀文献方面价值不可估量的工作"②。

1922年1月22日，黑塞在瑞士圣·加仑做了一个关于印度艺术和文学的报告，在这份报告的提纲当中可以读到他阅读了多伊森的译著之后的收获：

> 印度思想的最古老的著作吠陀在几百年间都是在没有文字的情况下仅仅通过口头复述流传下来的。
>
> ……………
>
> 在大约公元前1000年，吠陀已经基本成形，其产生的时间可以向前追溯得更为久远。它们的主要内容是献祭和宗教仪式。献祭是婆罗门的最神圣的（最能获利的）特权。复杂的献祭活动，会持续数日、数周、数月，需要很多祭司。③

由此可见，虽然并没有读到过吠陀本集的完整译本，但至少黑塞还是相当准确地掌握了一些它们的基本情况。④尤其是对于吠陀的成书年代和主要作用的认识，更便于他把握婆罗门教发展的脉络。相比于

---

① Hermann Hesse, "*Aus dem Traurigen etwas Schönes machen*", *Die Briefe, Band 2, 1905-1915* (Berlin: Suhrkamp Verlag, 2013), S. 67.
② Hermann Hesse, "Morgenländische Märchen", *SW Band 16*, S. 413-418; hier S. 416.
③ Hermann Hesse: "Stichworte zu einem Vortrag über indische Kunst und Dichtung", *Sämtliche Werke in 20 Bänden, Band 14, Betrachtungen und Berichte II, 1927-1961* (Frankfurt am Main: Suhrkamp Verlag, 2003), S. 372-375; hier S. 374. 以下引用简称"Stichworte zu einem Vortrag über indische Kunst und Dichtung"。
④ 参见黄宝生：《印度古代文学》，第4—9页。

吠陀本集，在20世纪的第二个十年中，黑塞着重研读的则是同样属于吠陀时期的奥义书（Upaniṣad）。①

在1912年12月18日的《新苏黎世报》（Neue Zürcher Zeitung）上，黑塞发表了题为《印度智慧》（"Indische Weisheit"）的文章，文章的前一部分主要评论的对象是由欧根·迪特里希斯出版社出版的、保罗·埃伯哈特（Paul Eberhardt）选译的奥义书，书名为《智慧的终结——奥义书的宗教》（Der Weisheit letzter Schluß : Die Religion des Upanischads），值得注意的是，黑塞首先谈论的是这本书的书名，并且向读者解释"书名原本不是别的，而是梵语词'吠檀多'的一种翻译，这个词语可以意指'知识的目标''知识的意义'抑或'知识的终点'"②，并且称赞"这个标题同时又是编译者充满诗意的翻译技巧的一个很典型的尝试"③，之所以这样说，是因为这个标题既忠实地反映了吠檀多（Vedānta）④的含义——"Weisheit"一词在德语中的本意就包含有知识的意思，⑤同时，"Der Weisheit letzter Schluß"这个词组也是德语的一个惯用语，意指"最高级的智慧和认识"⑥，所以这样翻译明显可以更方便德语读者的理解，此外，也许埃伯哈特这样翻译还有另外一层用意，因为这个词组也出现在了歌德（Johann Wolfgang von Goethe）的《浮士德》（Faust）里，在第二部第五幕、也就是在浮士德死去前的那段独白中，第11573至11574诗行是这样的："是的，我完全执着

---

① 德语的翻译经常写成Upanischad或Upanishad。
② Hermann Hesse: "Indische Weisheit", *Sämtliche Werke in 20 Bänden, Band 17, Die Welt im Buch II, Rezensionen und Aufsätze aus den Jahren 1911-1916* (Frankfurt am Main: Suhrkamp Verlag, 2002), 以下引用简称*SW Band17*, S. 168f; hier S. 168. 以下引用简称"Indische Weisheit"。
③ Ibid., S. 168.
④ 德语的翻译写成Vedanta。
⑤ 参见*Etymologisches Wörterbuch des Deutschen* (München: Deutscher Taschenbuch Verlag, 1999), S. 1552.
⑥ *Duden. Deutsches Universalwörterbuch. 6. überarbeitete und erweiterte Auflage* (Mannheim, Leipzig, Wien, Zürich: Dudenverlag, 2007), S. 1910. 以下引用简称"*Duden. Deutsches Universalwörterbuch*"。也可参见郑华汉等编著:《德语惯用语双解词典》，北京：外文出版社，2004年，第805页。

于这个想法，这是最高级的智慧"。①总而言之，黑塞十分清楚吠檀多与奥义书的关系，②而在这个解释中另一个非常值得关注的地方便是，黑塞格外强调了"知识"的意义，因为至少在此前关于吠陀的评论文章中，黑塞从来没有谈到过吠陀的本意就是"知识"，③而在这里，与用于祭祀仪式的吠陀本集相比，显然埃伯哈特的译作激起了他更加浓厚的兴趣。这一点在上述那份报告的提纲里、从黑塞关于吠檀多产生、发展的描述中也可以得到证明：

> 但是，在很多婆罗门当中，最睿智的一批精英却有更高的追求，他们追求认识和尊崇，在关于世界的起源、诸神的来源和人的使命的辩论中，他们催生了一门高级的哲学。于是在公元前1000年至公元前800年之间，由此便产生了所谓的吠檀多，吠陀的终结，"大一"的学说，将对诸神的解释融入人的思想，印度思想的第一个高贵的全盛时期。④

显然，黑塞在这里的描述不仅呼应了埃伯哈特奥义书选译本的标题，而且还可以清楚地看出在十年之后黑塞对于吠檀多即奥义书在印度思想发展史上重要地位的充分认识。而在撰写《印度智慧》这篇评论时，这种认识虽然可能还没有如此的全面和深刻，但至少已经初露端倪，因为黑塞在这里提到了埃伯哈特在该书后记中对于叔本华的批判，后

---

① Johann Wolfgang von Goethe, "Faust. Eine Tragödie", *Werke, Hamburger Ausgabe in 14 Bänden, Band 3, Dramatische Dichtungen I* (München: Deutscher Taschenbuch Verlag, 1998), S. 7–364; hier S. 348.

② 在《印度古代文学》中，黄宝生先生写道："森林书和奥义书也被称作吠檀多（Vedānta），意思是吠陀的终结。"引自该书第59页。而在他翻译的《奥义书》导言中，他又写道："森林书排在梵书之后，奥义书又排在森林书之后。因此，这两类著作，尤其是奥义书，又被称为'吠檀多'（Vedānta），即'吠陀的终结'。"(《奥义书》，黄宝生译，北京：商务印书馆，2018年，第3页以下。以下引用简称《奥义书》）由于黑塞在评论中从来没有提到过森林书（Āraṇyaka），因此可以推测他理解的吠檀多就是奥义书。

③ 同上书，第8页。

④ "Stichworte zu einem Vortrag über indische Kunst und Dichtung", S. 374.

者对于印度思想，尤其是奥义书的研究和推崇广为人知，比如在其代表作《作为意志和表象的世界》(Die Welt als Wille und Vorstellung)第一版的序言里他就写道："如果读者甚至还分享了《吠陀》给人们带来的恩惠，而由于《邬波尼煞昙》Upanischad（即奥义书——本文作者注）给我们敞开了获致这种恩惠的入口，我认为这是当前这个年轻的世纪对以前各世纪所以占有优势的最重要的一点，因为我揣测梵文典籍影响的深刻将不亚于15世纪希腊文艺的复兴，所以我说读者如已接受了远古印度智慧的洗礼，并已消化了这种智慧；那么，他也就有了最最好的准备来倾听我要对他讲述的东西了。"①如上所述，黑塞对于印度思想真正的研究恰恰是从研读叔本华开始的，因此，对于埃伯哈特的看法，黑塞持一定的保留意见——他一方面肯定了叔本华在研究奥义书思想方面的开拓性作用，另一方面，他也对埃伯哈特的翻译工作表达了赞许：

> 叔本华的"悲观主义"肯定不是我们需要和我们想要坚持的东西；但是，对于我们来说，他比其他任何一个人都更像是一位走在路上的向导，那最后的智慧就在这条道路的尽头……但时至今日，在试探性的翻译中，这种智慧在那些古老的文献中的表达只是断断续续地、含义模糊地呈现在我们面前。埃伯哈特精细的选译也是这样的尝试之一，由于译文所展现的充满热情的一丝不苟的态度，由于其语言的力量和富有诗意的明白晓畅，我们应当衷心地欢迎这个译本。②

也就是说，黑塞更为关注的事情，仍然是如何把这份印度宗教哲学思想的精华准确地呈现给德语读者，至少在这一点上，从这一段的评论

---

① 〔德〕叔本华：《作为意志和表象的世界》，石冲白译，杨一之校，北京：商务印书馆，2018年，第6页。

② "Indische Weisheit", S. 168.

来看，他对埃伯哈特的选译本十分满意，这也从另一个侧面证实了"奥义书也具有一定的文学性。奥义书哲学家……对终极知识的热烈追求，也使他们的论述蕴含一种诗的激情。"①而另一个颇具启发性的地方就是黑塞在这里使用的"智慧"一词，这既可以理解为对于译者标题翻译的回应，同时自然也可以被看作黑塞自身展开的思考——那最高级的智慧是否能够用言语表达出来？

从黑塞发表的评论文章来看，埃伯哈特的奥义书译本显然并不是黑塞认识这一时期印度宗教哲学思想的唯一来源，比如，在同年9月20日的《慕尼黑报》(*Münchner Zeitung*) 上就刊载了他对一部名为《认识的崇高目标》(*Das hohe Ziel der Erkenntnis*) 的著作的评论，作者是已故的哲学家和政论家弗里德里希·阿恩特 (Friedrich Arnd)，1882年，他在伊斯坦布尔脱离犹太教改信伊斯兰教，自称奥马·阿尔·拉希德·拜 (Omar al Raschid Bey)，这本书的编者则是他的遗孀、当时著名的女作家海伦妮·伯劳 (Helene Böhlau)。而这部著作也是奥马·阿尔·拉希德·拜一生最重要的成果，黑塞在评论的开头已经清楚地告诉读者，这本书的主要内容就是"关于轮回 (samsara) 和涅槃 (nirvana)、关于现象世界的错觉和神性中的解脱的最古老的吠陀智慧"②，而在黑塞看来，这本书最重要的价值就在于，它赋予了"这种东方的神圣学说"以"一种全新的、个人的德语形式和文本"。③在这篇评论中，黑塞并不常见地将全书的结构、每个章节的标题及其含义和章节的主要内容都做了简短的介绍，从中可以看到，这里"认识"的内容应该是以奥义书的内容为主，因为类似"业报"(karma)、轮回、解脱等这些在奥义书中提出的概念都构成了章节的标题；④另一方面，因为这本书是奥马·阿尔·拉希德·拜自己写就的，所以通过阅读这

---

① 黄宝生：《印度古代文学》，第67页。
② Hermann Hesse, "Das hohe Ziel der Erkenntnis", *SW Band 17*, S. 142ff; hier S. 142. 以下引用简称 "Das hohe Ziel der Erkenntnis"。
③ Ibid.
④ 参见黄宝生：《印度古代文学》，第65页。

本书，黑塞不仅对奥义书中的知识有了更加深入的了解，而且从他如此详细地评论和多处引用原文可以看出，黑塞认为作者的表述方式既准确地传达了奥义书的含义，又对他自身的理解表示认同，这也就是上面所说的"一种全新的、个人的德语形式和文本"——作者在努力用西方哲学的概念来解释古代印度的智慧。这里，在黑塞的引用和转述中有几个关键的词语非常重要——认识、"我"、解脱、神性和统一体，虽然黑塞在这里并没有更加细致地讨论和解读这几个词汇，但是它们却显然对于他关于印度宗教哲学的理解极具启发性。

这篇评论另一个特别引人注目、同时也是黑塞看起来格外受到作者思想触动的地方便是认识与表达认识的语言工具的关系问题，这也是黑塞一直都在苦苦思索的一个问题。至少在奥马·阿尔·拉希德·拜这里，黑塞发现了一个相同的思考者——认识和语言之间构成了一种看似悖谬的关系。一方面，追求"认识的崇高目标"的作者认为，认识应该脱离语言的羁绊，黑塞引用了他的话："认识默默地显现出来。不要让言语禁锢你的理解；言语是认识的障碍：你要超越言语去思考和理解！"① 也就是说，在人的头脑当中，认识的形成和提升未必一定要通过语言这个途径。但另一方面，即使是超越了语言达到了某种认识，要想让他人知晓，仍然反过来还是需要语言这个载体，因此，黑塞总结道："智者殚精竭虑地与语言和约束斗争，他的认识是不需要语言的，但却要找到言语，他的解脱是沉默的，但却仍然要说出来。"② 由此可见，虽然话语并不多，但在这背后，黑塞正在进行着深刻的思考。

在这两篇评论发表之后，奥义书再次出现在黑塞的评论中则是在大约九年之后，1921年9月15日苏黎世《知识与生活》（*Wissen und Leben*）上刊登了黑塞关于由阿尔弗雷德·希勒布兰德（Alfred Hillebrandt）选译的《梵书和奥义书——古代印度哲学思想》（*Brahmanas und*

---

① "Das hohe Ziel der Erkenntnis", S. 142.
② Ibid., S. 144.

Upanishaden. Gedanken altindischer Philosophie）的评论，译者希勒布兰德是语文学家和布雷斯劳大学的教授，也是德国最重要的梵文研究专家之一。首先，和奥义书一样属于古代印度吠陀时期、也就是"约产生于公元前1000—前400年"①的梵书（Brāhmaṇa）②第一次出现在了黑塞的评论中，由此，黑塞对于婆罗门教思想在吠陀时期的发展脉络就有了一个较为完整的把握，正如他写道的那样："将来，除了多伊森的著作之外，印度思想的爱好者们会喜欢使用这本书。在第一部分里，它包括了几部梵书，也就是奥义书之前的文献，是更古老的、仍然完全囿于吠陀祭祀仪式精神的思考的作品，然后才是奥义书的一些精彩的选译。"③显然，黑塞对梵书用来"解释吠陀颂诗"④、即作为"'祭祀学'著作"⑤的实质把握得非常清楚。

对照此前的评论，这应该是黑塞所获得的新的知识，也正是在这个基础上，黑塞对奥义书有了更准确的理解，在这篇评论的最后，他这样概括道："奥义书的核心学说是关于阿特曼的学说，也就是关于'我'中的自我的学说。在我们看来，找到自我、把（个体的、利己的）'我'与自我区别开来是所有印度学说的本质，就像它也是佛陀的学说的基础一样。"⑥就这段概括的内容而言，实际上黑塞1920年2月28日致海伦妮·韦尔蒂（Helene Welti）的信就已经证明了他对奥义书这一思想的了解，在那封信里他这样写道："这个'我'并不是个体能够感受的个人，而是每个灵魂最内在的本质核心，印度人称其为'阿特曼'，它是神圣而永恒的。谁找到了这个'我'，无论是走在佛陀、

---

① 黄宝生：《印度古代文学》，第4页。
② 德语的翻译写成Brahmana。
③ Hermann Hesse, "Aus Brahmanas und Upanishaden. Übertragen und eingeleitet von Alfred Hillebrandt. Verlag Eugen Diederichs, Jena", *Sämtliche Werke in 20 Bänden, Band 18, Die Welt im Buch III, Rezensionen und Aufsätze aus den Jahren 1917-1925* (Frankfurt am Main: Suhrkamp Verlag, 2002), 以下引用简称"*SW Band 18*, S. 260"，以下引用简称"Aus Brahmanas und Upanishaden"。
④ 黄宝生：《印度古代文学》，第55页。
⑤ 同上书，第56页。
⑥ "Aus Brahmanas und Upanishaden", S. 260.

吠陀、老子或者耶稣的道路上，谁就在内心的最深处与宇宙、与上帝相联系"。①而这一次他则直接点出了"阿特曼"（Ātman）②这个概念在奥义书中的地位，而且也从另一个侧面反映出当时德国的学术界对印度古代宗教哲学理解的准确。在上述黑塞所写的关于印度艺术和文学的报告的提纲中，也可以读到与此紧密相关的内容："在一群接受过最好教育的婆罗门思想家的精英当中，产生了关于'大一'、关于一切生命的统一体的古代印度的学说，这个统一体被称为'梵'，包括整个世界，作为'阿特曼'在每个活着的生命中呼吸。"③

综合这些关于奥义书的评价和论述，读者便可以清楚地发现，借助于阅读各种文献，黑塞对奥义书的核心内容把握得非常清晰和准确，他充分认识到了奥义书的"核心内容是探讨世界的终极原因和人的本质"，而其"两个基本概念是梵（Brahman）和自我（Ātman）"。④显然，这一核心思想给了黑塞很大的触动和启发。他自己对此的解释虽然很简短，但却的确抓住了奥义书最重要的内容，而且更具启发性的是他在这里的用词和表述方式，和奥马·阿尔·拉希德·拜一样，黑塞也在试图用自己的语言来解释这些思想——首先是"梵"的含义，黑塞用了"大一"（das All-Eine）这样一个特殊的德语词来描述它，从字面上看，这个自创的合成词的两部分兼顾了全面性和唯一性两方面的内涵；而他所说的"一切生命的统一体"则意味着它"是世界的本原"，⑤它"创造一切，存在于一切中，又超越一切"。⑥其次，当然是对阿特曼的认识，黑塞在这里用了"Selbst"一词来区别于个体的"我"（Ich），所谓"'我'中的自我"，自然是指"人的本质或灵魂"，⑦在致

---

① Hermann Hesse, "*Eine Bresche ins Dunkel der Zeit*", *Die Briefe, Band 3, 1916–1923* (Berlin: Suhrkamp Verlag, 2015), S. 326.
② 德语的翻译写成 Atman。
③ "Stichworte zu einem Vortrag über indische Kunst und Dichtung", S. 374.
④ 黄宝生：《印度古代文学》，第60页。
⑤ 同上。
⑥ 同上书，第61页。
⑦ 同上。

韦尔蒂的信中，黑塞则只使用了"我"这个词，和这里一样第一个字母是大写的，并且称之为"每个灵魂最内在的本质核心"，显然，在印度宗教哲学中"发现"这两个"我"的区分，对于黑塞来说意味着对既有思想的一次证实。①第三，甚至也是最重要的，就是梵与自我的关系，显然，通过阅读，黑塞对这种关系非常明了，一方面，他在那封信里说"它是神圣而永恒的。谁找到了这个'我'，……谁就在内心的最深处与宇宙、与上帝相联系"，由此，阿特曼就成为了个体的"我"的精神与永恒的存在"梵"之间的纽带，"梵是宇宙的本原，自然也是人的个体自我的本原"。②另一方面，他又在这份报告提纲中写道"大一""梵"和"阿特曼"本质上是一回事，从而也就把梵与阿特曼等同了起来，事实上，"在奥义书中，'自我'一词常常用作'梵'的同义词"，③从黑塞的这一表述来看，对这个情况他至少是有所了解的。

正如黑塞所说，谁找到了这个神圣和永恒的"我"，谁的精神也就具有了神性，这也就完成了"将对诸神的解释融入人的思想"，这一方面又一次说明了黑塞知晓古代印度婆罗门教从吠陀向"自然现象和社会现象转化而成的诸神表示赞美、恳求或劝说"④的祭祀之路转向奥义书探究宇宙与人的关系的知识之路的过程，另一方面，一个隐藏在这些表述背后的内容、也是黑塞特别关注的视角便是，无论如何不能忽略作为个体生命的人的存在和作用，阿特曼终究是"在每个活着的生命中呼吸"，认知"梵我同一"归根到底是个体的人的行为，也只有在此基础之上，达到"梵我同一"才成为了"奥义书追求的人生最高目的"。⑤

除此之外，黑塞还在这篇评论中与译者就奥义书的性质问题展开

---

① 参见拙作《寻求自我之路——论赫尔曼·黑塞的〈悉达多〉》，《外国文学评论》2000年第4期，第103页。
② 黄宝生：《印度古代文学》，第61页。
③ 同上。
④ 同上书，第8页。
⑤ 同上书，第65页。

了讨论，如上所述，经过了细致的阅读和思考之后，黑塞对于奥义书的核心内容有了相当准确的理解，因此，他首先认同了希勒布兰德在译作标题中的表述，称这些思想为"哲学"："吠檀多、也就是吠陀的终结的哲学向我们展现了在其最生动的全盛时期印度思想是何等的丰富多彩，至少对于我们这些西方人来说，这种哲学令我们感到特别亲切"①，显然，这样表达的理由便是因为奥义书所探究的内容在本质上与西方哲学所关注的根本问题有很多相似之处，尽管它们所使用的概念的名称不同，但在内涵上却是相通的。其次，黑塞在这里也表达了可以与译者商榷的看法——一方面，黑塞并没有否认译者的观点，后者"认为奥义书与我们学术性的哲学思想有很大差别"②，作为德国学者，希勒布兰德从欧洲传统的哲学研究的角度出发观察古代印度的思想文献，他得出上述的结论并不奇怪，而且甚至很有见地，毕竟奥义书是距今两千多年前的文献，"它们尚未形成周密的哲学体系，也未充分运用概念进行思维，……奥义书的理论思维正处在从神话的、形象的思维向哲学的、抽象的思维转变之中"③，这明显与西方，尤其是近代以来基于逻辑思维的思辨哲学区别很大；但另一方面，黑塞又提出了与此相反的问题，也就是在此前的两篇评论文章中都讨论过的问题，即"智慧是否只有通过教授哲学的方式才可以获得"④。"教授哲学"一词明显是针对希勒布兰德或者是以他为代表的一类西方学者而言的，也就是说，黑塞已经在逐渐认识到，西方哲学那种所谓的科学的语言表述也许并非是将人的智慧表达出来的最佳方式。

同样需要特别注意的是上面讨论的几篇文字的写作时间，也就是说，到1922年初为止，黑塞对吠陀、梵书和奥义书已经有了相当程度的了解和理解，而他把这些知识和认识写进他的名作《悉达多——

---

① "Aus Brahmanas und Upanishaden", S. 260.
② Ibid.
③ 黄宝生：《印度古代文学》，第67页。
④ "Aus Brahmanas und Upanishaden", S. 260.

一部印度作品》(*Siddhartha, Eine indische Dichtung*)里，也就不足为奇了。

今天的国内读者对黑塞的这部代表作已经有了很多的了解，迄今为止中文的译本就已经有十多个，[①]足见这部作品在学界、出版界，尤其是读者当中受到重视的程度。从小说第一部第一章的标题和第一句话开始，黑塞就把故事的时间和地点设定在了古代印度——主人公悉达多和他的朋友乔文达都是婆罗门之子，而婆罗门正是古代印度在吠陀时代形成的种姓制度的第一种姓，也就是掌管宗教事务的祭祀阶层，因此，在第一章中，黑塞就提到了用于祭祀和宗教仪式的吠陀文献，比如其中最古老也是最重要的《梨俱吠陀》(Ṛgveda)[②]，在《悉达多》中黑塞写作"Rig-Veda"[③]，作为婆罗门之子，悉达多记诵其中的诗行不仅再正常不过，而且这个细节的描写和第一章前面的几段描述一样，都是为了强调主人公作为婆罗门的美好前景，从而与他由于自身的不满足而走上一条完全不同的人生道路形成巨大的反差。在这一章中，同样作为吠陀文献被提到得更多的还是奥义书，如果再结合着第三章中佛陀的出现，故事发生的大致年代也可以更准确地被推断出来。这里需要指出的是，因为小说是虚构的故事，所以如果小说中有什么内容与后世学者的研究考证有出入，读者也不必大惊小怪。比如，黑塞在这里这样写道："的确，神圣的书籍，尤其是《裟摩吠陀》的奥义书中的很多诗句都谈到了这个最内在的、最后的东西，这些诗句

---

① 2020年，应德国黑塞国际协会（Internationale Hermann Hesse-Gesellscahft）的邀约，为当年的《黑塞年刊》(*Hermann Hesse-Jahrbuch*)撰写了题为《2008年以来赫尔曼·黑塞在中国》("Hermann Hesse in China seit 2008")的文章，详细梳理和分析了近十二年中黑塞在中国的接受情况，《悉达多》的译介情况也在其中。参见"Hermann Hesse in China seit 2008", *Hermann-Hesse-Jahrbuch, Band 13* (Würzburg: Königshausen & Neumann Verlag, 2021), S. 191-208。

② 全称是《梨俱吠陀本集》(*Ṛgvedasaṃhitā*)，参见黄宝生：《印度古代文学》，第8页。

③ Hermann Hesse, "Siddhartha, Eine indische Dichtung", *Sämliche Werke in 20 Bänden, Band 3, Roßhalde, Knulp, Demian, Siddhartha* (Berlin: Suhrkamp Verlag, 2001), S. 369-479; hier S. 374. 以下引用简称"Siddhartha, Eine indische Dichtung"。

何其美妙。"① 如上所述，吠陀本集和奥义书的出现是有明显的时间先后顺序的，这里的《裟摩吠陀》（Samaveda）的全称是《裟摩吠陀本集》（Sāmavedasaṃhitā），是最古老的四部吠陀本集之一，"是一部歌曲集……全部选自《梨俱吠陀》……'裟摩'（sāman）的意思是曲调，因而《裟摩吠陀》本质上是一部曲调集。"② 也就是说，无论从产生的年代，还是从内容上来看，《裟摩吠陀》都不可能与奥义书有什么隶属关系，黑塞这样写，或许是因为手上获取的资料有误。而同样在第一章中，还可以读到对主人公这样的描写："他经常诵读《歌者奥义书》中的这些语句：'确实，梵的名称就是真实——真的，谁知道这些，谁就可以每天进入天国。'"③ 这里引用的《歌者奥义书》（Chāndogya-Upaniṣad）④ 是属于吠陀时期的十三种古老奥义书中的一种，用散文体写成，大约产生于公元前七八世纪至公元前五六世纪，因为是在佛陀之前，所以这也又一次印证了这个虚构的故事发生的大致时间。⑤ 如果对照这部奥义书的汉语译本，的确可以找到和这几句话极其近似的语句，但却并非像《悉达多》里这样连接在一起："这个梵，名为真实（satyam⑥）。……知道这样，他就能天天前往天国世界。"⑦ 总之，在小说的第一章中，黑塞为这部"印度作品"营造了足够浓厚的环境氛围，尤其是小说主人公对于吠陀文献的了解，这也就为他基于内心的思考所提出的一系列重要的问题做好了铺垫。

任何一位《悉达多》的读者都无法忽视主人公给自身提出的这一连串的问题：

---

① "Siddhartha, Eine indische Dichtung", S. 375.
② 黄宝生：《印度古代文学》，第41页。
③ "Siddhartha. Eine indische Dichtung", S. 376.
④ 德语翻译写成 Chandogya-Upanishad。
⑤ 参见黄宝生：《印度古代文学》，第59页。
⑥ 德语翻译写成 Satyam。
⑦ 《奥义书》，黄宝生译，第214页以下。

对诸神的祭祀和祈求做得固然出色——但是，这难道就是一切吗？祭祀带来过幸福吗？诸神们又做了什么？难道创造世界的果真是生主吗？难道就不是那独一无二的、包括一切的阿特曼吗？难道诸神不也是像你我一样被创造出来的、受时间约束的暂时的形象吗？祭祀诸神果真有用吗？正确吗？真的是一个意义重大的最高规格的行为吗？除了他，除了独一无二的阿特曼，还有谁值得祭祀、值得尊敬呢？何处可以找到阿特曼，它在哪里，它永恒的心在何处跳动，除了在每个人身上那最内在的、不可摧毁的自己的"我"中之外，还会在何处呢？可是，这个"我"又在哪里，在哪里，这最内在的、最后的"我"？……它在何处？渗入它，渗入这个"我"，渗入我自己，渗入阿特曼——是否存在另一条值得去寻找的道路呢？唉，没有人曾经指出这条道路，也没有人知道这条道路，……①

只有了解了此前黑塞关于印度古代吠陀时期宗教哲学思想的阅读，尤其是读到了上述的那些评论文章的话，才能够理解这些问题背后的含义，而只有理解了这些问题背后的含义，才能够真正看懂《悉达多》这部作品蕴含的思想意义。首先，黑塞还是在这里表达了对于宗教祭祀的认识，主人公一系列的反问句明显表露出了怀疑的态度，这里有两个词非常值得注意，一个是"诸神"，这明显与《梨俱吠陀》的内容有关，因为《梨俱吠陀》里描绘的正是将自然现象和社会现象人格化了的天上、空中和地上的诸神；②另一个则是"生主"（Prajāpati），在《悉达多》里被写成"Prajapati"，黑塞借悉达多之口提出的关于生主的问题，明显说明了他对梵书的了解，这应该归功于上述希勒布兰德的译作，因为《梨俱吠陀》中的诸神地位在梵书中已经发生变化。……生主在《梨俱吠陀》中只是因陀罗等大神的称号。现在不仅成了独立

---

① "Siddhartha. Eine indische Dichtung", S. 374f.
② 参见黄宝生：《印度古代文学》，第19—30页。

的神，而且作为创造主居于众神之首"①。而接下来的关于阿特曼的几个问题则充分地体现出了黑塞关于奥义书内容的了解和思考——就世界的本原这个问题而言，和梵书中的生主相比，悉达多显然更倾向于奥义书中阿特曼这个答案，如上所述，黑塞非常清楚梵与阿特曼的关系，而小说中的这段引文则再次充分证明了这一点——"梵"这个词在这段里根本就没有出现，在"难道就不是那独一无二的、包括一切的阿特曼吗"？这个问题里，显然这里的"阿特曼"就是指"梵"，在德语原文中这一点更是一目了然——上文指出，黑塞用了"大一"（das All-Eine）这样一个特殊的德语词来描述梵和阿特曼，而在上面这个问题中，描绘阿特曼"包括一切"（der All-Eine）只是改变了前面的冠词，最有可能的解释是接着上一个问题把世界的创造者人格化了，②两个词虽然语法性不同，但显然内涵则是完全相同的。搞清楚了这一点，才能够正确地理解后面对于阿特曼究竟在何处的追问，尽管由于描述的是人物内心的活动造成一些语句的不完整，但黑塞通过主人公想要表达的想法依然非常清楚，也道出了他真正思考的、仍然令他困惑的问题所在——永恒的自我阿特曼、人的内在的本质和个体的我，他们之间的关系是否真如奥义书中所说的那样呢？作为个体的人是否真的能够达到奥义书中所追求的"梵我同一"，也就是获得解脱呢？可以想象，主人公悉达多此时的困惑正是黑塞在阅读了诸多印度古代宗教哲学的译本和有关著作之后内心思考的真实写照，如上所述，除了梵和阿特曼之外，个体的我也成为了悉达多反思的对象，这无疑是黑塞添加的又一个思考的维度。总之，小说主人公最后的问题和感叹恰恰指出了小说后面故事发展的线索，黑塞希望探究和描绘出来的肯定不是奥义书中得出的结论，而是个人能够得出这个结论所经历的过程，也

① 黄宝生：《印度古代文学》，第58页。
② 在现代德语中，梵（Brahman）这个词是中性的，参见 Duden: Deutsches Universalwörterbuch, S. 329. 而"梵"这个词在吠陀语中也是中性的。参见黄宝生：《印度古代文学》，第58页。但阿特曼（Atman）这个词在现代德语中却没有明确的语法性。参见 Wörterbuch der philosophischen Begriffe (Hamburg: Felix Meiner Verlag, 1998), S. 76.

就是那条"寻求自我之路",这一切都是因为阅读和思考吠陀文献所引发的,而正如他在1958年致《悉达多》的波斯语读者的信中所说的那样,他希望以此"尝试着去探究所有宗教信仰和所有人性的虔诚方式的共性,探究凌驾于一切民族差异之上的东西,探究被每一个种族、被每个个人所信仰和尊敬的事物"[1]。

---

[1] Volker Michels (Hrsg.), *Materialien zu Hermann Hesses "Siddhartha", Erster Band, Texte von Hermann Hesse* (Frankfurt am Main: Suhrkamp Verlag, 1986), S. 268.

恩格斯的"划时代"文化发展观与中国"新的但丁"在意大利的"登陆"

李正荣

摘 要：恩格斯曾指出，意大利诗人但丁"是中世纪的最后一位诗人，同时又是新时代的最初一位诗人"。恩格斯的论断体现了"划时代"文化发展观，指出了社会发展和文学发展的辩证关系，具有重大理论意义。2021年，在但丁诞辰七百周年之际，中国的但丁研究者用汉语和意大利语撰写了一批但丁研究文章，呈现出中国人眼中的"新的但丁"，推进了中意学术文化交流，这批研究成果于2021年12月底在意大利本土的《天学义理》（Sacra Doctrina）杂志刊发。

关键词：中世纪　恩格斯　但丁　中国　意大利

一

意大利伟大诗人但丁·阿利吉耶里逝世七百年之际，一本全部由中国但丁研究者撰写的但丁研究专刊《天学义理》"向但丁致敬"在意大利博洛尼亚出版，这一文化事件在中国与意大利文化交流互鉴的历史上具有特别的意义。

Sacra Doctrina是1956年开始发行的基督教义理研究的专业杂志，刊名为拉丁文，直译是"神圣的教理"的意思，也可以遵从利玛窦的传统，将其翻译为《天学义理》。这本杂志每年出刊两期，目前已经发行到第69期。

2021年12月在意大利本土出版的《天学义理》2021年第2期即总第69期杂志是一本专刊，刊名之下另有中英意三语专名：

中文专名是：向但丁致敬——中国学者纪念但丁逝世700周年学术专辑。

英语专名是：A TRIBUTE TO DANTE——Chinese scholars' essays commemorating the 700th anniversary of Dante Alighieri's death。

意大利语专名是：OMAGGIO A DANTE——Saggi di studiosicinesi in commemorazione del DCC anniversariodellamorte di Dante Alighieri。

仅从本期《天学义理》杂志三种不同语言的专名就可以明显看到当代中国参与世界文化交流互鉴的纵深程度，而从这一期杂志的出版地，从它的语言载体，从研究对象和研究水平来看，更会看到它的跨文化对话的划时代意义。

二

这个"划时代"意义首先体现在这本专刊的研究对象——意大利伟大诗人但丁身上。

关于但丁的"划时代意义"，我们非常熟悉恩格斯的一段著名评价："封建的中世纪的终结和现代资本主义纪元的开端，是以一位大人物为标志的。这位人物就是意大利人但丁，他是中世纪的最后一位诗人，同时又是新时代的最初一位诗人。"（《〈共产党宣言〉意大利文版序言》1893）①

但丁早已是欧洲文明，特别是意大利文明的标志。恩格斯要用这个著名的"大人物"来标志自己所认可的"文艺复兴"历史观，要用但丁标志出中世纪和新时代的界限。这似乎是《〈共产党宣言〉意大利文版本序言》的写作逻辑。

但是，联系《共产党宣言》的丰富思想，我们还可以在恩格斯这段但丁评论中看到更为深刻的理论意义。

---

① 中共中央编译局：《马克思恩格斯全集》第22卷，北京：人民出版社，1965年，第430页。

恩格斯以其卓越的哲学家思想，以其卓越的历史唯物主义历史观，在评述人类文明进化史、评断人类社会发展史的大历史趋势中看到了意大利伟大诗人但丁的划时代意义，同样，恩格斯以他诗人的敏感和诗学判断力，在诗人但丁身上发现了世界历史发展进程的刻度，在文学和整个人类文化发展的关系中，指出了文学和人类社会发展的相互标识、两相"互鉴"的性质。

三

从恩格斯的这一段论述中，我们可以得到很多跨文化研究的方法论启发。

首先，恩格斯的这段论述，是以《共产党宣言》的文本作为大的理论背景的。在评述诗人但丁的"划时代"意义之前，恩格斯指出："'宣言'十分公正地承认了资本主义在先前所起过的革命作用，意大利是第一个资本主义民族。"[①]也就是说，恩格斯对但丁的"划时代"意义的判断是建立在对人类历史发展的社会形态大变革的判断之上的。因此，恩格斯的判断具有极强的历史高度，超出了一般的文学判断和文学史的判断，同时这个判断又深刻地把握了但丁文学创作的特征和性质——对封建中世纪的批判和否定。恩格斯对但丁的划时代意义的判断，至今仍然有极大的现实意义。恩格斯所言的"新时代"显然是指"文艺复兴"时代，其所言"中世纪"，显然是指古希腊罗马文明和文艺复兴时代的"中间时代"。"中世纪"概念和"文艺复兴"概念是一对具有特别含义的概念，从意大利人文主义的"文艺回归"以及马丁·路德和加尔文的宗教改革以后，到了19世纪以后，这一对概念已经深入欧洲文化之中，成为欧洲思想的主流认识。歌德的浮士德穿越时空上溯古希腊就是这一主流思潮的形象表达。但是，"中世纪"概念

---

① 中共中央编译局：《马克思恩格斯全集》第22卷，第430页。

和"文艺复兴"概念也一直处于争议之中，或者认为"中世纪"并非颠覆了古希腊古罗马文明，因此"文艺复兴"也无从谈起；或者认为"文艺复兴"不是一个断然的历史划分，因此也没有新旧时代的断然转换；或者孤立地谈"文艺"，从而忽略物质文化的"基础"性质。这些观点一直影响着但丁研究。但是，当我们认真阅读但丁，特别是认真阅读但丁的伟大作品《神曲》的时候，我们会敬佩恩格斯的洞见。在但丁的作品中，既有"中世纪"的典型特征，更有"新时代"的特征，尤其在但丁所表达的对基督教"天学义理"的态度上，这些"跨时代"的特征更加明显。恩格斯准确地指出封建的中世纪的终结和资本主义新时代的出现是但丁的"划时代"意义的基础，而但丁文学的跨时代特征恰好成为跨时代的标志。

四

恩格斯的论述并没有停在但丁所在的13世纪和14世纪之交，而是按照文学和人类社会发展的相互标识、两相"互鉴"的辩证逻辑进一步预测着未来："现在也如1300年间那样，新的历史纪元正在到来，意大利是否会给我们一个新的但丁来宣告这个无产阶级新纪元的诞生呢？"[①]恩格斯的提问至今依然有极大的理论效用。在某种意义上，刚刚在意大利本土出版的《天学义理》2021年第2期可能就是一个信号。

这一期杂志所呈现的但丁的确是一个"新的但丁"。

第一，这个"新的但丁"首先"新"在时代的百年大变局之上。过去的一百年，中国走过了不平凡的百年奋斗历程，中国的但丁学者的研究成果能在但丁的故乡集体展示，实事求是地说，这并非哪一个专家学者的个人能力所及，没有中国改革开放创造的经济繁荣、物质文明发达，就没有中国当今世界影响力，中国但丁学人的声音就很难

[①] 中共中央编译局：《马克思恩格斯全集》第22卷，第430—431页。

被但丁故乡人所关注。

第二,"新的但丁"也新在汉字作为载体的汉语文化呈现上。本期《天学义理》杂志的"向但丁致敬"专刊,在这本杂志的出版发行历史上显得那么独特,在但丁故乡的意大利语言环境中显得那么奇异,在讨论这一期杂志以何种语言为载体的时候,中意双方编者不约而同选定了汉语汉字。事实上,在意大利本土印刷出版一期汉语汉字杂志,是相当困难的,毕竟意大利本土的编辑人员、排版印刷人员对汉语汉字不熟悉,毕竟意大利方面的编辑校对用汉语工作要付出更多的辛苦,但是,这一期《天学义理》主编、博洛尼亚大学教授Antonio Olmi奥觅德先生破除万难坚持努力,一定要以汉语汉字向意大利呈现中国学者的但丁研究成果。汉语汉字的但丁研究在意大利的呈现,这本身就是一次跨文化的"划时代"标志。

第三,"新的但丁"也新在中国但丁学人的研究文章的层次上。

两千两百年来,全世界各国的纪年,渐次编入"公历"(Common Era),从"儒略历"(Julian calendar)到"格里历"(Gregorian calendar),全世界都渐渐开始使用"耶稣诞生后某某年"的纪年方法。七百年来,在世界诗歌国度,每一百个"主的纪年/Anno Domini"当中,总有三个年度数字是但丁标定的:一个是"65"之年,一个是"00"之年,另外一个是"21"之年。每一个百年中,当这三个数字所标出的年份向诗歌国度走来的时候,但丁的幽灵就活跃起来。其中,"65"之年是但丁诞辰百年祭,"21"的年份是但丁逝世百年祭,而"00"之属,则是但丁为自己的不朽之伟大作品《神曲》设定的游地狱、游炼狱、游天堂的时间,每一百年的"00"之数也因此关联着但丁所引发的跨世纪的观念和世纪转化意象的冲击。15世纪、16世纪、17世纪,这种有关但丁的生与死的潮涌,有关《神曲》的跨世纪冲击,更多的是回荡在意大利本土,但是,18世纪、19世纪之后,但丁的生与死之祭和但丁的跨世纪冲击,便是全欧洲文学的骚动了。19世纪以后,世界各国也都加入到了"但丁文学纪年"中。

2021年下半期《天学义理》中国学人研究但丁的专辑，也体现了中国百年来的"但丁文学纪年"。

13、14世纪之交的意大利伟大诗人但丁是20世纪才来到中国的。一百多年来，中国文学界、文化界从引进但丁、翻译但丁，再到研究但丁，时至今日已经形成了相当的规模。一百年前，即1921年，但丁逝世600周年，由于但丁的世界文化影响，中国也出现了一次但丁热。这一期《天学义理》杂志，有三篇文章，回顾了一百年前的中国但丁热。对比之下，我们可以看到：一百年前，还无法提"中国的但丁"的概念，汉语翻译处于初级水平；一百年前，但丁研究更是处于低级阶段，处于引进、介绍、简论阶段；一百年前，如果也有些成果可以成为"中国的但丁"，但是，绝无可能被反向引进但丁的故乡意大利；一百年前，"中国的但丁"不可能以汉语为载体进入意大利的大众媒体。

但丁来到中国的一个多世纪里，翻译但丁著作，特别是翻译《神曲》是其中的首要工作，而中国学者注释《神曲》、讲述但丁、研究但丁，则是建立中国"但丁学"的重要工作。一百多年来，这两项工作从无到有，从片段简短，到系统丰富，已经使中国的但丁研究渐渐融入世界但丁研究当中。

五

"新的但丁"之"新"也体现在这一期《天学义理》杂志所刊文章的作者大多是青年一代，他们与国际学术的沟通能力非常强大，他们是在当代国际学术背景下从事自己的研究的。他们是"新时代"研究但丁的生力军，他们的成果集体刊发在意大利本土的杂志上，一方面是中国学者直接向但丁的集体献礼，也是一次学术登陆。本专刊的第一板块文章体现了中国学人研究但丁本体问题的可喜的状态。这些年轻一代学者当中有些研究者已经是大学教授，已经是中国有影响的但丁研究专家了。

当然,"新的但丁"之"新"还体现在本专刊中也有刚刚大学毕业的研究者,他们甚至能用但丁的语言——意大利语写作但丁论文。这些作者接受过良好的基础教育,接受过国际一流大学的培育,经历了较严格较系统的学术训练,外语能力比较强,所以,他们的但丁研究论文呈现出论题具体,论述深入,论证翔实,写作符合国际规范的特点。这是中国研究但丁的未来,是中国深入探索但丁问题的希望。

"新的但丁"之"新"在于跨文化研究的方法上。本专辑的第二板块是"但丁在中国"的比较研究,文章作者从不同角度梳理了中国引进但丁、翻译但丁的历史,考察了中国纪念但丁诞辰600周年的热闹景象,探讨了中国研究但丁的复杂问题,考订了但丁进入中国的细节,这些研究让我们能够清晰地看到但丁进入中国的每一步。其中,也有中国学者跨越本土比较文学的疆界,探讨了但丁所影响的欧洲诗人里尔克的创作问题。这样的跨文化交流互鉴的展示是本期《天学义理》的突出特点。

2021年春天,中国浙江大学年轻学者、中国研究但丁专家朱振宇教授组织了"云端"但丁研究系列讲座,本专刊专门刊发了一篇综述文章,再现了2021年中国纪念但丁逝世700周年的飨宴。从这次系列讲座中,可以看到但丁逝世700年之际,尽管全世界还在流行"新冠肺炎",尽管世界交通还有阻隔,但是,但丁却在中国获得了新生。

六

历史的时代跨越是需要具体的历史中人来推动的。但丁能够成为旧世纪终结和新时代的开端的标志也是因为他的一生一直在努力推动时代的演进,他的积极作为使他成为推动意大利文化发展的最重要的"大人物"。

2021年第2期的《天学义理》是一份奇特的献礼,是中国文学和意大利文学的一次奇遇，是世界文化史的一次飨宴。完成这份献礼，促成这次奇遇，摆下这场飨宴的人是尊敬的《天学义理》主编、意大利博洛尼亚大学教授奥觅德先生和意大利利玛窦中心主任、利玛窦故乡马切拉塔教区神父孙旭义先生。如果再往前叙说这份渊源，还应该感谢现在正在德国波鸿鲁尔大学攻读博士的李建刚先生。感谢奥觅德教授的盛情邀请，感谢孙旭义先生、感谢李建刚先生像当年利玛窦那样搭建沟通中国和意大利交往的通道。感谢奥觅德教授，感谢孙旭义先生以一种使徒精神架设了中国和世界文化交流互鉴的桥梁，使中国学人有机会在意大利本土向但丁献礼。这是一份奇特的献礼，它用中国汉语书写，在意大利出版，在但丁逝世700年之际，呈现给意大利和中国的读者。

如果我们也沿着但丁的《神圣的喜剧》的思想，来看待我们这一期《天学义理》，我相信，700年前离开我们进入云端、进入天国的但丁，一定能够在自己的家乡感受到中国的但丁研究者、但丁爱好者与他一起讨论地狱、炼狱、天国的问题所带来的愉悦。

七

我自己是从1980年读大学期间开始初识但丁的。从那时起，就时时阅读但丁，品味但丁，随后，几乎每一年，都在自己的课程上讲授但丁，我一直心仪这位伟大的意大利诗人，但是，语言的隔阂又让我觉得这位划时代的伟大人物离我十分遥远。

2015年，我一直远远瞭望的但丁之光，忽然向我投射过来。伟大诗人诞辰750周年的庆典光辉照射到我。那一年，孙旭义神父、奥觅德教授，意大利米兰大学达坤多教授与我一起携手邀请意大利但丁研究专家到中国畅言但丁。2016年11月，"世界·但丁·中国"国际研讨会在北京师范大学召开，来自意大利、德国、俄罗斯、中国的学者齐聚北京，共同讨论心爱的诗人。正是那一次会议，铺垫了这一期

《天学义理》中国学人研究但丁的专辑。

2018年8月,我终于来到佛罗伦萨,盘桓在但丁的故居,徜徉在佛罗伦萨的街道上,我一直想,我怎样才能更加亲密地走近伟大诗人呢?

2019年6月,我来到拉文纳(Ravenna),我看到这座城市的一种特别的"潮汐"景观:

拉文纳,一座小城,一座如此小的小城。但是,每天早上,都会从拉文纳火车站涌出一批批学生、游客,穿过戈弗莱多马美里(Goffredo Mameli)广场,穿过安纳塔·加里波第(Anita Garibaldi)广场,来"朝拜"拉文纳。晚上,这股熙熙攘攘的人流又流回拉文纳火车站。为何拉文纳有这种如潮汐般的律动?原来,拉文纳这座小城,有八处世界文化遗产,而且景点集中,一日皆可游遍。那么,游客潮汐般律动,无非是在显示拉文纳的"隆重"和"微缩"。说它隆重,是因为一座小城竟有如此多的千年宝藏;说它微缩,是因为这些文化遗产的主题是那么纯粹和单——八处遗产,全部是马赛克主题。即使这些文化遗产项目清单中也包含容纳这些马赛克的建筑,但是,来拉文纳参观的人们似乎全被拉文纳的马赛克吸引,而忽略了其他。

而我来拉文纳,是专程为朝拜但丁而来。我来拉文纳之前,根本不知道拉文纳的马赛克。

1301年,但丁离开故乡佛罗伦萨,为解决故乡城市的政治纷争到罗马游说教宗。结果,但丁失败了。1302年被佛罗伦萨当权者缺席审判,不得不到处流浪。正是在流放中,但丁开始了《神曲》的写作。那么,地狱的阴暗,炼狱的痛楚,有多少是流放生活的折射?1326年,但丁来到拉文纳,得到这座小城的款待,家人团聚,生活安稳,拉文纳让颠沛流离的但丁得到温暖。这种生命状态的改变,似乎也恰好改变了《神曲》的基调和色泽。

如今,我走在拉文纳,一切是那么亲切,那么熟悉,我就像一个熟门熟路的本地人,毫不费力就走到了但丁的墓室近前。明媚的午后斜阳照耀着我,和煦的暖风吹拂着我,我突然有了《炼狱》最后五首歌曲吟诵的感觉。但丁的《炼狱》写到27歌的结尾处，冥界图景忽然变得明亮了。《炼狱》第28歌开始，阴暗痛楚的旅行结束，人间的乐园被打开，圣山下的圣林充满了欢乐的气氛，圣山圣林之内，欣欣向荣，莺歌燕舞，清风温柔，香气满野。但丁说：冥界里的这块圣林，就如同"基雅席海岸的松林"一样（《炼狱》第28歌第20行）。

但丁所言的基雅席海岸（lito di Chiassi）在哪里？

原来就是拉文纳附近的那片亚得里亚海海岸，那里种植了一大片松林。

感受拉文纳附近基雅席海岸松林的和美，我想起但丁同时代人乔万尼·德尔·维吉利奥（Giovanni del Virgilio）的那首纪念但丁的诗句：

> "忘恩负义的佛罗伦萨喂食他流放的苦果
> 祖国残酷地对待她的诗人
> 善良的拉文纳欣喜接纳了他
> 拉文纳领主小圭多以温暖的怀抱欢迎他的到来"
> （Huic ingratatulittristemFlorentiafructum,
> Exilium, vati patria crudasuo.
> Quem pia Guidonis gremio Ravenna Novelli
> Gaudet honoraticontinuisseducis）

2019年6月6日，我千万里赶来拉文纳，就是为了亲身体验一下拥抱了但丁的善良的拉文纳。虽然我知道，700年前，但丁已经永远离开了这座小城，但是，我心里偏偏认定，在某个街角，在某处教堂，一定会遇见但丁。果然，身在拉文纳，五官心窍纷纷打开，身心感受格外丰满，有骤然的，有迟缓的，有强烈的，有温存的，但是，无论哪一种，满满都是但丁的气息。拉文纳，但丁最后的流亡之地，1321年，但丁的脚步停在这里，但丁的笔画凝固在这里，因此，无论谁来这里，都会感受到诗人的生命永远盘桓在这里。

坐在拉文纳圣方济各教堂前的露天广场，我想象1321年9月拉文纳的人们送别异乡人但丁的场面。善良的拉文纳人在这座教堂送走了他乡的但丁，同时幸运的拉文纳人也永远留住了自己的伟大诗人。

　　三天之后，当我离开拉文纳的时候，我不仅亲近了但丁，也知道了拉文纳的马赛克，也串联起整个环地中海、整个欧洲的马赛克。意识到诞生了但丁的佛罗伦萨，原来是一个时代——中世纪的造反者，终结者，转变者，而给但丁生命画上终止符的拉文纳，原来是这个时代——中世纪的开端。于是，我知道，那些马赛克也曾镶嵌到但丁的生命中了，这些马赛克像《神曲》中的字符一样，组成了伟大诗人的最后生命图景。那时，我感觉到，我离开了拉文纳，但是，我没有离开但丁，我更向但丁靠近了；我又意识到，但丁的神圣旅行又要启动了。果然，在利玛窦的故乡马切拉塔，我、孙旭义先生、奥觅德教授又相见了，在马切拉塔古老的剧场，但丁的神曲果真又开始动作了。这一次，但丁带动了中国和意大利的文学新时代，这场新运动当中，应该就有这本2021年《天学义理》的中国学人的但丁专辑。当我编辑《天学义理》文稿时，当年乔万尼·德尔·维吉利奥（Giovanni del Virgilio）写下的那首诗歌的第一行诗句，不断闪现在我的脑际："但丁的神学……"（"TheologusDantes, nullius dogmatisexpers…"）。在但丁故国的一本神学杂志上，刊发中国学人研究但丁的文章，难道不正是但丁的独特神学的暗中兆预吗？

　　唯愿2021年第2期《天学义理》，即中国学人用中文写就的但丁研究专辑里面的每一个汉字也成为拼写但丁新生命的马赛克。

居中营城:《周礼》与《政治学》所见中西早期城市选址思想比较*

郭 璐

摘　要：中国的《周礼》和古希腊亚里士多德的《政治学》均是诞生于"轴心时代"晚期的学术经典，是中西空间规划理想模式的源头之一，它们各自提出的城市选址原则都对后世产生了深刻的影响。本文采用融贯整体的历史文本分析和比较研究方法，对《周礼》和《政治学》所见中西早期城市选址思想进行挖掘、比较，揭示了二者的共性和差异，共性在于二者都追求"物质空间之中"，差异体现在《周礼》还强调精神空间之中。在此基础上进一步挖掘其内在动因，认为可归于城市基本属性的一致性和中希空间观念的差异性。

关键词：比较研究　城市选址　中　物质空间　精神空间

《周礼》和《政治学》作为诞生于"轴心时代"晚期的经典学术著作，分别在中西文明早期提出了理想空间规划模式的构想，既是对前一时代文化、思想的总结、继承，又对后世产生了极为深远的影响。城市的选址原则是其中一个重要内容，对二者进行回顾、挖掘和比较具有重要的学术价值。本文将从《周礼》和《政治学》的文本出发，挖掘其中关于城市选址的有效信息，以之为线索，综合相关史料，辨析古代中国和古代希腊早期城市选址原则的异同，并进一步挖掘其产生的社会和文化动因。

---

* 本文是国家自然科学基金面上项目（项目编号：51978362）的阶段性成果。

一、《周礼》与《政治学》是中西空间规划理想模式的重要源头

德国哲学家雅斯贝斯（Karl Jaspers）提出过"轴心时代"的概念，认为公元前800至公元前200年之间是人类文明的重大突破时期，各个文明几乎同时出现了诸如老子、孔子、苏格拉底、柏拉图、释迦牟尼这样伟大的思想家，各自开创了不同的延续至今的文化传统。①《周礼》（约成书于战国末期到汉初，约在公元前4世纪到3世纪）及亚里士多德（Aristotle，公元前384—前322）的《政治学》分别是"轴心时代"晚期中国和希腊的两部重要学术著作，它们都是在历史转型期对理想政治制度的建构，其中蕴含着丰富的有关空间规划理想模式的内容，对后世产生了极为深远的影响，可以说分别是中西空间规划理想模式的重要源头之一。

《周礼》原名《周官》，为古代政典，是中国第一部系统、完整叙述国家机构设置、职能分工的专书，涉及古代官制、礼制、军制、田制、税制等重要政治制度，《周礼》居《十三经》之列，《唐六典》、明清《会典》都深受其影响。从中可以清楚地看到在形塑大一统制度过程中人们对空间规划体系所作的理想建构：从国土尺度层层划分的畿服之制，到千里王畿的稍、甸、县、畺之分，再到具体的城市布局、社稷选址。这一建构对后世两千年的华夏规划制度产生了深远的影响。②

---

① "人类一直靠轴心时代所产生的思考和创造的一切而生存，每一次新的飞跃都回顾这一时期，并被它重新燃起火焰。自那以后，情况就是这样。轴心期潜力的苏醒和对轴心期潜力的回忆，或曰复兴，总是提供了精神动力。对这一开端的复归是中国、印度和西方不断发生的事情。"（〔德〕雅斯贝斯：《历史的起源与目标》，魏楚雄、俞新天译，北京：华夏出版社，1989年，第14页。）

② 郭璐、武廷海：《辨方正位 体国经野：〈周礼〉所见中国古代空间规划体系与技术方法》，《清华大学学报（哲学社会科学版）》2017年第6期，第36—54页。

亚里士多德的《政治学》被认为是西方政治学的创始之作，是西方世界第一部系统探讨政治原理及其实践问题的著作，也是"直迄中世纪末期一直有着重要影响的许多原则的根源"。[①]《政治学》主要讨论希腊理想城邦政体的理论与制度，其中系统阐述了理想城邦物质环境规划建设的模式，从城邦（polis）和邦城（city）的选址、布局到重要建筑物的建设，其基本思想和方法深刻影响了包括维特鲁威《建筑十书》在内的一系列后世空间规划模式。[②]

二、"地中"与"全境之中"：《周礼》和《政治学》中的选址标准

城市选址是城乡空间规划的第一步，也是其核心组成部分，合理的选址是城市得到良好的建设和发展的前提和基石。对于城市的选址，《周礼》和《政治学》都提出了一个标准——"中"。

"地中"是《周礼》中明确提出的王城选址标准，具体是通过大司徒所掌握的"土圭之法"来实现的，通过"测土深，正日景"来求地中，"天地之所合也，四时之所交也，风雨之所会也，阴阳之所和也"之地就是"地中"，也就是王城之所在，在此基础上开展城邑建设和王畿的土地划分。《周礼·地官·大司徒》载：

> 以土圭之法测土深，正日景，以求地中。日南则景短，多暑。日北则景长，多寒。日东则景夕，多风。日西则景朝，多阴。日至之景，尺有五寸，谓之地中，天地之所合也，四时之所交也，风雨之所会也，阴阳之所和也。然则百物阜安，乃建王国焉。制

---

① 〔英〕罗素：《西方哲学史》上卷，何兆武、李约瑟译，北京：商务印书馆，1963年，第20页。
② 例如：《建筑十书》中重视风和水的城市选址、依据功能的重要建筑物选址等都与《政治学》的观点一致。（详见〔古罗马〕维特鲁威：《建筑十书》，陈平译，北京：北京大学出版社，2012年，第65、74页。）

其畿方千里，而封树之。①

亚里士多德在《政治学》②中多处谈到城市选址的影响因素，居于"全境之中"是其中非常重要的一个原则。在宏观的角度上，亚里士多德在详细论述理想城邦的空间建设之前就提出：希腊位于寒冷的欧洲大陆和炎热的亚细亚之间的地理中心地带，因而能兼具二者优点而避免不足（1327b 28—30），显然这就是他所认为的理想的建设和发展城市之地区。在中微观的尺度上，亚里士多德认为理想的邦城应当"尽量按环境所许可，建为联系陆地和海洋的中心，也是全境的中心"（1330a35—37）。③

三、相同点：物质空间之中

《周礼》和《政治学》中的选址原则有一个共同点，就是追求物质空间之"中"。城市在本质上是人的聚居地，居中的选址利于满足交通、军事、经济等人生存的各方面基本需求。

---

① ［汉］郑玄注，［唐］贾公彦疏，赵伯雄整理、王文锦审定：《周礼注疏》，北京：北京大学出版社，1999年，第250—253页。
② 《政治学》是亚里士多德最具影响力的著作之一，其英文译本众多，其中哈佛大学洛布古典丛书（Loeb Classical Library）版（*Aristotle's Politics*, trans. H. Rackham, London: William Heinemann LTD; Cambridge Mass: Harvard University Press, 1932）、牛津大学出版社版以及企鹅经典系列版是最为常见的版本，其中洛布版注释清晰、明确，并有希腊文与英文对照，是本研究最为倚重的文本。中文译本中的最为权威的是1965年商务印书馆出版的吴寿彭译本（［古希腊］亚里士多德：《政治学》，吴寿彭译，北京：商务印书馆，1965年），行文严谨，并常在注释中阐发学术观点，惜版本较早，文字不甚符合现代的语言习惯，由颜一、秦典华在1990年代初翻译的版本（［古希腊］亚里士多德：《政治学》，颜一、秦典华译，见苗力田主编：《亚里士多德全集》第九卷，北京：中国人民大学出版社，1994年，第1—286页）可作为参照，弥补这一遗憾。本文中所引用的《政治学》文本，以洛布版为主，并同时参考吴、颜两个版本的中文翻译。
③ *Aristotle's Politics*, trans. H. Rackham (London: William Heinemann LTD; Cambridge Mass: Harvard University Press, 1932).

（一）物质空间之"中"

《周礼》和《政治学》所提出的城市选址居"中"的原则都包含物质空间之"中"的意义。居于疆域位置居中之处，在区域交通网的中心，可以快速地到达国家或城邦的各部分，人流、物流都可以便捷地汇集和沟通。

《周礼》在确立了"地中"之后，即从此出发，进行区域土地划分，也就是《大司徒》所说的"以土圭之法，测土深、正日景，求地中……乃建王国焉，制其畿方千里，而封树之"。颁田里、通阡陌、为沟洫，形成四通八达的道路网，而王城就位于这个网络的中心。[①]《逸周书·作雒》记载周成王时周公营洛，"俾中天下""作大邑成周于土中""以为天下之大凑"。所谓"凑"，即八方辐辏；《史记·周本纪》亦载周公称雒邑："此天下之中，四方入贡道里均。"可以看出，所谓的"中"，就是疆域较为居中的位置，是交通的中心，也就是人流和物流汇聚的中心，是朝会和贡赋的中心。

亚里士多德在《政治学》中对于城市的区域交通格外重视，城市选址于"全境中心"的重要原因就是为了实现便捷的交通。一方面，"城市为全邦的一个军事中心，四围有警，都能由此派遣赴援的部队"；另一方面，"粮食、建筑用木材以及境内所产可供各种工艺的原料全都易于集散。"（1327a1—10）色诺芬在对于雅典居中的论证中也指出："任何旅行者想从希腊的一端到另一端去，都必须或由水路或由陆路经过雅典，作为他们环形的中心点。虽然雅典不为水所围绕，但它正如一个岛屿一样，借助于各种风向吸引来它所需要的一切东西，也输送出它愿意出口的东西，因为它两面临海。由于它接连大陆，它也通过陆路输入种类繁多的商品。"[②]柏拉图的《法律篇》中也提出应当尽可能在领土中心为城市选址，因为这一点可以方便地获得城市所需要的各

---

① 贺业钜：《中国古代城市规划史》，北京：中国建筑工业出版社，1996年，第188—196页。
② 〔古希腊〕色诺芬：《经济论·雅典的收入》，张伯健、陆大年译，北京：商务印书馆，2009年，第74页。

种便利，这显然是与交通可达性直接相关的。①

（二）城市的基本属性：人的聚居地

对物质空间的"中"的追求是《周礼》和《政治学》中城市选址的共同特征。这一相似性应源于城市的基本属性是人的聚居地，城市选址要满足人生存的基本需求，中西概莫能外。

城市的本质是人的聚居地。柏拉图在《国家篇》（Republic）中说："由于有种种需要，我们聚居在一起，成为伙伴和帮手，因此，我们把居处之地称作城邦或国家。"（369C）②亚里士多德也认为城邦首先是"同一地区的居留团体"（1281a, 30）。《周礼》对于聚居地的认识更进一步，不只局限于城市，而是建构了一个层次严密的聚落体系，从一家到一国，层层叠加，每一层次的聚落由不同规模的人口构成，同时负载不同的社会职能，《周礼·地官·大司徒》中详细阐述了这一层级体系："五家为比，使之相保；五比为闾，使之相受；四闾为族，使之相葬；五族为党，使之相救；五党为州，使之相赒；五州为乡，使之相宾。"

治理一个国家（城邦）的最终目标正是为了人的生活，这是古中国和古希腊政治文化传统的共识。《周礼》开篇即将"纪"（管理）、"扰"（驯顺）、"谐"（和谐）、"均"（赋税均等）、"纠"（纠察）、"生"（安居乐业）万民，树立为王"治邦国"的最终目的，也就是使万民富足与稳定。③《政治学》更明确指出："一个城邦不只是在同一地区的居留团体，也不只是便利交换并防止互相损害的群众（经济和军

---

① *Plato with an English Translation IX, Laws* Vol.1 (London: William Heinemann LTD; Cambridge, Mass: Harvard University Press, 1961).

② *Plato's Republic with an English Translation by Paul Shorey* Vol.1 (London: William Heinemann LTD; Cambridge, Mass: Harvard University Press, 1937).

③ 《周礼·天官·大宰》："大宰之职，掌建邦之六典，以佐王治邦国：一曰治典，以经邦国，以治官府，以纪万民；二曰教典，以安邦国，以教官府，以扰万民；三曰礼典，以和邦国，以统百官，以谐万民；四曰政典，以平邦国，以正百官，以均万民；五曰刑典，以诘邦国，以刑百官，以纠万民；六曰事典，以富邦国，以任百官，以生万民。"

事)团体。……城邦是若干生活良好的家庭或部族为了追求自足而且至善的生活,才行结合而构成的。"(1281a,30—38)柏拉图《法律篇》(Laws)也有类似的说法:"我们的立法的全部要害,是让公民们在尽可能相互友好的环境中过最幸福的生活。"(743D)[1]

综上,城市是人的聚居地,城市选址的本质是选择适宜的人类聚居地,以实现人安全、便捷、舒适的生活。《周礼》和《政治学》选址原则的相似性都是对人的基本生活需求的直接回应:军事防御、商品交换、信息沟通等的要求使得聚居于中心位置为佳。

这可以说都是我们今天所谓的"功能理性主义"的产物。这种"以人为本"的"理性主义"正是人类文明的"轴心时代"的产物,"西元前第二千纪的最后三十年中,全人类第一次出现人神关系里关键性的改变——人的理性和政治实践使天枰倾向人方。"[2]人的意识开始勃兴"(周人)事事托命于天,而无一事舍人事而言天"[3],"全部希腊文明的出发点和对象是人。它从人的需要出发,它注意的是人的利益和进步。"[4]

四、不同点:精神空间之中

《周礼》和《政治学》选址原则的一个明显差异是,前者在"物质空间之中"之上,还追求"精神空间之中",这与古代中国与古代希腊空间观念的差异有一定的关系,前者认为空间具有独立的价值,"地中"这个位置拥有特定的政治文化内涵;在后者的社会文化观念中则主要关注依靠物质实体存在的"处所"(topos)。

---

[1] *Plato with an English Translation* IX, *Laws* Vol.1.
[2] 何炳棣:《何炳棣思想制度史论》,范毅军,何汉威整理,台北:联经出版事业股份有限公司,2013年,第29页。
[3] 傅斯年:《性命古训辩证》(下),上海:商务印书馆,1947年,第13页。
[4] André Bonnard, *Greek Civilization I* (London: Allen and Unwin, 1957), p. 29.

(一)精神空间之中

除了物质空间的"中"之外,《周礼》王城所在之"地中"还具有特定的文化涵义和政治权威,是精神空间的"中"。这一点是《政治学》所谓的"全境之中"所不具备的含义。

《周礼》的"地中"有特殊的精神性和政治性。"中"是天地相通之处,《周礼·大司徒》说地中是"天地之所合也",《说文》"中,内也,从口丨,下上通也"也是此意;"中"也是各种自然力量汇聚之所,是"四时之所交也,风雨之所会也,阴阳之所和也"。这在殷商甲骨文中已经有充分的体现,"中"汇聚了从东南西北四方而来的各种自然力量、神灵。① 这种文化上的"中"被上升为一种政治统治力,在这里"建王国",则"百物阜安"。《史记·五帝本纪》载:帝喾"溉执中而遍天下,日月所照,风雨所至,莫不从服",与《周礼》的描述非常类似,也就是说只有在"中"才能够与天交通,承受天命,"中"就具有别的位置不能具有的政治统治力。因此,王者在建立王都时,都要不遗余力地寻中、得中、居中,以上承天命,巩固和延续国家统治,所谓"王者必即土中"(《白虎通》卷三)。清华简《保训》记载了舜求中、得中的故事②,商代的都城即有"中商"之称③,周人亦矢志不移地求中以建都,《何尊》铭文、《尚书·召诰》《逸周书·作雒解》《史记·周本纪》等多有记述。④ 居中是为了得天命、治天下。"它对于周

---

① 例如:癸卯卜今日雨;其自东来雨;其自南来雨;其自西来雨;其自北来雨(《合集》12870),见胡厚宣:《甲骨文合集》,北京:中华书局,1999年,第1816页。"雨"汇聚的地方就是东西南北之四方之"中"。

② 清华大学出土文献研究与保护中心:《清华大学藏战国竹简〈保训〉释文》,《文物》2009年第6期,第73—75页。

③ 如:勿于中商(《合集》7837);庚辰卜尊中商(《合集》20587);戊申卜,王,贞受中商年。口月(《合集》20650)。见胡厚宣:《甲骨文合集》,第1187、2666、2673页。

④ 《何尊》铭文:"余其宅兹中国,自兹乂民。"《尚书·召诰》载:"王来绍上帝,自服于土中。旦曰:'其作大邑,其自时配皇天,毖祀于上下,其自时中乂;王厥有成命治民。'"《逸周书·作雒解》载周公语曰:"予畏周室不延,俾中天下,及将致政,乃作大邑成周于土中……以为天下之大凑。"《史记·周本纪》载周公语曰:"此天下之中,四方入贡道里均。"《汉书·地理志》载:"昔周公营雒邑,以为在于土中,诸侯蕃屏四方,故立京师。"

统辖四方，或曰'天下'，也具有宇宙观的、宗教的，以及象征的重要性。立足于中原的这座新的都城，周人圆满地接受了可以号令四方的天命。"① 可见《周礼》的"地中"已经不是一个单纯的空间概念或地理概念，而是一个复合的文化概念。

亚里士多德所提出的全境中心显然并不具备这种文化意义。在柏拉图《法律篇》篇的设想中城市居于城邦全境之中，城市的中心则设置卫城（acropolis），供奉赫斯提、宙斯、雅典娜（745B）。设置卫城的地方被柏拉图称为"神圣的土地"，但是，这种文化意义并不是通过"全境之中"这个位置所赋予的，而是卫城这一空间实体所赋予的，卫城"具有神性的特征而在某种程度上把人和神联系起来"②。理论上，卫城可以建设在任何一个地方，有卫城的地方就有文化上的神圣性。在亚里士多德《政治学》的构想中地位崇高的神祠所在之地就与"中"没有任何关系，而是在城市中的高坡上，俯瞰四方、远近瞩目。（1331a 29—31）

事实上，在古希腊也存在文化概念上的"中"，是具有特定文化意义的一个地理位置，德尔斐（Delphi）被认为是世界的中心，称作世界之脐（navel of the world），这里距离雅典城170公里，是古希腊城邦的共同圣地，供奉阿波罗神庙（Appollon Pythien），著名的德尔斐神谕即在此颁布。这在古希腊神话和戏剧中都多有提及，例如埃斯库罗斯（Eschyle）的《奠酒人》（*The Libation Bearers*）③、《复仇女神》（*Les Euménides*）④，欧里庇得斯（Euripides）的《伊菲格涅亚在陶洛人

---

① 王爱和：《中国古代宇宙观与政治文化》，上海：上海古籍出版社，2011年，第86页。

② Jean Pierre Vernant, *Myth and Thought among the Greeks* (London: Routledge & Kegan Paul, 1983), p.59.

③ "现在请你们看吧，我戴着橄榄枝编成的头冠，从这里前往位于大地中央的神坛，洛克西阿斯的土地，闪烁着永不熄灭的火焰的光明"（《奠酒人》1034—1037，[古希腊] 埃斯库罗斯：《埃斯库罗斯悲剧》，王焕生译，南京：译林出版社，2007年，第444页。）

④ "当我走近这摆满花环的庙里，我看见一个对神负疚的青年，坐在大地的中心点，请求帮助。"（[古希腊] 埃斯库罗斯：《埃斯库罗斯悲剧》，王焕生译，第452页。）

里》(*Iphigenia in Tauris*)①等。阿伽塞美鲁(Agathemeros)也说:"古人把人类居住的地球画成圆形,希腊在地球的中心,德尔斐在希腊的中心。"②但是,值得注意的是,古希腊文化里的这种"中"并没有和重要城市的选址有任何关系。

(二)空间观念的差异:方位VS处所

在城市选址中,《周礼》模式主动选择具有特定文化意义的位置——"地中",以树立政治权威,实施政治统治,而《政治学》模式中则并没有相应的考虑。这可能与中国和希腊早期的空间观念不同具有一定的关系。前者认为空间具有独立存在的价值,特定的空间位置(更确切地说是方位)具有特定的政治、文化意义;后者更加重视作为事物接纳者的特定"处所"的概念,"处所"依靠特定的物质实体而存在。

中国早期的文化观念中大地是由中心向外围无限展开,而方位是建构大地秩序的"坐标点",具有特定的政治和文化内涵。自先秦至秦汉,人们认为"中心"与由其拓展而出的"四方"构成了他们所生存的物质世界的基本空间结构。在商人的观念中,"中"是相对四方、四土而言,是为四方、四土所环绕、拱卫的位置。所谓"商邑翼翼,四方之极"(《诗经·商颂》)。殷商甲骨文的卜辞中,"四方""四土"等词已与"中商"等并举,频繁出现③。在两周文献中更为常见,《诗经·大雅·江汉》:"经营四方,告成于王。四方既平,王国庶定。"④四

---

① 你走进神圣的托宣所,坐在三脚的金鼎上,那不说谎话的座位上,从卡斯塔利亚泉旁的庙里——那是你的,大地中央的住所——给凡人颁发神示。中文翻译参考〔古希腊〕欧里庇得斯:《欧里庇得斯悲剧六种》,罗念生译,《罗念生全集》第三卷,上海:人民出版社,2004年,第312页。

② 〔法〕让-皮埃尔·韦尔南:《希腊思想的起源》,秦海鹰译,北京:生活·读书·新知三联书店,1996年,第113页。

③ 卢央、邵望平:《考古遗存中所反映的史前天文知识》,见中国社会科学院考古研究所编:《中国古代天文文物论集》,北京:文物出版社,1989年,第1—16页。

④ 此外,"四方"还见于《诗经》之《小雅·节南山》,《大雅》之《棫朴》《皇矣》《下武》《民劳》,《周颂·执竟》;《尚书》之《牧誓》《金縢》《召诰》《雒诰》等两周文献中。

方就是王所统治的天下，王位于天下之中，治理四方。在此基础上又发展出东北、东南、西南、西北四隅，形成"四正四维"，四方、四海、四夷、四至、四境乃至九州等等，都是这一空间观念下的产物。藉由方位为广阔天下设定了秩序框架，以方位来结构天下。（图1）

在这个秩序框架中，方位不再是一个单纯的空间概念，而是政治、文化概念和空间概念的统一。早在商代，"方"就是被祭祀的神圣对象。①《周易·系辞下》言："天地设位，圣人成能"，《论语·泰伯》又言："不在其位，不谋其政"，特定的方位具有特定的政治和文化内涵，这先于占据它的人或物而存在，只要占据了一定的空间位置，就自动获得相应的政治和文化地位。因此，《周礼》模式就会主动选择具有特定文化意义的空间位置——"地中"来建设都城，以树立政治权威，实施政治统治。

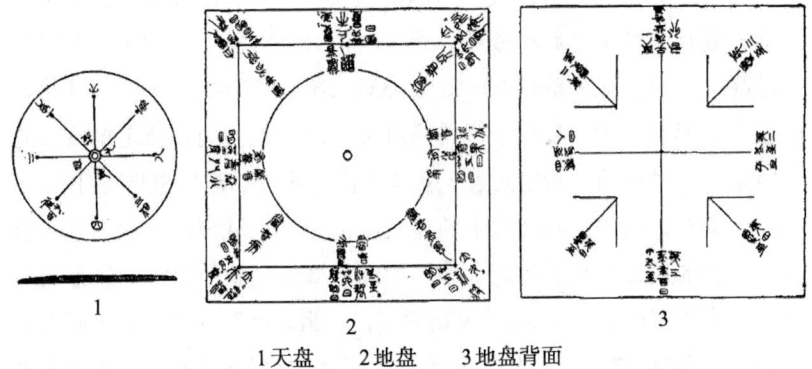

1 天盘　　2 地盘　　3 地盘背面

图7　汉代式盘中所体现的空间模式：天、地均为四正四维的结构

来源：王襄天，韩自强：《阜阳双古堆西汉汝阴侯墓发掘简报》，《文物》，1978年第8期。

古希腊文化中，并不存在中国文化中有秩序、成体系且具有自我价值的"方位"的概念，相反，更加重视作为事物接纳者的一个个特

---

① 胡厚宣：《释殷代求年于四方和四方风的祭祀》，《复旦大学学报（人文科学版）》1956年第1期，第49—86页。

定"处所"（topos，英译为 place）的概念，"处所"因为特定的物质实体而存在，是一个局域化而非连续性的概念。海德格尔认为："希腊人无空间（space）一词，这是因为希腊人不是从广延方面来体会空间性的东西，而是从处所（place）来体会的，但是，这个处所，不是近代空间意义中的处所，而是作为事物本质的接纳者和塑形者。"①亚里士多德的《物理学》中专门讨论了 topos 的概念，"处所"被认为是一种容器，"正如容器（vessel）是能够移动的处所（place）一样，处所是不能变动的容器"（212a15），处所和它所包容的物体紧密结合在一起，"处所"的概念始终是藉由某一事物来界定的，"处所是与事物（object）一致的，因为限界是与被限界的东西一致的。"（212a 27—30）处所不能脱离事物而存在。②因此，在《政治学》构建的理想城市模式中，文化意义上的"地中"（如德尔斐）并不具有任何的吸引力，并不需要在城市选址时做过多考虑。相反，只要神庙等重要建筑所在的地方就具有神圣性和权威性，建筑物作为一种空间中的实体要素具有最高的地位，正如威彻利（R. E. Wycherley）所说："不是一种特定的位置、形状或者布局赋予了希腊城市它的个性，而是特定的重要的希腊元素。"③所谓"希腊元素"就是指特定的公共建筑物及其组群。

事实上，这种空间观念上的差别不仅影响了城市选址观念，在重要建筑物的选址上也有体现，中国的理想城市模式中重要建筑都与一定的方位紧密结合在一起，"前朝后市，左祖右社"（《考工记·匠人》）其朝向也多有规定，"圣人南面而听天下"（《易经·说卦》）。但是在古希腊的城市中神庙和祭坛在城市结构中则既无特定方位，也无特定朝向。④亚里士多德《政治学》中对于神庙、公共广场（free agora）、政务机构（buildings for magistracies）等重要公共建筑的选址也均完全以

---

① 〔德〕海德格尔：《形而上学导论》，熊伟、王庆节译，北京：商务印书馆，1996年，第65页。
② *Aristotle's Physics*, trans. P. H. Wicksteed, F. M. Cornford (London: William Heinemann LTD; Cambridge Mass: Harvard University Press, 1957).
③ R. E. Wycherley, *How the Greeks Built Cities* (London: Macmillan Education UK, 1962), p.12.
④ Ibid., p.90.

功能为导向。(1331a 29—1331b 15)

五、结论与讨论

《周礼》和《政治学》中对于城市选址均提出了"居中"的原则，相同之处是二者都重视"物质空间之中"，相异之处是《周礼》模式特别强调"精神空间之中"。前者很大程度体现了早期文明中城市的共同基本属性，即人的聚居地，城市选址的共同目标是为聚居地的功能需求选择适宜之所；后者与不同古文明空间观念的差异存在联系，古代中国重视具有特定政治文化价值的"方位"，而古代希腊则更加关注依靠物质实体存在的"处所"。

城市选址是人对自己生存空间位置的选择，其对象是具体的物质空间，但其背后具有社会组织和文化观念的深层动因，这提醒我们，在对于古代城市的研究中，除了关注具体的物质空间形态之外，还应进一步挖掘，从现象透视本质。这不仅可以拓展古代城市研究领域的深度，反过来，也可为社会史、文化史的研究提供参照和启发。

此外，要补充说明的是，本文主要探讨的议题是城市选址，事实上，在《周礼》和《政治学》中各有一套完整的从区域布局、城市选址到布局建设的空间规划体系，其比较研究还有巨大的空间，有待下一步继续探索。

新中国赴匈牙利汉语教学第一位中国教师郭预衡往事访谈录*

黎 敏

摘 要：新中国对外汉语教学是伴随现代汉语规范化运动的发展而逐步完善的。由此产生的对外规范现代汉语教学，也伴随着新中国的外派汉语教师走出国门。郭预衡教授是中国政府派往匈牙利的第一位汉语教师，其夫人赵淑华老师随之赴任。他们共同努力，将中国传统优秀国学和现代汉语教学成果带到匈牙利高校的教学中，为匈牙利传统汉学培养了新型人才，也跟匈牙利同行一起拓宽了汉学研究空间。本文以访谈的方式回顾这段历史，以期有助于国内学界增加对当时中国与匈牙利学术交流的了解，增加对1950年代匈牙利高校汉语教学新探索的认识。

关键词：新中国成立初期　匈牙利高校　汉学教学　新一代汉学家

【**访谈者按**】在新中国汉语教学走出去的历程中，来自北京师范大学的郭预衡先生是由中国教育部委派的第一任赴匈中国教师。1955年至1957年，他任教于匈牙利罗兰大学东亚系的中文专业。1956年，郭预衡先生的夫人、北京大学赵淑华老师赴匈随任，也在该校中文专业教授汉语。2020年8月28日下午和11月8日下午，我先后两次对赵淑华教授进行了访谈，目的是通过郭预衡先生夫妇在匈牙利执教的经历，从个体实践与观察视角了解那段珍贵的历史，丰富我们对新中国成立后，在复杂国际关系背景下展开的对外汉语教学的认识。

---

* 本文为世界汉语教育协会2021年全球中文教育主题学术活动资助项目"中匈建交后匈牙利汉语教学史研究"（项目编号：SH21Y07）的阶段性成果。

【郭预衡教授简介】郭预衡教授（1920—2010）1941年考入辅仁大学国文系，1945年大学毕业后留校做了著名文史专家、目录学大师余嘉锡先生的助手。不久，他考上了精于史源考据之学的校长陈垣先生的研究生。1949年，郭预衡开始在辅仁大学任教；1950年任讲师。1952年高校院系调整，辅仁大学并入北京师范大学，他开始在北京师范大学中文系任教。1955年，他被派往匈牙利讲学。1957年，郭预衡从匈牙利回到北师大中文系继续在古典文学教研室工作，直到1990年离休。其研究成果相当丰富，所撰写的《中国散文史》获得第三届中国高校人文社会科学研究优秀成果奖一等奖。他还率弟子历时12年完成14册约600余万字系列教材，包括《中国文学史》《中国古代文学作品选》等。1999年他主编的《中国古代文学史》荣获华东地区古籍评奖特等奖，同年被教育部高教司重点推荐为全国通用教材。

【赵淑华教授简介】本文中的被访谈人赵淑华，北京语言大学教授。1949年考入清华大学历史系，后转入清华大学中文系。1952年入"清华大学东欧交换生中国语文专修班"任教。1952年院系调整后，该专修班并入北京大学，更名为"北京大学留学生中国语文专修班"，赵淑华也随之调入北京大学，教授留学生汉语。1956年至1957年她跟随丈夫郭预衡教授赴匈牙利罗兰大学任教；1980年和1981年两次赴美国斯坦福大学暑期班任教；1985年至1987年被派往苏联莫斯科大学任教；1993年及1995年至1999年在香港中文大学进行合作研究。她参加过一些富有影响力的教材编写，如《汉语教科书》（1958）、《基础汉语》（1971）、《汉语读本》（1972）、《基础汉语课本》（1980）等。

黎敏：赵老师，您好！在拜访您之前，我读了这本《对外汉语教学名师访谈录·赵淑华卷》（以下简称"访谈录"）[①]，从中了解到您从事对外汉语教学的一些情况，比如新中国的对外汉语教学开始于1950年成立的"清华大学东欧交换生中国语文专修班"（以下简称"清华专修

---

① 崔希亮主编：《对外汉语教学名师访谈录·赵淑华卷》，北京：北京语言大学出版社，2011年。

班"),1952年您被调入这个专修班任教,从此开始了您的对外汉语教学生涯,一直到1994年退休。您经历了新中国对外汉语教学在教学理论、教材、师资等方面从起步到逐步发展,再到繁荣兴旺这样一个完整的过程。新中国成立初期除了在国内展开的对外汉语教学以外,已经开始致力于海外汉语推广工作,受当时外交政策影响,新中国派往海外执教的汉语教师最早是去东欧社会主义国家,比如1952年,朱德熙先生受中国政府派遣到保加利亚教授汉语;1955年,郭预衡先生由中国政府派往匈牙利执教,您在1956年随任,跟郭先生一起在匈牙利罗兰大学教汉语,你们是新中国第一批"走出去"教汉语的教师。所以我想了解一些这方面的情况。当时郭先生是北京师范大学中文系古典文学教研室的教师,那时他多大年纪呢?

赵淑华:大概是34岁吧。当时咱们派出的教师大部分都是三四十岁,年富力强,好像朱德熙先生去保加利亚任教的时候也是30多岁。

黎敏:那有什么派出条件呢?

赵淑华:具体条件我不清楚。

黎敏:当时外派教师赴任之前有没有相应的培训?

赵淑华:那时好像没有。也许听过几次报告,讲讲外事纪律什么的。

黎敏:当时对派出教师在业务上要做哪些准备,有具体要求吗?

赵淑华:我没听郭先生谈过有什么具体要求。不过他去匈牙利之前,我陪他一起去拜访过吕叔湘先生。我在清华大学中文系读书时,吕先生是我的老师。他送给了我们一本《语法讲话》的单行本。①如果需要讲汉语语法知识的话,这是很重要的参考资料。

黎敏:郭先生到了罗兰大学东亚系后,他的教学是怎么安排的呢?

赵淑华:郭先生开始只教一个班的中文课。后来,东亚系了解到

---

① 从1952年7月到1953年11月,《语法讲话》以中国科学院语言研究所语法小组的名义在《中国语文》上连续发表十七次。1961年参考《语法讲话》发表后读者所提的意见进行了全面修订,增加了"构词法"一章,以《现代汉语语法讲话》之书名出版单行本。著者署名为丁声树、吕叔湘、李荣、孙德宣、管燮初、傅婧、黄盛璋、陈治文。

他的专长是研究古典文学,就让他也辅导系里学习中国古典文学和古代文献等专业的高年级学生和研究生。研究生的课没有固定教材,是按问题讲,就是郭先生根据学生共同感兴趣的问题给他们讲课或者组织讨论,有时为了学生方便,也印一些讲义发给学生。

黎敏:您是什么时候到罗兰大学去的呢?到了之后也很快开始教汉语了吗?

赵淑华:1956年暑假,郭先生回国休假结束后,我就跟他一起去了匈牙利。我们大概是8月下旬到的。罗兰大学东亚系了解到我在国内教留学生汉语的情况以后,就请我在东亚系担任新开的一年级班的中文课,按讲师的待遇。所以,我不属于两国文化交流协定派出的教师。

黎敏:您在那里用什么教材呢?跟郭先生之间在教学方面有什么样的分工?

赵淑华:我用的就是郭先生编的教材。我去之后,郭先生原来教的那个班升入二年级,还由郭先生教。不过,他要用更多的时间辅导研究生的专业课。我就教一年级本科新生的汉语课。

黎敏:当时罗兰大学中文专业教研室主任是陈国先生(Csongor Barnabás,1923—2018)[①],那时他很年轻,还是讲师。他回忆说20世纪50年代是匈牙利中文专业的黄金时代,虽然正式学生不多,但旁听生多达三十多人。[②] 我想这些人中有不少参加过跟郭先生的研讨吧!

赵淑华:是这样的。

黎敏:我看过的材料里说,郭先生1945年从辅仁大学毕业后留校做了余嘉锡先生的助手。不久,他又考上了陈垣先生的研究生。余先生是著名文史专家、目录学大师,那时他正在修改、补充《四库提要辨证》的子部和集部,所以郭先生跟着他——涉猎子部、集部各种书,还

---

① 陈国(Csongor Barnabás),匈牙利著名汉学家,1950—1962年在匈牙利罗兰大学东亚系任讲师;1963—1983年担任东亚系主任。从事语音史、文学史和文学作品翻译,曾翻译《水浒传》《西游记》等中国名著。

② 余泽民:《译不完的〈金瓶梅〉》,《中国新闻周刊》总第897期,第81页。

替他查类书，校《世说新语》。陈垣先生精于史源考据之学，他给研究生开的课程之一是《史源学实习》，要求研究生一字一句地读顾炎武的《日知录》，然后校勘、写笔记，并从中找出错误，写成短文。①所以，在两位高师的指导下，郭先生受过严格的学术训练，古代文献功底扎实。

赵淑华：他这方面学得是比较早。1952年院系调整，郭先生到了北京师范大学以后，中文系准备让郭先生讲授中国现代文学，他为此又阅读了不少现代作家的作品以及相关的研究著作。因此对现代文学也有一些了解。

黎敏：王宁先生说她在北师大读本科的时候，知道郭先生的名字就是因为郭先生研究鲁迅的两篇文章。王宁先生还赞叹说能够在古典文献学和现代文学这两个跨度很大的学科治学，"说明郭先生的学术能力是一流的，识见也是一流的"。②郭先生的这些学术积累在匈牙利的教学中是怎样发挥的呢？

赵淑华：我想就是大家觉得可以和他谈的知识范围比较广，所以高年级学生，研究生，还有陈国讲师都愿意跟他一起学习。这样，他就要对中国古典文学和现代汉语语言教学两个方面都得顾及。我去以后分担了他的一部分工作，他就可以有更多的时间去辅导那些研究生，跟他们讨论古典文学或者古代文献方面的问题了。

黎敏：他们用什么语言讨论呢？

赵淑华：用汉语，有时也用英语。

黎敏：郭先生的英语很好啊！

赵淑华：郭先生英语还可以。他本科和研究生都是在辅仁大学读的。辅仁大学是一所教会学校。那时的大学硕士研究生必须掌握两门外语，郭先生选读了英语和日语。他们学校也有很多外籍教授，需要用英语交流。所以，虽然他是中文系的，但是英语还可以。匈牙利学生也会英语。

---

① 尚学峰：《文学史家郭预衡》，《励耘学刊（文学卷）》2011年第1期，第224—225页。
② 王宁：《郭预衡先生的幸运与不幸》，《社会科学论坛》2010年第20期，第119—120页。

黎敏：这样看来，当时派郭先生去罗兰大学非常合适，因为匈牙利罗兰大学是东欧几个国家中汉学基础最雄厚的大学之一。从1924年起，当时的Pazmany Peter大学，也就是现在的罗兰大学就有了东亚系，后来东亚系开设了中文和日文两个专业。但是对中国他们的关注点主要是古代，教授们可以看《论语》《孟子》《史记》等这些古代文献，但是不说汉语。这也是传统西欧汉学的特点。20世纪50年代初，罗兰大学东亚系中文教研室的研究与教学还保持着这样的传统。当时匈牙利著名汉学家李盖特（Lajos Ligeti，1902—1987）①教授任罗兰大学东亚系远东教研室主任，也是匈牙利科学院院士和副院长。他对东亚语言很有研究，研究蒙学、满学和藏学。你们跟他有交往吗？

赵淑华：李盖特教授到系里的时候就会见到我们。他跟郭先生常用英语交谈，主要是谈学术方面的问题。有一次郭先生问我："李盖特教授是汉学家，我跟他用英语谈话是不是不礼貌？还是应该用汉语谈比较好呢？"我以前听说过有的汉学家对某一方面的专业很有研究，但并不一定注重口语，我就说："他如果跟你用英语谈，你就也用英语；他如果用汉语你就也说汉语。要是他说英语，你却一定要说汉语，反而是对他的不尊重。"在系里，李盖特先生是老教授，又最有学问，是著名的汉学家，所以我们很尊重他。大家都非常客气。

黎敏：郭先生在汉语、日语、英语方面都有优势，而且他的学术积累对东亚系的汉学研究也非常有帮助。像您刚才提到的陈国先生后来就成了有名的汉学家，他是匈牙利教育史上第一位中文专业的学生，当时他是东亚系的讲师，你们跟他的交往多吗？

赵淑华：陈国先生当时除了自己的工作以外，还要负责照顾我们，我们生活上有什么困难都靠他帮助。郭先生给高年级学生上课的时候，

---

① 李盖特是匈牙利著名汉学家，是罗兰大学第一位开设蒙古语和西藏语言文化课程，讲授中亚史的学者。1947年起任匈牙利科学院院士并任匈牙利科学院副院长达20年。1962年以前任罗兰大学东亚系远东教研室主任和《东方学报》总编，其研究领域广泛，包括阿尔泰语系诸语言和文献、汉学和汉语史等。

有时他也去听，所以他们有很多专业方面的交流。我们是第一批派到匈牙利的汉语教师，他肯定觉得什么都很新鲜。我们一般早上八点多去上课，下午也会在办公室备课看书，往往会到四五点钟才回宾馆。陈国先生每天都来系里，所以我们整天都能在一起。那时候，他的口语提高很快。他也说我们去的这一年，他学到了好多东西。他是个诚恳热情的人，有时也请我们到他家里做客。熟悉了以后，他就跟郭先生称兄道弟，管郭先生叫大哥，管我叫大嫂。我们在那儿工作非常愉快，不论是跟学生，还是跟陈国这样的同事，关系都特别和谐。他们挺照顾我们的，我们也都很满意。

黎敏：当时东亚系还有其他匈牙利的中文教师吗？

赵淑华：他们好像没有其他的中文教师，至少我没见过，只有陈国会中文。

黎敏：1952年秋，北京大学留学生中国语文专修班一开始上课的时候，班上有翻译老师。在匈牙利教学的时候，有吗？

赵淑华：没有翻译老师，我去教，基本就是用直接法。有时实在讲不懂了，就用一两个英语单词。

黎敏：您在清华大学读书的时候学过英语吗？

赵淑华：在大学我学了一年英语。后来号召大家都学俄语，我就又学了一年俄语。工作以后，我们的教材里都有俄文或英文注释，所以上课时不需要，也不主张用很多外语。

黎敏：我注意到您和郭先生在匈牙利执教期间，正赶上一个重大事件，就是1956年10月23日至11月4日发生的匈牙利事件。这个事件对你们当时的生活和教学有什么影响？您能谈谈您经历过的情况吗？

赵淑华：10月23日那天早晨，我起床后，从百叶窗向外面看了一下，发现大街上全是坦克，一辆辆大卡车上坐着一排排的士兵，也不知道这些车是什么时候开到这条街上的，一点声音也没有。坦克和卡车一直停在那里，士兵们都整整齐齐一动不动地坐在车上。我们就给使馆打电话问情况，使馆说："你们尽量不要出去，等使馆的通知。"

看来课也不能上了，街上已经戒严。第二天早上发现坦克和卡车都开走了。街上的人很少，公共交通也都停了。陈国先生打来电话，让我们暂时待在宾馆里，学校已经停课。又过了几天，郭先生有时候出去买点东西，街上的商店有的关门了，有的还开着，还能买到罐头、面包之类的食品。后来，使馆给我们打来电话说要派车来接我们，告诉我们，离开宾馆时什么都不要拿，就好像平时出门的样子。所以我只能拿一个手提包，郭先生只能拿一个公文包。我就在我的手提包和风衣口袋里塞满了卡片，那些是我平时学习《马氏文通》做的。那时《马氏文通校注》在国内很难买到，我在东亚系图书室发现了这本书，这个图书室有不少二三十年代出版的书。郭先生也在这里看到了鲁迅的全部著作。郭先生的公文包里装满了他做的读书笔记。

黎敏：这跟郭先生读书的习惯有关吧？我看过童庆炳先生的一篇文章中就谈到郭先生读书时习惯夹纸条，把扼要的字句或者心得体会都记在上面，但是一张读书卡片也不做。①大概在匈牙利因为自己带去的书少，大部分是借来的书，所以不得不改变习惯，把读书心得记在笔记本上。

赵淑华：也许是吧。他回国的时候大概这样的笔记有七十多本。所以，在这种紧急的情况下，我们就尽力装着我们的这些"宝贝"，连换洗的衣服都没有拿，只多穿了一套内衣，就下了楼。一走到宾馆门口，就看见使馆的车已经停在那里了。到了使馆以后，我们就没有再出来，直到事情平息。这期间，使馆陆续把留学生也都接了过去。我们住在武官家里，留学生们都住在大厅里。使馆就是中国，我们心里踏实多了。那时，使馆外面不断有枪炮声，使馆楼高层的玻璃也有被流弹打碎的，但外边的情况谁都不了解，跟国内已经断了联系，接不到国内的指示，不知道这是什么样的一种事件。真难为当时的驻匈大使郝德青，我想他一定很焦急，但又得冷静地维护我们的安全。就这样，我们都吃住在使馆，也不能出去。使馆办公室的工作人员每天冒

---

① 童庆炳、宋媛：《治学要讲究精神与方法——童庆炳先生与青年学者谈心》，《北京师范大学学报（社会科学版）》2015年第4期，第149页。

着生命危险出去采购，那么多人住在使馆里，需要吃饭，所以他们得天天出去买东西。有一天，罗兰大学东亚系一个二年级的学生带着枪到使馆来看郭先生，郭先生在使馆传达室见了他。他说："现在发生问题了，我有枪，可以保护你们。你们有什么需要就告诉我。"郭先生不了解这个学生的背景，只能表示感谢，告诉他等事件过去以后，我们还会去上课。

大概过了两三个月，事件完全平息，我们也不需要住在使馆了。不过，我们原来在布达那边住的宾馆有一部分被炮火毁坏了，我们住的那个房间的一面墙被炮弹打穿了。所以这个宾馆不能再住了，需要给我们安排新的住处。我们向东亚系提出希望住在佩斯这边的多瑙宾馆，这个宾馆离学校比较近，去使馆也方便。但好像多瑙宾馆不属于匈牙利教育部管，就是说不是大学安排住处的范围，可能它主要是接待外交、商贸方面的人员的。所以大学得为此专门去联系。后来，陈国说匈牙利教育部同意我们住在那儿了。所以，我觉得他们挺照顾我们的，住这个宾馆对他们来说可能要麻烦些。

黎敏：复课以后，教学上有变化吗？

赵淑华：事件平息以后，过了一段时间就开始上课了。教学按原计划进行，只是进度加快了，我们想尽量把失去的时间多补回来一些。学生们情绪比较稳定，学习也更加努力，他们也希望多学一些，学得快一些，很配合我们的安排。不过，有的学生离开了匈牙利，郭老师班里有个叫彼得的学生就去国外了。

黎敏：您还能记得当时学生的名字。

赵淑华：有几个记得。郭先生班里有个叫亦娃的，后来她到北京大学学习过。1994年到1999年我应邀到香港中文大学工作，这期间她去日本开会，往返路过中国，曾两次来看郭先生。可惜我不在北京，没能见到她。我班里有个女生，按照音译，我给她取的中文名字是"伊利蒂可"。她的匈文名字是Ildikó，"kó"很难找个适合女孩子的汉字，所以我就用了"可"。她有点残疾，每天坐着轮椅来上课，她的语音很好,清晰、正确。听说她后来曾在一个博物馆工作,也许能用上中文。

黎敏:她后来取了汉语名字叫艾之迪(EcsedyIldikó,1938—2004),并且成了著名的汉学家、历史学家、经济学家,是匈牙利语言学研究所东方学委员会顾问,罗兰大学中文系教授,1994年被选为罗马欧洲科学院院士,是陈国先生最佩服的两个弟子之一。另一位是杜克义博士(Tökei Ferenc,1930—2000)。1957年杜克义博士初译的《诗经》在匈牙利出版,这本译作中就有郭先生的贡献,他大概对其中的插图提了不少建议。这本书出了2000册,在匈牙利被抢购一空。所以,当时郭先生对陈国、杜克义这些汉学家很有影响,他的专业水平也得到陈国先生的一再肯定。2014年,中匈建交65周年的时候,他们出了一本书,陈国先生在那本书里提到郭先生和您。他说:"1955年,在匈牙利和中国之间的文化协定范围内,郭预衡开始在大学中文系担任下一个中文老师,他的文化水平远远高于一个普通语言教师,原来他是北京师范大学文学史的副教授,他用汉语讲课,我们不断向他咨询古典文献的问题,他的工作大量提高了我本人和我们高年级学生中国古典文献学和语言学的知识,为我们后来发表的翻译作品打下了基础。"他对您的工作是这样评价的:"半年以后,他的妻子赵淑华也来到了布达佩斯,她是专业的语言老师,熟练于留学生的中文教育,在国内当过越南学生的中文老师,在我们这里也很成功地教授口语。"[1]

赵淑华:感谢他!他好吗?现在怎么样?

黎敏:他2018年过世了。

赵淑华:哦,没想到。至今也快三年了。很想念他!我们是非常好的朋友。

黎敏:不过到现在在匈牙利还有记得您和郭先生的人呢。

赵淑华:谁呢?

黎敏:尤山度(Józsa Sándor)先生。

---

[1] 〔匈〕陈国:《我最早遇到的中国人》,匈中友好协会编:《北京的匈牙利狂想曲》,内部印刷,2014年,第10—11页。

赵淑华：我知道他，他在清华专修班留过学的。我们在匈牙利见到他时，他已经是外交官了。

黎敏：是的，他是1950年第一批来中国留学的匈牙利交换生，1955年他从中国人民大学硕士毕业后被分配到匈牙利外交部工作。我在访谈他的时候，他就说过郭预衡先生是科学家，是非常棒的老师，中国文学修养非常高。他还保留着郭先生的手稿。他也认为您是非常好的教外国人汉语的老师。①

赵淑华：那时候，他经常去罗兰大学，所以我也见过他很多次。他到系里去办什么事，或者找什么人，或者找郭先生探讨什么学术问题，跟郭先生就已经挺熟的了。

黎敏：他后来也成了匈牙利著名的汉学家，写了《中国与奥匈帝国关系史》等专著以及几十篇介绍、研究中国的文章，他还翻译出版了《毛泽东诗词21首》、艾芜的《山野》、茅盾的《春蚕》、溥仪的《我的前半生》等。看得出来，当时郭先生跟匈牙利的汉学界交往比较多，给他们的印象也非常深。您有当时您和郭先生在那里执教时的照片吗？

赵淑华：没有。我们一直没有照相机。本想在那里工作一段时间以后买一个，但后来发生了"十月事件"，商店都不开门了，再后来又缺货了。我倒是有一张去匈牙利之前的照片（赵老师找到那张照片给我看）。这张照片是因为我们要去任教，所以匈牙利驻华使馆请我们吃午餐，教育部派车，由一位司长带我们去赴宴。吃完饭，我们去照了这张照片。

黎敏：郭先生是中匈建交后，中国教育部委派的第一任赴匈牙利教授汉语的教师，也是中匈交往史上第一位由中国政府派往匈牙利的汉语教师，意义不凡，所以中匈双方都很重视。这是一个开端，通过你们的工作，为中匈文化教育交流打下了基础。比如郭先生的教学让

---

① 访谈材料。被访谈人：尤山度；访谈时间：2017年3月2日；访谈地点：布达佩斯尤山度宅；访谈人：黎敏。

图8 郭预衡、赵淑华赴匈牙利执教前照片，
由赵淑华教授提供

当时的匈牙利学生在中国古典文学、古代文献、现代文学等方面受益不浅。我看您在那本"访谈录"里说匈方对你们的工作很满意，向中国使馆提出让你们延任两年，大使也同意。但是，因为郭先生想回国从事专业工作，所以没有继续留任。① 说明你们在那里的工作得到了他们的认可。

赵淑华：当时他们希望我们继续留在那里教书，但是郭先生希望回北师大搞他的专业，所以我们最终还是回来了。

黎敏：陈国先生也对郭先生记忆深刻，记了一辈子，在他晚年接受别人的访谈和写文章时都多次提到郭先生，对他的工作给予很高的评价。所以，因为郭先生被派到匈牙利执教，新中国也跟匈牙利的汉学界有了初步的接触。匈牙利汉学从20世纪50年代开始逐渐向更广泛的领域拓展，对近现代中国的介绍、研究成为一种新的取向，这种变化原因复杂，但其中郭先生通过对他们的教学以及跟他们探讨，一定对他们产生了影响，所以他们记忆深刻。您虽然不是教育部委派的，但是您是第一位在匈牙利执教的专业对外汉语教师。1951年6月6日《人民日报》发表《正确地使用祖国的语言，为语言的纯洁和健康而斗

---

① 崔希亮主编：《对外汉语教学名师访谈录·赵淑华卷》，第5页。

争》的社论，同时开始连载吕叔湘先生和朱德熙先生的《语法修辞讲话》。您在"访谈录"中也谈到，当时差不多人人都在学语法。可以说新中国成立初期对留学生的汉语教学也是伴随着现代汉语语法规范化、系统化而发展的。从这个意义上说，郭先生和您是第一批将规范的现代汉语教学带到匈牙利的中国教师。在你们之后，1957年，从中国留学归来的尤山度、高恩德（GallaEndre）回到罗兰大学，他们在中文系开设了现代汉语，成为第一代本土汉语教师；他们还开设中国近现代史、中国现代文学等课程，并从事这些方面的研究、翻译。所以，你们在那里的工作情况不仅对那里的汉语教学具有开拓性的意义，而且对匈牙利汉学的发展、中匈交流史都具有一定的意义。非常感谢您接受我的访谈。

爱沙尼亚文学家扬·卡普林斯基的跨文化写作

高晶一

摘　要：扬·卡普林斯基先生是爱沙尼亚著名文学家。他早年以诗歌开始创作生涯并成名，获得爱沙尼亚最高诗歌奖。他后来结合跨文化写作赢得国际好评，他自己用多种语言写作，作品被翻译成多种语言，在俄罗斯、法国获得文学奖，曾获诺贝尔文学奖提名，获得小行星命名。他对自己的国家做出突出贡献。他有关中国及汉语的创作和论述在中国鲜为人知，但达到较高的文学和语言学水平，是外国人自发学习和传播中国文化的典范。

关键词：扬·卡普林斯基　诗歌　跨文化写作　中国文化传播

爱沙尼亚文学家扬·卡普林斯基（Jaan Kaplinski，1941—2021），爱沙尼亚籍犹太裔波兰族（母系爱沙尼亚族）[①]。1958—1964年在苏联塔尔图国立大学（今爱沙尼亚塔尔图大学[②]）法语专业学习，辅修结构主义及计算语言学，1964—1972年在塔尔图国立大学电脑中心、社会学实验室做基层学术工作，同期曾为本校爱沙尼亚语教研室研究生，后来获塔林大学荣誉博士学位。历任塔林植物园初级研究员、高级工程师、维良迪剧院文学部门主任、塔尔图国立大学外国文学教研室主任、塔尔图大学自由文艺教授（荣誉教授）。

[①] 其父为犹太裔波兰族，曾任塔尔图大学波兰语讲师，1941年6月23日被捕后失踪，卒于1943年或1945年。其母为苏联籍爱沙尼亚族，曾任塔尔图大学法语助教。

[②] 塔尔图大学（Tartu Ülikool，University of Tartu），爱沙尼亚共和国最著名的大学，是新欧盟及中东欧区域国际排名最高的大学。该国总统阿拉尔·卡里斯（Alar Karis）2007—2012年曾任塔尔图大学校长。

一、跨文化写作

卡普林斯基的写作以诗歌为主。1965年时年24岁的他发表首部诗集《泉上的印迹》[①]。1967年他发表诗集《尘土与颜色》[②]，此作获1968年度爱沙尼亚"尤汉·立维（Juhan Liivi）诗歌奖"，为其成名作，同年他加入爱沙尼亚作家协会。七八十年代时他发表的重要诗集有：《到沃鲁方上的白线》[③]《我看照进窗户的阳光》[④]《新石成长》[⑤]《夜晚带回全部》[⑥]。2000年他发表个人诗歌总集《写好的》[⑦]，总集含有其900多首诗歌，获2000年度"爱沙尼亚文化基金会文学奖"。2011年他发表诗歌《四十年前》[⑧]，此诗歌获2012年度爱沙尼亚"尤汉·立维诗歌奖"。

卡普林斯基1989年开始发表散文，作品《冰与石南花》[⑨]在当地文学旗舰期刊《创作》（Looming）上发表。1995年他发表散文《冰与泰坦尼克号》[⑩]，此作获1997年度波罗的海三国联合会文学奖。

他通晓多国语言，擅长跨文化写作。1998年发表诗集《夜鸟、夜思》[⑪]，其中的诗歌由他写成爱沙尼亚语、芬兰语、英语三种语言对照版。2005年他发表爱沙尼亚语、俄语双语诗集《无语之语》[⑫]。2014年他发表俄语诗集《夜晚的白蝴蝶》[⑬]。他以自己的俄语作品在俄罗斯获得

[①] Jaan Kaplinski, *Jäljed allikal* (Tallinn: Eesti Raamat, 1965).
[②] Jaan Kaplinski, *Tolmust ja värvidest* (Tallinn: Perioodika, 1967).
[③] Jaan Kaplinski, *Valge joon Võrumaa kohale* (Tallinn: Eesti Raamat, 1972).
[④] Jaan Kaplinski, *Ma vaatasin päikese aknasse* (Tallinn: Eesti Raamat, 1976).
[⑤] Jaan Kaplinski, *Uute kivide kasvamine* (Tallinn: Eesti Raamat, 1977).
[⑥] Jaan Kaplinski, *Õhtu toob tagasi kõik* (Tallinn: Eesti Raamat, 1985).
[⑦] Jaan Kaplinski, *Kirjutatud* (Tallinn: Varrak, 2000).
[⑧] Jaan Kaplinski, "Nelikümmend aastat tagasi", *Looming*,(2011, 11), pp.1521-1525.
[⑨] Jaan Kaplinski, "Jää ja kanarbik", *Looming*, (1989, 11), pp.1443-1457.
[⑩] Jaan Kaplinski, *Jää ja Titanic* (Tallinn: Perioodika, 1995).
[⑪] Jaan Kaplinski, *Öölinnud, öömõtted / Yölintuja, yöajatuksia / Night Birds, Night Thoughts* (Tallinn: Vagabund, 1998).
[⑫] Jaan Kaplinski, Ян Каплинский: *Sõnad sõnatusse* / «Инакобытие» (Tallinn: Vagabund, 2005).
[⑬] Яан Каплинский, «Белые бабочки ночи»(Tallinn: Kite, 2014).

2015年度"国际作者俄语文学奖"(Российская премия)诗歌类别以及2018年度"安德烈·别雷(Андрей Белый)奖"。

他是文学翻译家,曾将英语、法语、西班牙语、瑞典语和中文的文学作品译为爱沙尼亚语在爱沙尼亚发表。他自己的作品曾被译为英语、芬兰语、法语、瑞典语、挪威语、荷兰语、冰岛语、匈牙利语、日语、拉脱维亚语、立陶宛语、俄语、希伯来语、保加利亚语、捷克语并在对方地区发表。

他以突出的文学成就获得2016年度"法国欧洲文学奖"(Prix Européen de Littérature),并曾多次获"诺贝尔文学奖"提名。

他是杰出的学者。在担任2000年度塔尔图大学荣誉教授以及2001年获塔林大学荣誉博士学位之后,他加强了语言学、语言哲学、文化哲学方面的学术研究,2009年出版学术论文集《平行与平行论》[1],此作获2009年度"爱沙尼亚文化基金会资助奖"。2020年他出版学术论文集《爱沙尼亚、爱沙尼亚语与其他语言》[2]。

他通过写作为爱沙尼亚恢复独立做出贡献,曾任爱沙尼亚恢复独立人民代表大会代表、爱沙尼亚共和国第7届国会议员,1997年获爱沙尼亚共和国四等功勋章。他在欧洲获得广泛称赞,1998年由捷克天文学者发现的小行星以其命名为第29528号卡普林斯基(29528 Kaplinski)小行星。他在退休后继续为爱沙尼亚做贡献,因此2006年获爱沙尼亚共和国三等功勋章。

二、中国诗

卡普林斯基先生对中国文化很感兴趣,曾给自己取了一个中国名字叫"凯普林"。他在大学期间已学习过中文,后来还到中国旅行。1995年他发表诗集《几多春夏》[3],此诗集很奇特,含有他新作的爱沙

---

[1] Jaan Kaplinski, *Paralleele ja parallelisme* (Tartu: Tartu Ülikooli Kirjastus, 2009).

[2] Jaan Kaplinski, *Eesti, estoranto ja teised keeled* (Tallinn: Tallinna Ülikooli Kirjastus, 2020).

[3] Jaan Kaplinski, *Mitu suve ja kevadet* (Tallinn: Vagabund, 1995).

尼亚语诗词64首、他翻译的中国宋代诗词大家苏东坡的诗词20首、苏东坡原文中文诗词3首以及他自译为中文的他的爱沙尼亚语诗词3首。这大概是爱沙尼亚人最早发表的中文诗作,创爱中文化交流历史记录。此作获1995年度"爱沙尼亚文化基金会资助奖"以及1997年度"波罗的海三国联合会文学奖"。

以下翻译卡普林斯基先生创作的与中国有关的两首诗。

(一)《帆船外出》

这是他创作生涯早期诗歌,选自其1967年成名诗集《尘土与颜色》。①

PURJESID PURJETAB VÄLJA	《帆船外出》
võõramaa piltidelt	外方图画上来的
purjesid Jangtsel	帆船扬子江之上
purjesid Li jõel	帆船漓江之上
päike	太阳
kuldkala ujub üle roheliste kaljude	金鱼游过绿色的山崖
taevas lindudega	伴着天空中的禽鸟
läbi õilmete pudenemise	通过宽宏的分解
vaata itta valge	观东方白
pilve vari on põiki	云影斜立
üle sillerdava vee	越过闪烁的水
horisondil	地平线上
aina puhkeb ja puhkeb	永远绽放绽放
valgeid purjesid purjesid purjesid	白帆白帆白帆

1967年时年26岁的卡普林斯基先生还没到过中国,他大概是面对着一幅来自中国的图画创作的这首诗歌。第二三句出现中国的地名"扬子江(*Jangtse*)"(爱语中的长江)和"漓江(*Li jõgi*)",通过中国地名点出本诗内容是有关中国的,不直接提及"中国"。"扬子江"一名是所有爱沙尼亚人在小学地理课本中读到过的。"漓江"不被爱沙尼亚人熟知,但简单到只有两个字母,对爱沙尼亚人来讲是很有汉语特色的。长江和漓江并不在一起,他这样行文又似更正又似不确定。总之,他的前

---

① 本文使用的卡普林斯基作品均由作者本人翻译,经逐词对应译成中文,原文无标点分行不押韵。

三句迅速调动爱沙尼亚读者的思维运转开来，由似知到未知，渐入佳境。

第四句只有一个单词"太阳"，起于画面中最显眼的物体。第五句的"金鱼"呼应太阳，金鱼"游过绿色的山崖"，视线逐步抬高，"伴着天空中的禽鸟"，"观东方白"。最后转向本诗歌的主题："地平线上，永远绽放绽放，白帆白帆白帆。"这是一个地点状语接动词谓语再接名词主语的句式，是爱沙尼亚语与汉语特别共有的。他还加了递进重复的诗歌行文，地点不重复，动词重复两次，名词重复三次。在诗歌结尾处将读者带入回声递进般的遐想。

（二）《微雪》

这是他创作生涯中期的诗歌，选自其1995年巅峰作——诗集《几多春夏》，由卡普林斯基直接发表为爱中双语，外文有标点不分行不押韵，中文无标点分行不押韵。卡普林斯基先生的自译并非逐词对应，其汉语用词甚具文学色彩。

| LUND ON VÄHE.
Ilm on nii vaikne, et õues kuuleb
omaenda silmade pilkumist ja
tihastesahistamist-siutsumist hõbepajudes.
Lähen aeda noori kirsipuid kuuseokstega katma.
Jään oranži mesipuu juures seisma,
kummardan lennuava juurde, kust hiir on
püüdnud tagajärjetult endale sissepääsuteed
läbi närida.
Panen kõrva nii lennuava ligi kui saan ja
kuulatan.
Tasane, aga rahulik ja kindel sumin,
mis tuleks nagu kuskilt kaugelt. Tulebki.
See on suve hääl, tiibade,
õite ja lehtede hääl, mis praegu magavad
pungades, koorepragudes, langenud lehtede
all, mullas,
vanas kuldnoka pesakastis või mesipuus.
See on suve hääl,
mis ootab oma aega, ootab suve nagu meiegi. | 《微雪》
旷寂中似可闻
睫毛的闪动 与
垂柳间 雀儿的唧啾
我漫入花园 以那云杉的枝掩映嫩樱
我依足蜂房
俯身那入口
看一只小鼠曾经试了又试终未成功的咬洞
我倾身凑近 凑近去倾听
一种低沉且和谐的蜂鸣
似乎传自遥远 却真切
那是夏的声音 是翅迹的声音
是花是叶是那些尚酣眼于细芽间树缝里 落红下 泥土中
或是某个欧椋鸟的旧巢亦蜂房里的声音
那是夏的声音
是我们心声里 对夏的等待 |

诗歌首句兼题目 Lund on vähe 的本义是"雪少"。卡普林斯基先生自译为"微雪",没有简单翻译为"雪少",大概已至少意识到爱沙尼亚语形容词"vähe"(即"少")与汉语形容词"微"具有深层的对应关系。笔者在汉译爱沙尼亚语时,遇到音同义近或音近义同的语源对应词也这样处理。这样处理既可让汉语读者明白其语义,又可完全保存原文用词的意境。

这首诗歌描绘了作者冬天漫步走进花园,倾听蜂房中的声音,联想为夏天的声音,体现出人们对夏天的等待。"旷寂中"存在"垂柳、云杉、樱(桃树)"等多种植物以及"雀儿、(蜜)蜂、小鼠、欧椋鸟"等多种动物,反写出生机。

三、中国缘

除了在个人创作和翻译中与中国建立联系,他对其他中国历史经典著作也表现了浓厚的兴趣。2001年他翻译《道德经》为爱沙尼亚语在当地发表[①],是当地新一版本的《道德经》。他在其书后记中说:不同于当地此前最有名的由当地东方学学者完成的1979年译本[②],卡普林斯基的2001年译本是尝试用最古朴的爱沙尼亚语翻译这部古典汉语作品,只使用1869年《爱沙尼亚语德语词典》[③]中存在的词语和语法,避免使用后起的语言,以模拟传达原著的意境。

《道德经》第一章的原文为:道可道,非常道。名可名,非常名。无名,天地之始。有名,万物之母。对比1979年译本译文及其诸词回译如下:

---

① Jaan Kaplinski, *Laozi: Daodejing* (Tallinn: Vagabund, 2001).
② Linnart Mäll, *Lao-zi: Daodejing: Kulgemise väe raamat* (Tallinn: Perioodika, 1979).
③ Ferdinand J. Wiedemann, *Ehstnisch-deutsches Wörterbuch* (St. Petersburg: Commissionäre der Kaiserlichen Akademie der Wissenschaft, 1869).

kulgetav kulg on püsitu kulg	通过得的通道是不固定的通道
nimetatav nimi on püsitu nimi	命名得的名字是不固定的名字
nimetu on taevasmaa algus	名得无（不知名）是"天空+地方"之始
nimetatu on musttuhandete ema	名得出（知名）是千物（万物）之母

对比卡普林斯基的2001年译本译文及其诸词回译如下：

Sõnades öeldud Tao,	用词语说出的道
ei ole igavene Tao;	非永远的道
Nimetatud nimi,	命名出的名
ei ole igavene nimi.	非永远的名
Nimeta	名之除（没有名）
ilmamaa algus;	世界之始
nimega –	名之跟（有着名）
tuhandete ema.	千物（万物）之母

比较两个译本的差异可见，卡普林斯基对《道德经》前六字"道可道，非常道"的释读更接近中国传统的释读。另外，他没有像1979年译本那样将"道"字翻译为爱沙尼亚语的名词，而作大写术语 *Tao*，确保此字词与爱沙尼亚语名词 *taoism*（"道教"）一贯。还有，1979年译本将中文词语"天地"意译为临时自创合成词 *taevasmaa*（"天空+地方"），此词虽然贴近汉语原义，但不被爱沙尼亚人直接理解，可造成"天空之方、天空之国"的歧义。卡普林斯基先生选用了原本用于表示世界的古朴爱沙尼亚语自有合成词 *ilmamaa*（"天气+地方：世界"），此词对应当代爱沙尼亚语中自相颠倒的 *maailm*（"地方+天气：世界"），他这一择词很成功。综上可见，卡普林斯基的译本相对更贴近中国文化，并有更多爱沙尼亚语自身语言学方面的考量。

在语言学方面，2014年他率先在当地语言学期刊《语言与文学》（*Keel ja Kirjandus*）上支持了[①]高晶一的汉语乌拉语（含爱沙尼亚语）

[①] Jaan Kaplinski, "Veel mõni mõtteke etümoloogiasõnaraamatust ja etümoloogiatest", *Keel ja Kirjandus* (2014, 2), pp.239–243.

语源比正研究①。

扬·卡普林斯基先生是爱沙尼亚著名文学家和学者，为促进爱中文化深层研究与对话做了表率，他是外国人自发学习和传播中国文化的典范。

---

① Jingyi Gao, "Rhyme correspondences between Sinitic and Uralic languages", *Linguistica Uralica*, (2014, 2), pp.94-108.

公共卫生、疾病与罪恶

——1860—1880年间法国游记中的北京书写[*]

鲍叶宁

摘　要： 第二次鸦片战争后，法国汉学家对中国的认识由书本转向实地调研，由侵华远征回到法国的军官及继之而来的外交官、探险家、记者的游记在法国大量出版，对中国的书写热情空前高涨。本文以1860至1880年间具有代表性的法国来华游记为研究对象，从清末北京的公共卫生状况入手，揭示这些法国游记作品如何表现皇朝帝都里的疾病与罪恶，探讨影响作者认知与书写的原因，并考察这些内容是否形成某种修辞以象征他们对北京、甚至中国的想象世界。

关键词： 疾病　罪恶　颓废　法国游记　清末北京

中法文化交流史告诉我们，18世纪是中国文化对法国思想界发生巨大影响的时代，从18世纪末到19世纪初，法国在多次革命中自顾不暇，而清王朝国势由盛转衰，进一步闭关锁国，中法对彼此的注视和言说减少，直到第二次鸦片战争后，双方才重新开始接触[①]。中法交流的早期，有关中国的研究和介绍一直以来都是耶稣会士的事情，汉学家对中国的认识来自书本，而实地调研的真正开启则要等到19世纪60年代[②]。自此，在法国文学中出现了越来越多的对中国的书写，它们大多是从侵华远征中回到法国的军官和随军翻译的日记和回忆录，还

---

[*] 本文为北京市教育委员会科研计划项目"1860年以来法国文学对北京的书写与想象"（项目编号：SZ202110031014）的阶段研究成果。

[①] 孟华：《中法文学关系研究》，上海：复旦大学出版社，2011年，第98页。

[②] Muriel Détrie, Jean-Marc Moura, "Introduction", *Revue de littérature comparée*, 1(2001), p. 8.

有继之而来的探险家、传教士、记者的游记,这些刊载在报刊书籍中的信息使一些即使从未来过中国的法国作家,如儒勒·凡尔纳和朱迪特·戈蒂耶①,也能够展开对中国的想象,尤其是后者,更是"直接开启了20世纪'东游'的一代诗人,如谢阁兰、圣-琼·佩斯、亨利·米修等,对东方古国的文化探秘"②。

1860年至1880年间在法国问世的有关中国的回忆录、日记、游记等文献材料只有数部作品有中文译本,它们的价值主要表现在史料意义上,特别是有关劫掠圆明园的内容,而这些旅行文本作为文学体裁所具有的内涵被忽视了,换句话说,它们表现出来的科学与实证精神遮蔽了自身的想象世界。然而,19世纪游记的本质绝不是单纯意义的空间迁移所能定义的。伴随着欧洲的殖民扩张,西方人远渡重洋来到中国进行历险,作为文学体裁的游记包含了主观和客观的双重内容,游记作家对中国的地理、气候、民俗、法律、商贸、宗教、政治等诸多问题的介绍和讨论都在游记的叙述中展开,而另一方面,殖民主义的野心、对古老帝国的颓废叙事,甚至欧洲当时盛行的美学精神都能从游记中暴露出来。

处于这一时期的法国旅行者对中国社会的观察与想象既不是出于借鉴中国传统文明的需要,也有别于寻找所谓"真的中国"来反思西方现代性的期待,在写实主义的"一镜到底"中,除极个别例子,他们对晚清社会的表现几乎都是负面的,永远离不开缠足女性、鸦片吸食者等刻板印象,这些确实也是对颓废的中华帝国进行表现的最佳材料,但本文将从清末北京的公共卫生状况入手,揭示法国游记作品如何表现古老中国皇朝帝都里的疾病与罪恶,探讨影响作者认知与书写的诸多原因,并考察这些内容是否形成某种修辞,以象征他们对北京、甚至中国的想象世界。我们选择的四个文本分别是军医乔治·莫拉兹

---

① 〔法〕岱旺:《法国文学与中国文化》,叶莎、车琳译,北京:中央编译出版社,2019年,第39、168页。
② 钱林森:《光自东方来——法国作家与中国文化》,银川:宁夏人民出版社,2004年,第182页。

(Georges Morache)的《北京及其居民——卫生研究》、法国驻华公使夫人布尔布隆(Madame de Bourboulon)的《法国公使布尔布隆先生和夫人的中国和蒙古游记》(后文简称为《中国游记》)、驻华公使罗淑亚(Julien de Rochechouart)的《北京及中国腹地》和法国驻北京公使馆翻译、著名汉学家冉默德(Maurice Jametel)的《北京——对中央帝国的回忆》。

一、基础设施与公共卫生

从19世纪60年代开始,越来越多的西方人随着中西贸易壁垒的清除踏上中国的土地。在这个被他们称作"中央帝国"的神秘国度里,都城北京显然是个特别的存在。有人叫它"中央帝国的绝世都城",也有人叫它"天子的都城"。在19世纪的法国游记中,标题带有"北京"的作品不在少数,而北京其实只是这些作家在中国或在远东旅行线路中的一站。北京在西方人对王朝和天子的想象中有着无与伦比的位置。在《北京——对中央帝国的回忆》的前言中,作者冉默德就指出他的写作意图是记录对中国历代天子都城的印象。

清代的北京是个工整的四边形,分为两部分:北部是鞑靼城;南部是汉人城。鞑靼城的中央是皇城——即天子的住所,四周是具有防御功能的护城河和巍峨城墙。在鞑靼城和汉人城之间同样建有城墙,是统治者防范民间暴动的屏障。在19世纪下半叶的来华游记中,作者普遍会对北京城的南北划分进行介绍和强调,这一划分不仅是地理意义上的,它还构成了观察和想象的不同对象:鞑靼城是被当作清王朝的权力中心来看待的,而汉人城代表的则是居住在古老中华帝国中的人及其几千年不变的生活方式。

1859年,拿破仑三世派出远征军出征中国,1860年,英法联军进攻北京,劫掠圆明园,《北京条约》的签订打开了中法关系的新篇章,自此,外国公使可以进驻北京。在这一背景下,《中国游记》诞生了。

法国公使布尔布隆先生及夫人于1861年入住北京纯公府,在此建立了第一个法国驻华公使馆。该作品分别从北京城全貌、北京市郊(圆明园)、北京的政治、文化、市民生活、风俗习惯、农工商业展开全方位介绍,展现出一个在建筑、艺术等方面达到顶峰,但在社会道德层面处于凋敝状态的没落帝国形象。

布尔布隆夫人乘坐马车穿梭于北京城当时可以向外国人开放的所有建筑,在她眼中,鞑靼城的道路是很久以前铺设的大理石,因为道路日久失修,早已风化破损,使坐在车内的人饱受颠簸之苦。和有专人负责清理的鞑靼城相比,汉人城表现出更胜一筹的衰败气象:脏乱、拥挤、嘈杂。汉人城虽然是代表着异国情调的所在,也是观察中华民族普通人生活的理想地点,但是作者明确地表示"在汉人城,密密麻麻的小巷和棚屋所引起的更多的是厌恶而不是观赏的欲望"①。它完全可以用"怪异"和"丑陋"来形容②。在布尔布隆夫人的见闻录中,我们看到的是一个车水马龙、人声鼎沸、脏乱无序的城市景观。街边有肩挑手提、沿街叫卖的流动摊贩:铁匠、剃头匠、小吃摊、说书人。构成移动街景的,除了往来的行人,还有规模庞大的搬运石头的马队、挑运粪肥的人以及衣衫褴褛的乞丐。街上到处是垃圾和灰尘。有的街道阴冷潮湿、狭窄逼仄,屋顶上长满了青苔,地上是稀泥状的东西,散发出令人作呕的恶臭。作者屡次用最高级别的形容词描写从汉人城各个角落中散发出来的巨大味道,并表示:"中国的肮脏是我们无法想象的。"③在旅行者眼中,北京的城市景观是形成其城市观的重要因素,决定了他理解北京、书写北京的方式。

在同一时期的其他游记作者看来,不仅汉人城的路况令人绝望,北京整体的基础设施都很糟糕。乾隆皇帝曾经建设起的整套灌溉体系

---

① Achille Poussielgue, *Voyage en Chine et en Mongolie de M. de Bourboulon, ministre de France et de Madame de Bourboulon* (Paris: Librairie de L. Hachette et Cie, 1866), mise en format texte par Pierre Palpant, www.chineancienne.fr., p. 121.

② Idem.

③ Ibid., p. 130.

到了嘉庆年间已经破损严重，财政困难使水利工程的修复非常有限。贮存在京北水库中的水原本可以进入内城，流入田野，但是因为后来缺少清理，淤泥堆积，布满水生植物，不仅水路堵塞，还危害健康。人们甚至往下水道倾倒垃圾，一下雨，沟里垃圾溢出，散发出阵阵恶臭。《北京及其居民——卫生研究》的作者认为这些沟渠完全丧失了原有功能，并给居民健康造成巨大影响。下水道堆积的垃圾会招致野狗，而乞丐和它们争抢食物，有的乞丐甚至还以野狗为食[1]。这种威胁公共健康的食物链是多么令人震惊，作者强调曾多次看到饥不择食的乞丐在街角吃着半生不熟的肉，根据他的观察，死去的动物不会在街上停留过久，除非它们已经过度腐化到连忍饥挨饿的人也不愿用以果腹。

《北京及其居民——卫生研究》(1869)一书的作者乔治·莫拉兹是一名随法国公使于1862—1866年驻京的军医。在莫拉兹看来，如果说北京的鞑靼城肃穆有序，仍有帝都的气派，那么汉人城则像中国其他城市一样：街道狭窄曲折、房屋排列凌乱、人口密集、街市嘈杂，满清政府无意建设汉人城，北京的南部完全是按照汉人自己的意愿和生活习惯规划建造的。汉人城的路冬天扬沙，夏天溅泥，每逢暴雨天气，交通立刻中断。作者将北京和巴黎的路相比较后感慨道："当我们习惯了我们欧洲的那些美丽的路，我们崭新的巴黎城里的富丽大道，我们都不敢想象没有了桥梁工程局的维护，道路将会多么破败不堪。巴黎人应该在北京住几天才会感激我们市政官的作为。"[2]

这段文字可以看作是第二帝国时期的法国人对奥斯曼改造巴黎事业的极大褒扬了。但事实上，即使19世纪中期，巴黎的市容市貌也并没有好很多。在未经奥斯曼改造和治理之前的巴黎，泥浆的存在是大街小巷的一大特点。泥浆的内容极为丰富，除了居民的日常垃圾外，还有从生肉铺子扔出来的动物内脏和血液，它们混着雨水，形成一种

---

[1] Georges Morache, *Pékin et ses habitants, Etude d'hygiène* (Paris: Baillère et fils, 1869), mise en format texte par Pierre Palpant, www.chineancienne.fr., pp. 28-29.

[2] Ibid., p. 20.

漆黑黏稠并带有臭味的混合体，在城市里肆意流淌、四处喷溅。巴黎的污泥浆液久负盛名，每逢暴雨过后，街道就泥泞不堪，夹杂着恶臭淤泥的雨水在巴黎市中心逼仄、阴暗的街道间流过，有些作家将这座城市比作垃圾场或没有盖子的粪池。巴比耶、雨果、波德莱尔、兰波都留下了有关巴黎臭名昭著的城市污泥的诗行①，污泥的形象与社会的堕落和尊严的丧失密切相关，藏污纳垢的公共卫生环境是颓废派文学津津乐道的话题。

  法国19世纪的这一文学传统也表现在游记写作中。今天的研究者已经习惯了文化研究和后殖民主义学说对旅行书写的观点，我们被反复告诫跨域旅行绝不是单纯的个体行为，游记也不是单纯的个体体验，而是饱含阶级、宗教、性别、种族的话语，共同建构起一个社会对"他者"的集体想象。建立在这样的认知前提下，我们可以轻易得出诸如此类的结论：19世纪法国的来华游记不遗余力地刻画北京糟糕的公共卫生环境，这不仅符合他们对古老的中华帝国的颓废叙事策略，同时，这些表面上看起来客观的观察和记录，是以帝国主义和殖民主义为视角的，对落后的东方"他者"进行书写，最终达到强化西方"自我"优越性和先进性的目的。不可否认，上述引用的将北京与巴黎进行对比的文字的确表达了很强的西方文明优越感。然而，对北京街道脏臭与混乱的描写是否一定就是具有意识形态的卫生学？游记体现的都是殖民主义的书写策略吗？对他者的否认和贬低一定是自我确认的前提吗？旅行文本与帝国政治之间必然存在共谋关系吗？

二、身体残缺与疾病

  《北京及其居民——卫生研究》的作者观察到，在北京，贫穷人家、乞丐、罪犯的家人在无法负担丧葬费时，衙门就负责把尸体埋

---

① Antoine Compagnon, "Poésie de la boue", in *Les Chiffonniers de Paris* (Paris: Gallimard, 2017), pp.76-82.

在田间，但往往敷衍了事，死者刚入土，尸体就被野狗撕碎了。死刑犯的尸体被随意抛入井中，头骨被悬挂在断头台上。这一切都使北京城内终年飘荡着腐尸散发出的臭味，但来往的商贩与路人早已习惯，对此熟视无睹，这种冷漠的态度被所有的来华游记作者都表现过。

莫拉兹的职业是医生，正像他的作品标题所表现的，他的意图是从城市卫生和居民健康角度来考察北京和北京人的生存状态。由"尸体—野狗—乞丐"组成的"食物链"对城市的生态环境构成威胁，它会留下疫病的隐患，但是作者的惊讶显然更多地来自于北京街头以最直白的形式暴露出的人体残缺与疾患。在这里，我们要展现在此期间来华游记中被刻画得最多的群众演员——乞丐。

《中国游记》中描写了北京城里众多的乞丐群体：晚上他们住在城墙边的棚屋里，天一亮就会占据北京最繁华的街区，甚至在宫殿门口行乞。乞丐大多身体残疾，患有皮肤病，褴褛的衣衫无法掩盖他们的身体缺陷。他们在垃圾堆里翻找食物，有的乞丐患有癫痫病，在地上打滚，还有的患有精神疾病，他们跳舞、大笑，或用其他疯癫的举止吸引别人的注意。然而，面对这些司空见惯的现象，路人的态度是冷漠的。

在另一本游记《北京及中国腹地》中，作者同样对北京的数万名乞丐的生活环境进行了讲述：他们的生存状况极为糟糕，食不果腹，衣不蔽体，身上长着疮疤。北京城内有数不胜数的人依靠施舍过日子，政府的慈善机构形同虚设。中国人对他人非常冷漠，当看到自家门口有濒死之人时，主人就会立刻把人赶走，因为"法律规定在谁家门口发现尸体，由此户人家出资安葬"①。《北京及中国腹地》（1878）的作者罗淑亚分别在1868—1872年以及1874—1876年间担任法国驻华参赞署理公使，这本书记录了他在中国的生活和游历。

我们在考察这一时期的旅行文本时，不能忽略旅行者的身份，无

---

① Julien de Rochechouart, *Pékin et l'intérieur de la Chine* (Paris: Plon, 1878), mise en format texte par Pierre Palpant, www.chineancienne.fr., p. 84.

论是布尔布隆,还是罗淑亚,都是法国的高级外交官,他们很自然地会站在殖民主义者的立场上观察、思考与言说中国社会,从而使这些文本带有明显的西方文明优越感,即使在触及最为悲惨的社会问题时,他们的写作风格也是冷峻的,使观察保留了高度的现实性和客观性。疾病在他们笔下是社会性文本,是用来描绘社会混乱的一种修辞手法。疾病与社会腐败之间的隐喻关系,苏珊·桑塔格早已指出:"在整个19世纪,疾病隐喻变得更加恶毒、荒谬,更具蛊惑性。存在着一种与日俱增的倾向,把任何一种自己不赞成的状况都称作疾病。"①对疾病的表现,即使是写实的,也是指控性质的。

当然,除殖民者以外,这一时期来华游记的作者还有传教士、医生、汉学家,他们的作品中表现出更多的人文主义精神,即人对同类的怜悯,这一点如果说在军医莫拉兹的作品中还较为模糊的话,那么,冉默德的写作则将怜悯之情表达得更为明显。冉默德是东方语言学院的中文教师,沙畹(Edouard Chavannes)曾跟他学习中文。《北京——对中央帝国的回忆》(1887)记录了他在北京的见闻和感受。当时,西方人抵达北京的线路通常是从香港进入中国,再走水路到海河上岸,然后驱车从通州到北京。在还未到达帝都之前,北方的疮痍与凋敝就已作为序幕预示了赤贫和死亡等固有主题。

冉默德在进入北京城门前,首先看到的是三个来自山东的饥民,其中两个人正在向路人祈求怜悯,而另一个则躺在路边,奄奄一息。乞丐形象一直伴随着作者对北京的探索,他在后面的文字中,还有对乞丐更加仔细的刻画:"他(乞丐)在那里一待就是几个小时,不断地重复着求人怜悯的话,他衣衫褴褛,而没有衣服遮蔽的地方更是刺眼,这破衣烂衫也只能将满身的溃烂掩藏一下,这些疮口则是由不讲卫生和营养不良造成的,在炎热的天气里,引来无数蝇虫……你能想象的北京乞丐就是这个样子,无论谁见到他,都会因人类能沦落到这副可

---

① 〔美〕苏珊·桑塔格:《疾病的隐喻》,程巍译,上海:上海译文出版社,2018年,第71页。

怕的模样而软了心肠，口袋空空地回家。"①我们看到，这里流露出的怜悯之情是不言而喻的。

乞丐代表了最极致的堕落。"在这些令人作呕的人身上表现的是邪恶与肮脏。他们有的人躺在地上，有的躺在同伴的身上，人摞着人，层层叠叠，那是一堆又一堆的胳膊、脑袋以及遍布烂疮的散发着恶臭的肉体。不远处，另一群人围着一口锅，像野兽一般大口地吞咽里面的剩菜剩饭。"②作者评论说，"此情此景，即使如左拉一样能言者也难以描绘其中丑陋的现实"③。众所周知，左拉的名字与自然主义文学紧密相连，生活在巴黎都市化走向高潮的历史时期，他不仅借助科学和客观的视角检验和刻画病理学层面上的疾病，还以巴黎的大都市生活为中心表现社会的堕落。冉默德在这里联想到左拉发人深省，左拉笔下城市的罪恶与人性的邪恶与作者眼前大清帝国的倾覆和惨不忍睹的赤贫，其意义都指向了人间地狱，区别在于前者是资本主义野蛮发展的结果，表现了现代化的摧毁性，后者则是封建社会的腐朽制度必然引发的停滞与落后。

三、病态、罪恶与颓废

肮脏且带有残疾、变形或疾病的乞丐是19世纪法国来华游记中的典型形象，他们所表现出来的赤贫是颓废的象征，代表着病态或罪恶的极致，不仅是社会问题，也是人性话题。事实上，19世纪下半叶，法国作家对各种反常和病态的话语都表现出极大的兴趣，在这里，我们除了要考察这一时期来华游记中的现实主义元素外，也不能忽视世纪末法国各种文学思潮的影响。

---

① Maurice Jametel, *Pékin, souvenirs de l'Empire du Milieu* (Paris: E. Plon, 1887), mise en format texte par Pierre Palpant, www.chineancienne.fr., p. 155.

② Ibid., p. 157.

③ Idem.

19世纪，西方文学经过了从浪漫主义对病态的欣赏到世纪末颓废派对病态的夸耀这一过程，其中表现出来的不同于健康的审美趣味被视为现代美学的标志。①我们在这里对颓废美学进行参照，绝不是为了证明来华游记中对晚清社会病态的刻画是为了彰显美学的优越性，而是有必要强调，处在19世纪下半叶的旅行文本写作离不开法国当时的文学氛围，即自然主义者以伦理的方式使病态在文学中获得位置，象征主义者以美学的方式使病态得以诗化。虽然不是人人都能如波德莱尔一样具有从恶中挖掘美的才华，但是，病态与颓废是世纪末法国文学的重要主题，是反思社会和表现人性的合理内容。我们会发现来华游记并不满足于对病态的单纯描写，作家们也会对病态的根源进行分析与思考。

德特利在《十九世纪西方文学中的中国人形象》一文中指出，"野蛮、没有人性、动物般，诸如此类的修饰语最能概括十九世纪的人们对中国人的看法"②，对于一个走向衰落的帝国，就连居住在这里的人往往在叙事中也有着"去人化"的倾向。我们发现，在这一时期的游记中，中国乞丐几乎全部失去了人形，不仅沦落到与狗争抢食物的境地，还会把浑身生满疥疮的野狗当作美餐。"死掉的动物在路上不会停留很久，它们总是会以这样或那样的方式迅速消失，除非是深度腐烂的肉，否则绝不会让那些最为饥饿的人们放弃。"③从现实主义角度来看，这些文字无疑表现了晚清真实的北京，人被异化为野兽或是回到动物状态，在这个由非理性所控制的野蛮世界中，对一个西方人来说，站在人文主义和理性主义的立场上进行思考是很自然的。莫拉兹不仅考察了中

---

① 杨希、蒋承勇：《西方颓废文学中的"疾病"隐喻发微》，《外国文学研究》2019年第3期，第72页。

② Muriel Détrie, "L'Image du Chinois dans la littérature occidentale au XIXe siècle", in *La Chine entre amour et haine*, Actes du VIIIe colloque de sinologie de Chantilly, éd. Michel Cartier (Paris : Desclée de Brouwer, 1998), p. 416.

③ Georges Morache, *Pékin et ses habitants, Etude d'hygiène*, mise en format texte par Pierre Palpant, www.chineancienne.fr., p. 29.

国城市的卫生情况，也对晚清社会的赤贫进行了细致的观察和思考。他将作家和医生两个身份结合起来，试图找到清帝国这个腐烂社会的病因。在他看来，贫穷是中国普遍可见的现象，造成中国贫穷最重要的原因是土地与人口的失衡，赤贫使底层人民除了抢劫以外再没有生存的可能，像太平天国这样的反抗表面是出于政治原因，说到底还是饥饿导致的，社会动荡最终又加剧了社会的贫困，这种恶性循环使得贫困与中国社会如影随形。莫拉兹用整整一章刻画了北京的贫困图景，他通过乞丐、弃婴、妓女和太监等边缘人物，向西方公众展现了一个被赤贫重重包裹的帝国都城。

莫拉兹根据官方统计声称在北京约有七万多乞丐，他们处境悲惨，营养匮乏，居无定所，这种生存状况使他们容易染上各种疾病。随之而来是极高的死亡率，疾病、严寒、饥饿和绝望都会给他们带来生命威胁。贫困还导致未成年人的夭折。长久以来，欧洲国家普遍流传着中国人弃婴和杀婴的传闻，莫拉兹对这种说法进行了驳斥，他指出儒家文化使得各阶层都非常爱护自己的孩子，路边出现孩子的尸体是因为家里负担不起丧葬费，并非传说中杀婴和弃婴那般骇人。中国儿童死亡率高是由于苦难而非罪恶造成的。总之，"乞丐、死婴、卖淫，这些构成了北京城的贫困图景"[①]，社会的颓废还有其他的表现，比如犯罪问题，因为"贫困、救济机构的缺失以及自私自利都会产生邪恶，而邪恶导致犯罪"[②]，作者区分了贫困与罪恶，在他看来，贫困是罪恶的根源，帝都的"贫困图景"也是国家衰败的有利证明。

长久以来，我们一直倾向于将19世纪西方文学刻画中国人的动物修辞视为殖民主义从西方中心出发的、对"他者"做出低下价值判断与伦理判断的依据，我们似乎忽略了以左拉为代表的世纪末法国作家同样将西方的大都市巴黎比喻成动物世界，"在早期的寓言《猛兽的

---

① Georges Morache, *Pékin et ses habitants, Etude d'hygiène*, mise en format texte par Pierre Palpant, www.chineancienne.fr., p. 122.

② Idem.

牢笼》中,左拉透过两个动物的眼光看巴黎,他把巴黎比作动物笼子,把里面的人比作动物"①。可见,表现人的"非人"处境和世纪末表现城市病态、人性罪恶与社会颓废的文学潮流一起,延续了法国文学的人文主义传统,即使它的风格是冷峻、严厉、甚至是狰狞的。如果说传统的审美是建立在读者的愉悦体验上,那么世纪末的审美则着力在他们的震惊体验上,以颓废和"审丑"唤起读者对人性的思考,这种趋势"发端于19世纪末自然主义、象征主义、唯美主义以及颓废派等先锋文学的'反传统'大合唱"②。

动物修辞还表现在对中国人群的刻画上,中国因为人口众多,民众的形象似乎永远和蜂群或是蚁群密不可分,游记作品里的人物通常是匿名大众。在这些作家的笔下,民众不仅没有理性,也没有名字。由嘈杂人群带来的混乱和危险的感觉有时还会被除了国家衰败以外的另一因素强调,那就是中国人不信教。在西方人看来,信仰缺失是中国民众表现反常的主要原因。《北京及其居民——卫生研究》的作者把北京与南方城市做了对比后指出:"基督教徒在上海和广州开设了诊所救治病人,本地商人也建立了一些相似的救济机构;但在北京,这类机构一点也没得到发展,政府也不打算为其子民提供庇护所。"③对这一时期来到中国的西方旅行者来说,政府对贫苦大众的情感麻木与宗教信仰的缺失有很大关系。

布尔布隆夫人的游记也表达了类似的观点:宗教在一个国家中的地位举足轻重,在中国则不然,中国人所追求的是财富和物质享受,对精神追求和宗教信仰不感兴趣,中国人的这一特点解释了在中国传教的困难。布尔布隆夫人告诉她的读者,虽然中国人不信教,但北京

---

① 陈晓兰:《罪恶之城——左拉小说中的巴黎》,《上海大学学报(社会科学版)》2005年第6期,第66页。
② 蒋承勇、曾繁亭:《震惊:西方现代文学审美机制的生成——以自然主义、现代主义为中心的考察》,《文艺研究》2020年第2期,第64页。
③ Georges Morache, *Pékin et ses habitants, Etude d'hygiène*, mise en format texte par Pierre Palpant, www.chineancienne.fr., p. 43.

却不缺少宗教建筑，宗教的作用体现在审美性和娱乐性等信仰以外的其他内容上，比如，在1861年咸丰皇帝的葬礼上，人们召集了全城各类宗教的主理人，目的是增加葬礼的排场和气势①。

对中国民众务实且毫无信仰的最极致体验莫过于冉默德在《北京——对中央帝国的回忆》中的讲述了，作者说北京人对布施的态度极为敷衍，作者的马夫丢给看守天坛的僧人几枚铜钱，那态度就像对待吃不上饭的难民一样。而这几枚铜钱还不仅仅是虔诚的表现，它兼具势力的实用价值——保佑马夫出入平安。求神保佑居然是可以买卖的，这在作者看来十分不可思议："中国人的信仰就是这样的：粗俗不堪的迷信就表现在日常粗俗不堪的崇拜形式上。"②在西方人眼中，能够纳入进天主教教义体系里的就是可以理解的，反之，中国人不信教或迷信，这使其行为难以被西方理性所解释，最终归入堕落的范畴。

综上所述，来华游记的作者虽然有着观看者和书写者的特权，将北京塑造成没落帝都的形象，但是，我们也得公正地指出，对于疾病的书写始终是具有伦理维度的，每当他们的文笔触及贫困与病态等内容时，书写者用怜悯等情感填补了与被书写者之间的距离，他们对不幸的根源追问不休，诚然，其中大多数人止步于自身认知的界限，最终将清末中国社会的病态与颓废归结于宗教的缺失上。

结　　论

贝尼尔在《世纪末与异国情调——论远东游记》一文中指出，随着19世纪下半叶工业革命的发展，在西方世界产生了一种对现代

---

① Achille Poussielgue, *Voyage en Chine et en Mongolie de M. de Bourboulon, ministre de France et de Madame de Bourboulon*, mise en format texte par Pierre Palpant, www.chineancienne.fr., p. 173.

② Maurice Jametel, *Pékin, souvenirs de l'Empire du Milieu*, mise en format texte par Pierre Palpant, www.chineancienne.fr., p.148.

化的焦虑，探索远东似乎成为改善社会的希望，随之展开的远行带回两种截然不同的对东方的感受：一种是由文化冲突造成的彻底的幻灭及由此而来的关于东方的负面形象，另一种是坚定不移地将东方视为传统与不变的世界及由此而来的理想化的形象。这两种形象中都包含了诸多刻板印象，共同组成了言说东方的历史性话语。对于前者，是在"黄祸"的阴影下形成的把中国人刻画成贪婪、残忍、懒惰、虚伪、懦弱、愚昧、落后形象的潮流，国民的堕落与帝国的衰败相伴相生，这些陈词滥调的生成无一不以西方人的优越感和欧洲中心主义为前提；对于后者，则是一些为了质疑和拒绝现代性的知识分子满怀憧憬地将目光投向东方，由此生成的文学话语完全建立在想象的他者之上，从给他者创造神话开始，真正的目的却是自我定义，即使其中仍然包含欧洲中心主义的色彩，但西方文明受到了质疑和反思，人们"至少在理论上开始承认另一种不同于自己的发展是可能的"[①]。

  1860—1880年间将"中央帝国"及其都城的形象带回法国的人是在第二次鸦片战争后第一批得以进入这个神秘地带的外交官、军医、记者、翻译等，他们在社会阶层上绝对不属于文化精英，而为他们的远行提供机遇的正是法兰西第二帝国时期的帝国主义殖民背景。这就解释了为什么这些游记表现出来的都是贝尼尔所定义的对东方国家的前一种态度，即对肮脏、病态和破败等负面形象的描绘和在此过程中流露出来的西方文明优越感。但是，除此之外，影响旅行者认知与书写的还有法国世纪末的颓废美学和自然主义对病态的关注。至于后一种态度，即着力在想象和理想化的形象上的作品并不多见[②]。反布尔乔亚大众审美的个人主义精英立场在这一时期书写北京的作品中并不明

[①] Lucie Bernier, "Fin de siècle et exotisme: le récit de voyage en Extrême-Orient", *Revue de littérature comparée*, 1(2001), p. 61.

[②] 法国驻福州的领事席孟（Eugène Simon）的《中国城市》（*La Cité chinoise*）（1885）是这类作品的代表，他延续了启蒙世纪对中国文化的肯定和激赏，这部作品对托尔斯泰和辜鸿铭产生过很大影响。

显,人们要等到世纪之交,甚至20世纪初的谢阁兰笔下,才能看见一个对着饱含泥浆与浊流、泛着恶臭水泡的御河发呆的西方人,听见他咒语般的倾诉:"这些粘粘糊糊的水中的倒影,这些从淤泥的不可测度的深处冒出来的东西……为了显示内廷的神秘美妙,同时显示它的不可探求。"①

---

① 〔法〕谢阁兰:《勒内·莱斯》,梅斌译,郭宏安校,北京:生活·读书·新知三联书店,1991年,第33—34页。

19世纪末、20世纪初英国流行文化中的中国

李 卓

摘 要:"中国"在西方历史上并不是个陌生的名词,不同时期的作家在作品中描述过中国及中国城。西方汉学家普遍认为,在19世纪之前,中国形象是正面的,在19世纪末、20世纪初,西方出现了对中国人的种族歧视和偏见的评论及作品,这是西方国家行为的结果,英国作家希尔(M. P. Shiel)和罗默(Sax Rohmer)的作品是这方面的例子。

关键词:英国 流行文化 中国形象

汉学家利大英[①](Gregory Lee)指出,"中国"一词在很大程度上是西方概念和产物,并已被使用了几百年,直到19世纪,在众多不平等的条约中,"中国"被迫承担责任之时,这片土地上的居民才开始使用这一名词。 讽刺的是,今天我们竟然是通过西方建构者的视角来研究该产物在西方文化中的书写与映像。

西方汉学家们普遍认为,在19世纪之前,中国的形象是正面的,也是值得称赞的,然而,19世纪对中国而言是"屈辱世纪",潮流逆转,引发这场巨变的原因包括鸦片战争、传教士的经历、义和团事件以及为殖民行为自我辩护而对科学发展提出的政治要求等。利大英引用了美国传教士亚瑟·史密斯(Arthur Smith)的观点,认为这是西方国家对中国人的刻板印象的主要来源,这些刻板印象一直流行到20世纪中叶:

---

① G. B. Lee, *China Imagined: From European Fantasy to Spectacular Power* (London: Hurst & Company, 2018).

> 他不理解，因为他不期望理解，而且他需要花费相当长的时间才能使他的智力发挥作用。他的头脑就像是一门锈迹斑斑的旧滑膛炮，安装在一辆破旧的马车上……智力迟钝的另一个标志是他无法理解普通人的想法，只是将其以原始形式传递给另一个人[①]。

显然，该评论极其负面，助长了西方对中国人的种族歧视和偏见。19世纪90年代对研究西方国家中的中国形象是一个相当晚的时期，因为众多作家在19世纪前已经开始了对中国和中国城的书写。因此，这种歧视和偏见的现象是行为的结果，而不是导致该现象的原因。法国汉学家让·罗德斯（JeanRodes）在20世纪30年代的研究在某种程度上也是一种结果，尽管如此，这是一个值得关注的扭曲事实的范例，引用了19世纪中期法国戈比诺（Gobineau）的科学种族论的观点：

> 由于中国人对大脑的控制力不够发达，因此他们在情绪激动的时候，会受各种潜意识和自然反射、身体无意识行为所占据……（从中可以看出）这是低劣种族导致的不可挽救的结果，这让戈比诺伯爵如此着迷[②]。

学者们也许会认为利大英引用这位法国作家的观点是为了消除某种观念，即这种诽谤并非纯粹是英国捏造的，而是当时西方国家为了支持殖民者的种族优越感而建立的西方规范。学者们也可能会更进一步地理解为，这是殖民者的必要逻辑的一部分，即有意识地、刻意地摧毁殖民地的人民和文明，以让他们接受屈从的事实。西方的逻辑是：通过诋毁对方，使自己的不当行为看起来得以接受。

[①] A. H. Smith, *Chinese Characteristics* (New York: Revell, 1894), p.84.
[②] G. B. Lee, *China Imagined: From European Fantasy to Spectacular Power*, p.6

虽然我们似乎在争论利大英观点的因果逻辑关系，但实质上我们是将他的观点放置于19世纪小说和流行文化的连续统一体中，因为我们认为这更能说明人们的思想在某种程度上是被一种普遍思维过程所操纵，该思维过程渗透到人们的意识中，直到后者成为集体无意识的一部分。我们先分析1898年出版的反映了当时已经普遍存在反华情绪的希尔（M.P.Shiel）作品《黄色危险》①（*The Yellow Danger*）。

该小说的出版说明了英国公众已经准备好了接受这类诽谤中国人的小说，它不仅把中国人描绘成狡猾、残忍和卑鄙的敌人，而且还是不值得基本信任的人，因此无法在社会上占据可敬的位置。若当时英国的公众仍不知何为中国人的劣品，毫无疑问希尔就是始作俑者。

《黄色危险》是一部以假定的未来战争为背景的小说，深受读者喜爱，可以说这是希尔在第一个创作时期（1889—1913）出版的20本书中最成功的一本。《黄色危险》故事源于希尔的长篇作品《地球女皇》②（*The Empress of the Earth*）。这部以在中国不断升级的冲突为中心的作品受到英国公众的青睐，反映了英国社会对争夺海外领土战役失利的担忧和恐惧。

《黄色危险》指的是中国本身，或者是融合了英国人心理的亚洲特征的臆想的建构。小说的反派严浩博士③（Dr. Yen How），是一个受单恋驱使的中国长官，指挥不计其数的中国人毫不留情地、洪水般地涌进英国。在英国受到欧洲各国攻击的时候，一位名叫约翰·哈迪（John Hardy）的皇家海军军官拯救了英国，他之前在与法国的对抗中英勇无畏。尽管哈迪曾被严浩关押在中国，且像拷打他的人一样，充满了无情的报复，但哈迪内心的高贵精神和尽责的自我克制是别人不能比的——他们只认为外国人才会有卑鄙的私人复仇动机，英国人是没有的。

---

① M. P. Shiel, *The Yellow Danger* (London: Grant Richards, 1898).
② M. P. Shiel, *The Empress of the Earth: The Tale of the Yellow War*, C. A. Pearson (1898).
③ 用以影射孙逸仙博士。

小说开始讲述英国在与其他欧洲列强争夺统治地位时所面临的东方危机,然而,随着危机的升级,亚洲部落横扫欧洲大陆,迅速崛起的约翰·哈迪见证了奸诈的俄罗斯人、德国人、法国人和其他人在英国国旗下聚集。哈迪利用严浩心仪的女子艾达·苏华德(Ada Seward)来接近他,并借此把瘟疫传染给他和他的军队。今天我们也许不能证明希尔当初具有预示的能力,但他肯定知道成吉思汗带领蒙古人入侵欧洲的同时,也把瘟疫带到了欧洲。数百万人的死亡沉重地压在哈迪的良心上,而严浩不觉内疚,哈迪后来死于肺病,但在此之前,他解救了白种人——从英吉利海峡到俄罗斯大草原——在"不列颠治世的自由"统治下。

希尔将严浩刻画成一个古怪的高知,他有个邪恶的、不伦的欲望,即"占有一名白人女性,并伤害世界上所有的白人"。严浩试图摧毁欧洲,消灭白人,他利用他邪恶的天资巧妙地让欧洲陷入战争旋涡,以削弱欧洲对中国人和日本人大规模入侵的抵抗。为了不让维多利亚时期的读者对严浩的象征性存在有任何疑问,希尔阐明了他的特征的意义:

> 他是个相貌出众的人。当他脱下帽子时,可以看到他几乎秃了,宽大的眉头威风凛凛;他那双长长的眼睛里有一种沉思的意味;他的皮肤有一种棕色、深色、特别脏的黄褐色。他不完全是中国人,或者更确切地说,他不只是中国人。他的父亲是日本人,他的母亲是中国人,他是两个互相仇恨的种族结合的产物。严浩代表了东方[①]。

严浩博士过度坚持无神论的信念扩大了他的影响力,因为这些信念能挫败宗教价值和人类共有的观念。

---

① M. P. Shiel, *The Yellow Danger*, p.4.

严浩是个异教徒。他的才智如干冰一般。尽管他经常秘密地参与《猜想》的制作，但总的来说，他鄙视所有西方的宗教信仰和东方的迷信。他浑身是光，却没有一丝温暖，也没有宗教情感，普通的伦理考量不太可能左右他的目标。他像雪崩一样冰冷，一样不可抗拒。严浩的目的是什么？简而言之，就是要最终占有一名白人女性，然后再伤害世界上所有的白人①。

外界过分解读中国人的贪婪、民族主义的狂热和残忍以及一个民族统治世界的观念。英国人是不会承认具有这些特征的，事实上他们认为，上帝只让他们去统治世界，他们很不情愿地、不得不接受了。英国人不会承认曾经侵略和奴役过其他民族，而是帮助他们自我解脱。这就是哈迪自我牺牲的隐含意义。哈迪认为在语言层面上做出了高尚的牺牲，因为他用混杂英语跟严浩交流，当自己作为上层人士真正尝试被理解时，滑稽的效果就消失了。

严浩和傅满洲②（Fu Manchu）的相似之处除了都来自亚洲，还有那明显的额头。严浩博士的"宽大威严的眉毛"与傅满洲博士"莎士比亚般的眉毛"对应，这是强调对知识能力的持续歪曲，最终将毁灭知识和西方科学精神。

萨克斯·罗默（Sax Rohmer）创作傅满洲博士是在第一次世界大战之前，比希尔要晚，但动机大致相同，因为都是企图破坏东方并建立西方价值观。傅满洲系列小说以一股新的、独立的"东方势力"的崛起为特征，挑战民主的世界主导地位。罗默认为，中国将主导一个东方联盟，其目的与傅满洲的动机相似，重申非白人种族的至高无上。这是一种颠倒的殖民神话形式，将当时的小说置于表达英国焦虑的虚构序列中，是支持英国侵略的神话的元素，其目的的恰恰是为其占据海外领土的行为做辩护。

---

① M. P. Shiel, *The Yellow Danger*, p.10.
② S. Rohmer, *The Mystery of Dr. Fu-Manchu*, Methuen, (1913).

小说描述了白人主人公奈兰德·史密斯(Nayland Smith)及他在苏格兰场的盟友们和他们的敌人——庞大的国际势力"四藩"(Si-Fan)之间的一系列冲突。四藩由七人协会（Council of Seven）领导，七人协会的主席是傅满洲博士。尽管史密斯能召集国内外所有执法力量，而傅满洲则可以指挥他所有的亡命邪教徒、种姓和宗教的追随者——他们都是一些叛逆者，或是不愿意接受统治的人。四藩的军队采用了震惊西方的新战略和新技术，他们利用美女作为武器，这与严浩的情节如出一辙。绞杀、下毒，是常见的手法，最邪恶的也许是毒品，使得受害者的意志变得无助并处于傅满洲的控制之下。一名幸存的受害者韦斯特（West）先生清楚地描述了丹尼斯爵士（Sir Denis）必须对付的敌人：

"史密斯先生，"韦斯特说，"有人给我下了大麻！"
史密斯阴冷地点点头。"印度大麻。你被下了印度大麻，我确信你现在会感到恶心和高度口渴，并且会肌肉疼痛，尤其是三角肌。我猜你至少服了15格令。"史密斯在韦斯特面前立刻停下脚步，看着他呆滞的眼睛，慢条斯理地说，"昨晚有人进了你的房间，把你的疟疾药片替换成大麻，纯度可能不高。傅满洲是个化学大师"①。

在傅满洲连载小说完结时，史密斯与西方世界融为一体，仍然能够与傅满洲抗争，但是很显然，"邪恶博士"的力量并没有耗尽：他一心想着谁将成为中国的领袖。

在傅满洲面世前，中国人的负面刻板印象已经在19世纪30年代末的英国杂志和报纸上广为流传。对中国人的真实写照很少出现在早期的故事中，几乎所有的中国男人都被描述成有着不同寻常的脸型；如

---

① J. Weinstein, "Fu Manchu and the Third World", Society, (1984), 21 (2), pp.77-82.

果他们是"上层阶级",如堂会领导和商人,就会留着长指甲;把头发扎成长辫子,并穿着异国情调的丝绸长袍或宽松的棉夹克和裤子;同时还会配上插图以强调白人与中国人的身体差异。① 其中有这样一个糟糕的描述:

> 他的皮肤像一层干柠檬皮;他乌黑的头发从前额向后伸展。半闭着的眼睛就像黄色脸上的两条缝,他的嘴唇红红的,形状很美,红润的嘴唇上翘着黑色的弓形小胡须……他的眼睛完全睁开后,很吓人……他笑的时候没有露出牙齿……他的笑声是又高又吓人的尖叫声,就像蝙蝠的声音被放大了。②

罗默通过反复描述妖魔化的角色体征来强化刻板印象的象征意义。傅满洲有着莎士比亚般的眉毛:这使他猫一般的眼睛黯然失色,再加上残忍和狡诈的个性和他所掌握的可奴役世界的邪恶技术,那就是一个独特的文学创作,旨在让脆弱的英国通俗小说读者对其荒谬的本性过目不忘:

> 想象一个人,又高又瘦,像猫一样,高耸的肩膀,像莎士比亚一样的眉毛,像撒旦一样的脸蛋,剃得很干净的头,有着一双长长的带磁性的猫绿色的眼睛。他是一个集所有东方种族的残忍和狡猾的知识巨人,还有过去和现在的所有科学资源,你脑海里呈现的就是傅满洲博士的影像,他是"黄祸"的化身③。

令人着迷的傅满洲,超过六英尺高,缓慢而从容地走动着,他与

---

① S. F. Chung, "From Fu Manchu, Evil Genius, to James Lee Wong, Popular Hero: A Study of the Chinese American in Popular Periodical Fiction from 1920 to 1940", *The Journal of Popular Culture*, (1976), X(3), pp. 534-547.
② S. Rohmer, "Yu'an See Hee Laughs", *Collier's*, (1931), 87, pp.9-20.
③ S. Rohmer, "The Invisible President", *Collier's*, (1936), 97, pp.9-20.

众不同的手和细长的瘦削的手指,进一步吸引和征服了旁观者。傅满洲散发着贵族特权,他通晓多国语言,高度文明的虚假外表使他更具危险性。他擅长合成药物、长生不老药剂,以实现他的卑鄙目标,包括对西方进行生化污染。他把科学和技术融合在腐败的追求之中,这使他冠冕堂皇地与放荡的女性发生不正当的越轨行为,意在挑逗和吸引20世纪早期的英国读者,并使他们感到反感。但他统治世界的欲望是真实的:这不仅是对西方的威胁,也是对文明价值观的明显扭曲,必须予以反击。傅满洲和严浩必须受到打击、遏制,直至被铲除。约翰·哈迪代表的普通而高贵的品德将成为衡量人类的标尺,中国和其他国家一样,必须被征服才能从自身中解脱出来。

希尔和罗默推动了"黄祸"意识形态在西方的传播。东方主义最初是由欧洲列强发展起来的,目的是辩解殖民主义,赋予白人侵略外国土地和人民的道德权威[1]。我们在这里是对这过于坚持的、意识形态的、局限性的观点进行补充。流行文化的见解可以形成政治话语,因为政治话语通常代表集体无意识的偏见,它先是被臆想出来,然后锁在内心深处,在有需要的时候就会被释放出来抵御"入侵者"。例如严浩和傅满洲就是凭空捏造的怪物,他们往往是二流作家为了谋生而创作的,并为贪婪但容易受骗的英国公众提供消遣。尤其是傅满洲的故事,让关于法律秩序、西方对抗东方、正义与没有信仰引导的无神论异教徒的斗争的书写得到普及,并成为常态。傅满洲化身的刻板印象,一步一步地从书页走上到舞台、银幕、广播和漫画,因此,邪恶、残忍、虐待狂、中国霸权主义者的歪曲印象在西方意识中得到了巩固,即使在今天也仍然存在。在许多方面,虚构的小说比政治歪曲更难反驳,因为前者的存在记录很容易被抹掉,毕竟"它只是一个故事"。意象的邪恶本性控制了思想,傅满洲的形象催生了焦虑,这些焦虑已成为西方集体文化的一部分,为大英帝国的后裔——美国及其北大西洋

---

[1] L. H. M. Ling, "The monster within: What Fu Manchu and Hannibal Lecter can tell us about terror and desire in a post-9/11 world", *Positions*, (2004), 12(2).

盟友——注入了一种永久的忧虑，担忧世界永远处于混乱的边缘，担心全球危机永无休止①。

傅满洲不仅是亚裔人的领袖，而且还是所有非白种人的领袖，包括中国人、缅甸人、印度人、土耳其人、希腊人、犹太人、黑人，甚至混血儿，这些群体中的每一个都因不同种族而受到史密斯的怀疑，因此，他们别无选择地听命于傅满洲②。读者不加批判地进入这种思维模式逻辑，其中的奥秘不是判断一个人是否有罪，而是看他是不是东方人。实际上，我们可以进一步囊括其他更令人惊讶的群体。近代历史上有很多例子，在英国人的心目中，爱尔兰人可以被视为新的"中国人"。早期爱尔兰人和中国人之间的对抗证实了这一点，同时，爱尔兰人也极力刻画了中国人的负面形象。

---

① J. K. W. Tchen, D. Yeats, *Yellow Peril! An Archive of Anti-Asian Fear* (London and New York: Verso, 2014).
② D. Shih, "The Color of Fu-Manchu: Orientalist Method in the Novels of Sax Rohmer", *Journal of Popular Culture*, (2009), 42(2), pp. 304–317.

新旧交往：话语想象与西方电影的"迁徙"
——1920年代末印刷媒介中的百代公司电影宣传词探析

龚 力

摘　要：话语使思想作用于物，有多少种话语想象的模式，就有多少种编纂故事的方式。"香艳"话语、"爱国"话语以及"本土现代性"话语构成了1920年代末中国电影话语的主要基调。这些话语通过既有的知识型，勾勒了民众接受外国电影的轮廓，也在一定程度上排除了其他理解路径的可能。它们生成的是传统的才子佳人故事、隐喻现实的爱国救亡故事以及本土的"摩登"生活故事。三种话语你中有我，我中有你，形成的是一个完整的中国本土话语叙述语境。这些民国报刊话语通过语言的建构作用，使早期中国观众能够在一种民族的文化脚本下去理解外国电影，客观上促进了以百代影片为代表的外国电影在中国的广泛传播。

关键词：话语　转义　百代公司　早期电影　跨文化阐释

1931年6月14日《申报》上刊登了一部时译《情泪》的法国电影的广告，广告语这样写道："一个女子恋他！一个女子诱他！一个女子嫁他……一个枉自嗟呀，一个空劳牵挂；一个水中月，一个镜中花；想眼中能有多少泪珠儿，怎经得秋流到冬春流到夏！"①如此，一部欧洲电影俨然叙述了一个《红楼梦》式的中国哀情故事。在讲述外国故事的时候，"纳入中国的理解模式，这样更利于在传播中不断的重

---

① 《情泪》广告，《申报》1931年6月14日第34版。

复"①。在这一过程中,媒介所组织的话语仿佛具备了一种魔法,所及之处,勾勒出了我们所见之轮廓,使外国故事在另一文化场域熠熠生辉。中国观众在接受西片的过程中不仅能直观地看到影像,更是通常在观影前已经通过纸质印刷品对影片有了事前的建构。这些印刷品包括,说明书、影评、本事、广告以及各类新闻报道,它们均能够依据菅原庆乃的划分归为"印刷媒介中的电影宣传资料",属于"文字形式的电影说明"②。黄旦将现代报刊喻为一种"新知","属于东渐的'西学'"③,这一认识也适用于作为舶来品的电影,它的"新知"不仅在于中国观众需要接受电影本身的特性,还体现在由电影带来的全新文化体验。既然是一种"知识",就存在一个"习得"的过程。这些电影宣传为民众提供了一种转换知识型的叙述话语,新的知识不断纳入熟悉的经验领域,由此外国故事在中国的传播经历了一个由"彼"及"此"的阶段。

在早期世界电影市场,百代公司具有较大影响力,百代早在1900年代就成立了其中国分部柏德洋行,并大致在1915年后通过它的美国分公司百代交易所(Pathé Exchange)向中国输入了一些美国影片,到1920年代末百代已经在中国土地上耕耘了两个十年,某种意义上,"百代出品"是当时影片品质的保证与招徕观众的吸引力。王定九也在《上海门径》中指出,预测一部电影优劣的"门径"之一就是出品公司。④根据笔者对史料的爬梳,1920年代末百代公司运华影片的新闻报道、广告宣传等如雨后春笋般涌现,中文印刷品以《申报》广告最为集中。这些纸质宣传在1929年骤增并非偶然,20年代末正是有声电影的到来为已经疲软的中国电影市场注入一剂良药的时候,王定九的说

---

① 陈建华:《从革命到共和:清末至民国时期文学、电影与文化的转型》,桂林:广西师范大学出版社,2009年,第9页。
② 〔日〕菅原庆乃:《声音和文字:为"理解"电影的媒体史初探》,《北京电影学院学报》2019年第1期,第87页。
③ 黄旦:《媒介就是知识:中国现代报刊思想的源起》,《学术月刊》2011年第12期,第139页。
④ 王定九编:《上海门径》,上海:中央书店,1932年,第145页。

法佐证了这一观点,"电影潮在四五年前确有轰动一时……后来优胜劣败,投机小公司都淘汰,国人对电影的狂热也冷了些。但自欧美成功了有声电影后,国人影片公司,又相竞争。"①

综上,笔者拟对1920年代末百代公司传入中国的电影的印刷媒介话语进行考察。按照福柯的观点,话语作为一种建构活动,我们需要考察它是遵循什么秩序,通过怎样限定修辞格,经由何人,为达到何种目的而诉说。故此,话语如何使外国故事转变为了中国性质的故事?形成的是怎样的故事?外国电影这一"物"遭遇了什么"词"?话语依托于什么样的知识型?"新知"与"旧知"如何交往?成为本文试图解决的问题。

一、"雄鸡电影"的"香艳"奇遇

在《申报》广告中百代影片《新加坡的萨尔》(*Sal of Singapore*)(1928)被冠以"警世爱情香艳巨片"②的美名,这并不是一个孤例,《赌徒》(*The Spieler*)(1928)《在普尔曼的女孩》(*The girl in the Pullman*)(1927)《切分音》(*Syncopation*)(1929)等"雄鸡电影"都在广告中被"香艳"所修饰。那么,"香艳"如何限定了国人对外国故事的想象?

(一)"香艳"从何处来?

在《现代汉语大词典(下)》中,"香艳"旧时通常指"内容涉及闺阁而词藻艳丽的诗文文风",后也"形容女子打扮得妖媚"。③在2016年出版的《新编现代汉语词典》中,"香艳"的解释还增加了"形容色情的小说、电影等"④一项。福柯认为,相似性确立了认识的边界,通

---

① 王定九编:《上海门径》,第137页。
② 《风流船长》广告《申报》1929年4月16日第23版。
③ 阮智富、郭忠新编著:《现代汉语大词典》,上海:上海辞书出版社,2009年,第3177页。
④ 字词语辞书研编组:《新编现代汉语词典》,长沙:湖南教育出版社,2016年,第1378页。

过"反省自身、复制自身、反映自身或与自身连贯"①物与物能达到彼此相似,因而能被同一语言所记录。不难发现从"闺阁"的诗文到女子的"妖媚"再到电影的"色情",词的意义既在扩张,又借助内在的相似性相连接。1930年以前,文学界以鸳鸯蝴蝶派小说在市民阶层最具影响力,"鸳蝴派"文人往往以报刊连载的形式发表小说,与当时上海的出版业有千丝万缕的联系,此处便不得不提及与鸳鸯蝴蝶派渊源颇深的《香艳杂志》。《香艳杂志》以"香艳"二字统摄全刊,发刊词如下:

"……国风好色,宜其然乎,我辈钟情良有以也……用是望古遥集,忍俊不禁,披竹素以搜牢,尽黜虞初小说,据管城为保障,足张娘子大军,此香艳杂志所由刊也……"②

发刊词文风清丽,"国风好色"虽是杂志所刊载的内容之一,但"望古遥集""披竹素"又显示出对国学传统之崇尚,以至"绝不沦入下流。"③董乃斌对同人编辑的《香艳丛书》之"香艳"做出如下解释,"涉及女性生活的方方面面而笔调轻艳靡丽甚或偶沾色情。"④可见,此"香艳"取了旧时香艳之风韵,又在此基础上迎合了清末民初鸳鸯蝴蝶派所提倡的市民阅读趣味,是雅趣中的风流,风流中的雅趣,是相似性"犹抱琵琶半遮面"的想象。1920年代起,以《影戏话》为标志,"鸳蝴派"文人涉足电影领域,甚至有些作家直接担任了电影院的广告顾问⑤。这提示存在一种可能性:这些百代影片的广告文案出自鸳鸯蝴蝶派文人之手或至少也是对其风格的模仿。具体来看,"鸳蝴派"广告语的惯用句式"不可不看……更不可不看……"百代影片《安纳波利

---

① 〔法〕米歇尔·福柯:《词与物——人文科学的考古学》,莫伟民译,上海:上海三联书店,2016年,第27页。
② 均卿:《香艳杂志发刊词》,《香艳杂志》1914年第1期,第1—2页。
③ 李聆汇:《〈香艳杂志〉的办刊理念与编辑特色》,《文艺争鸣》2019年第4期,第70页。
④ 董乃斌:《王文濡简论》,《漳州师范学院学报(哲学社会科学版)》2001年第1期,第33页。
⑤ 〔美〕张英进主编:《民国时期的上海电影与城市文化》,苏涛译,北京:北京大学出版社,2011年,第88页。

斯》(*Annapolis*)(1928)《办公室丑闻》(*The Office Scandal*)(1929)的广告均有采用,这进一步佐证了笔者的推测。那么,我们或可以将广告中的"香艳"放置在鸳鸯蝴蝶派"风流不下流""国风好色而不淫"的意境下去理解。

(二)"香艳"如何制造故事?

福柯指出,语言在部署物时,"却只打开了一个不可思议的空间"①,我们会发现词所限定的范畴脱离了物之实在或掩盖了某些物的经验,意义就在这个空间内滑动。如果按照"香艳"一词进行排列,那么我们可以认为早期观影经验是从感知层面开始活跃的。张伟在《都市·电影·传媒——民国电影笔记》中曾批判20世纪20年代至30年代初期"鸳蝴派"文人"鸳蝴"味甚浓的"低俗"译名,而我们不妨从这几部"香艳"巨片的译名开始"考古",揭示被"标准化的社会政治历史"②掩埋的知识的另一副面孔。

《新加坡的萨尔》中的萨尔(Sal)是一名女性,译为《风流船长》后,故事的主角成了船长这一男性。我们以《大陆报》(*The China Press*)③为参照,根据电影评论员史基瑞(Skeezix)的描述,这是关于"一个贫民窟女孩的故事,她的美丽吸引了所有的男性,但她有一颗金子般的心。"④在史基瑞的笔下,女主角是一个有着"金子般的心"的坚韧纯真的女子,故事的主要内容为,一个船长因意外捡到一个婴儿,

---

① 〔法〕米歇尔·福柯:《词与物——人文科学的考古学》,莫伟民译,第3页。
② 〔美〕张英进主编:《民国时期的上海电影与城市文化》,苏涛译,第7页。
③ 《大陆报》(*The China Press*)由美国人密勒(Thomas F. Millard)创办,密勒在发刊词中曾强调:"《大陆报》……致力于中国的进步……有利于帝国内所有外国人的一切正当权益……"不难发现,《大陆报》事实上更注重在华美国侨民的利益,其报道内容主要服务于西人,因此其叙述语境是站在西方本位的立场之上,我们可以借此参照其刊载的百代影片的报道、广告,能够与中文报纸的描述形成比较。《大陆报》具体办刊情况参见沈荟:《历史记录中的想象与真实——第一份驻华美式报纸〈大陆报〉缘起探究》,《新闻与传播研究》2014年第2期,第112—125、128页。
④ Skeezix, "Phyllis Haver Coming In 'Sal Of Singapore' Scores Great Triumph", *The China Press*, 1929-04-10(9)。

因不会照看，抓了年轻女子萨尔到他的轮船上，萨尔最初试图逃脱但因为怜悯之心留下照看婴儿，船长心中渐生温情，后又历经一番误会曲折后，二人最终走向婚姻的殿堂。如果从《大陆报》的故事梗概来看，这部电影虽涉及男女之爱，但更强调的是一种温暖的情愫，一种人类的善良与勇敢，爱情反而成为故事发展一种偶然的结果。而如果以《风流船长》重新命名，故事却成了一部"鸳蝴"意义上的香艳作品，以"风流"限定男性特征，与男性观众心理达成缝合，而女性的美好品质在新的文化语境中被弱化，权力关系转换为男性本位的凝视。中英报纸的广告同样能佐证这一点。

图9 《新加坡的萨尔》报纸广告，左为《大陆报》，右为《申报》

《大陆报》的广告语强调，"一个可爱（lovely）的女孩，两个强壮的男人和一个婴儿汇聚在本年度最吸引人的银幕戏剧中。"① 如果取香艳修饰女子之用途，"可爱"（lovely）显然不属于"香艳"的范畴，在话语转义的过程中，"香艳"流向了船长的"风流"，流向了"国风好色"。中文广告中风流之内容表现在："风流船长意外得子，风流船长

---

① "Sal of Singapore", *The China Press*, 1929-04-10（9）. 着重号为笔者所加。

难中得妻,风流船长海面争风,风流船长舞场寻欢,风流船长征服舞女。"①"得子""得妻""争风""寻欢""征服"这些动词或带有动词属性的词汇的使用,将船长的"风流"展现为一种主动的行动。而根据史基瑞的叙述,这些行为是对事件发展做出的反应。从外文广告对戏剧吸引力的渲染来看,西方观众在观赏过程中主要关注的是电影的叙事效果,而中文广告则把这一外国故事移植到了中国市民文学程式化的风月场景,通过一种"才子佳人"的想象,作用于观众的知觉,进行着一种"感官的大众化生产"。

海登·怀特在论述讲述历史的方式时指出,"叙事话语远不是用来再现历史事件和过程的中性媒介,而恰恰是填充关于实在的神话观点的材料。"②这一观点同样适用于物的跨文化阐释。当《赌徒》被译为《清党艳史》,《切分音》被译为《狂欢之夜》时,这些转义了的故事继续填充着"香艳"的神话。"艳史"中以"艳"最饶有意味,此"艳"可解释为"香艳"之"艳",自然包含了诸多男女情爱的风流想象。正如《申报》广告的宣传,"贼党横行,丑态百出。志士清党,饱受艰难。高唱清党,贼党猖獗。无辜良民,均遭殃及。以贼攻贼,贼势益狂。设计杀敌,同类相残。慰劳勇夫,美女用情。绿荫深处,情话绵绵。为情牺牲,志士立功。以德报德,美女委身。"③该文雅中透俗,前半部分上演的是一出志士救国的故事,而后半部分则是一出英雄美人的"香艳"戏剧,其中"绿荫深处""情话绵绵"等更是令人浮想联翩,是可谓"偶沾色情"。

事实上,史基瑞在《大陆报》的影评中写道,"这部激烈的戏剧,穿插了很少的爱情场景,不是很浪漫,但只是吸引人。"④在这则外国故

---

① 《风流船长》广告,《申报》1929年4月16日第23版。
② 〔美〕海登·怀特:《形式的内容:叙事话语与历史再现》,董立河译,北京:文津出版社,2005年,第1页。
③ 《清党艳史》广告,《申报》1929年11月23日第28版。着重号为笔者所加。
④ Skeezix, "'Spieler' Pathe Sound and Talking Film at Embassy Friday'" *The China Press*, 1929-04-17 (9).

事的原生语境中，爱情只是其中一道调味品。此时，中文语境中词的意义已经远远滑出了物，"在'转义空间'中，字词可以自由地'停落'在它们意欲表达的事物的无论哪个方面，"①事实（本来面目）被投射到了文学虚构的结构之中。《切分音》的广告则直接在宣传词中将影片描绘成"一部宣布人类色情狂的大名剧"②，在媒介编织的叙事结构中，这是一个因色而起的故事。"夫妇皆为舞家，相伴卖舞于纽约，女色艺固极佳，遂为舞场主所垂涎，女为虚荣所动，亦欲舍夫而过之。"③"片中情节，大致以讽劝舞女勿为虚荣及繁华所误。"④中国自古即有"女子即色""红颜祸水"的文化渊源，女子被牢牢钉在这一能指上，话语叙述

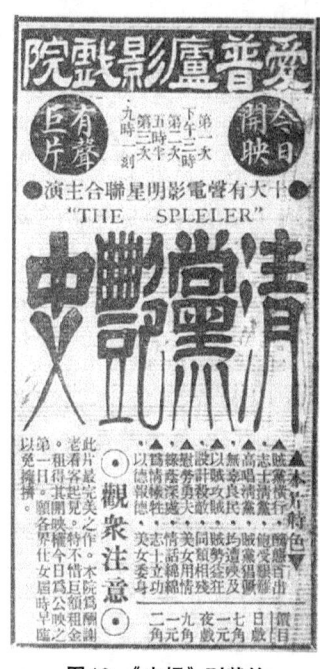

图10 《申报》刊载的《清党艳史》广告

并非从所见出发，"而是从早已由结构引入话语的种种要素出发"⑤，某种意义上，"色"与"虚荣"成为原罪。事实上，在西人看来女子之所以离开丈夫，是由于"被邪恶跟踪"⑥，即这种贪慕虚荣的品质是由外部强加给女子的，女性得以从符号中解脱，这恰与中国传统文化所讲求的由内及外，人的外在行为由心作用相对立。"用不同的字词说同一件事"⑦是促使同样的表征生发出不同故事的逻辑根源，当文化差异性反

---

① 〔美〕海登·怀特：《形式的内容：叙事话语与历史再现》，董立河译，第165页。
② 《狂欢之夜》广告，《申报》1929年10月2日第24版。
③ 龙：《狂欢之夜 蛱蝶院中 载歌且舞》，《益世报》（天津版）1930年6月26日第12版。着重号为笔者所加。
④ 《蛱蝶院狂欢之夜》游艺消息，《大公报》（天津）1930年6月28日第8版。着重号为笔者所加。
⑤ 〔法〕米歇尔·福柯：《词与物——人文科学的考古学》，莫伟民译，第145页。
⑥ "'Syncopation' At The Embassy Brilliant Show", *The China Press*, 1929-10-05（9）.
⑦ 〔美〕海登·怀特：《形式的内容：叙事话语与历史再现》，董立河译，第162页。

对同一性时,新的"词与物"的关系模式便会取代旧的"词与物"的关系模式。此香艳一为女子之色相,二为女子之德行,三为女子之婚姻。既达到对(男性)观众窥视欲的满足,又形成对(女性)观众的"女德"规训。

(三)"香艳"的经验生产

"香艳"与其说是一种广告"噱头",不如说它是一种话语策略,一种说的能力。就当时"鸳蝴"语境下的"香艳"自身来说,它确有一种整合效果,以欲说还休的方式,把人的某些无意识转化为意识,进而"附庸风雅",它整合的是文脉之雅俗。以"香艳"来理解外国电影,便建构起了外国故事的"香艳""宇宙",这是一种词的权力,它把所有的不确定性剔除,"让我们通向那个由于与我们相关而伸向我们的东西"①,也就是使这些外国故事来适应它的知识构型,所谓"削足适履",以暂时平息差异性引发的局促。通过"香艳"来修辞,是为了吸引中国市民阶层②的注意力,叙述者才赋予了一种"话语特殊形式"③。因此,这种传播与其说是一种理解外国电影的过程,不如说是一种建构外国电影的过程。因为这两种话语序列具有结构上的不相容性。然而,被"香艳"所限定,自然产生了某些感官方面的"诱导",但按照米莲姆·汉森的白话现代主义,"感官体验"作为白话的一种概念形式,"全球化了一种特殊的历史经验"④,因而"感官的大众化生产"本身就是全球性的。因此,"香艳"反而因一种"白话"性暗合了早期电影全球传播的趋势。

---

① 〔德〕海德格尔:《在通向语言的途中》,孙周兴译,北京:商务印书馆,1997年,第164页。
② 经过在小说界及本土电影界的耕耘"鸳蝴派"拥有广泛的受众基础,熟悉并适应于他们那一套话语风格。
③ 〔法〕米歇尔·福柯:《词与物——人文科学的考古学》,莫伟民译,第84页。
④ 转引自张英进:《再读早期电影理论:追寻都市现代性的感官体验》,《当代电影》2008年第8期,第78页。

二、爱国隐喻与"想象的共同体"

历史上对鸳鸯蝴蝶派的批评多因这些文人只谈风花雪月,不谈国家政治,就算鲜有触及,也只是点到为止。事实上,在这些"香艳"话语的背后,"鸳蝴"文人所保有的士大夫情怀始终以一种理想的形式参与到他们对文艺的表达。1920年代初期,"电影为印刷资本主义启动了新的活塞"①,不论是专业电影杂志,还是"鸳蝴派"的《礼拜六》等消闲刊物,"在很大程度上互通声气,形成了以爱国为基调的电影话语。"②通过廉价的报刊、书籍,这一基调迅速地覆盖至普通市民阶层,广泛激发出一种民族主义的热情。正如安德森所言,"民族主义的文化产物——诗歌、散文体小说、音乐和雕塑——以数以千计的不同形式和风格清楚地显示了这样的爱。"③这里,还包括电影。尤其是军事战争等题材的外国影片传入中国时,这些心怀救国理想,却只会"吟风弄月"的文人们自然不会放过表达爱国之心的机会。当然,在更多意义上,这种爱国话语本身就是一种非常时期的民族文化。

(一)爱国之光照向何处?

话语就好比一束光,我们只能看见亮处,而看不见暗处,话语又不仅是一束光,它天生就是转义性的,它又是一块幕布,光投射在上的才是话语的思维。百代影片《安纳波利斯》的时译名为《海军救国》,仅从译名就能看出译者的昭昭之心,程树仁先生在观影后写道,"……描写美国以海军救国主义为识志之少年,如何入学、如何训练、如何修养、如何报国。种种情节令人见之大有感慨……则吾国之军舰与外舰比,简直就是轮船与舢板舰比。呜呼痛哉,回想吾国甲子以前

---

① 陈建华:《从革命到共和:清末至民国时期文学、电影与文化的转型》,第251页。
② 同上书,第251页。
③〔美〕本尼迪克特·安德森:《想象的共同体:民族主义的起源与散布》增订版,吴叡人译,上海:上海人民出版社,2016年,第136页。

之海军，几何不令人痛哭流涕耶。今者兵工救国、航空救国、教育救国、电影救国，洋洋乎盈耳哉，看过此片便能言海军救国，与我有同感者矣。"①程树仁先生观影后血脉偾张，从见美国海军之强大，反观我国军事力量之薄弱。外国电影所言之事，仿佛给中国带来希望——海军能救国，故此"血性男儿志诚爱国者不可不看"②。外国电影开出的这套救国良方投射的却是动荡时局下有志之士救国无门的心理状态。中国语境下的爱国话语通过这些影评、广告等被编排进了物的肌理之中，"并在读者眼前重组了自己的纯粹形式"③，激起读者/观众的爱国共鸣。在话语转义的过程中，他者的历史通过海登·怀特意义上的"比喻"这一修辞方式获得了我者阐释的空间，《安纳波利斯》被想象改造为"海军救国"的中国性质故事，一是光束层面，二是幕布层面。那么，阴影层面是什么呢？在史基瑞的笔下，这是海军军官候补生之间一个三角恋的故事。故事"没有充斥着战舰游行、烟幕弹和海军演习，但涉及海军军官候补生的日常生活，是一个自始至终人情味浓厚的故事。"④在遭受殖民压迫、被列强撕扯得四分五裂的中国土地上，这些"坚船利炮"里的轻快语调自然遭到了"阉割"，被排除在了话语的意识形态之外。

（二）"爱国"如何书写历史？

如果说《海军救国》尚能使国人找到"救国"的切实路径，那么还有一些影片的转义就纯粹是一种精神加持了。在百代引入中国的法国电影《下棋的人》（Le joueur d'échecs）（The Chess Player）（1927）中，我们就能看到这样的例证。我们可对不同文化语境下的故事梗概做一对比。

"波兰亡国复仇首领为某贵族子，精于弈。革命事败，俄捕之急。

---

① 程树仁：《电影新闻》，《新闻报本埠附刊》1929年2月18日第5版。着重号为笔者所加。
② 《海军救国》电影广告，《益世报》（天津版）1931年5月14日第8版。
③ 〔法〕米歇尔·福柯：《词与物——人文科学的考古学》，莫伟民译，第141页。
④ "Sound Film 'Annapolis' Runs at the Embassy", *The China Press*, 1929-02-20（7）.着重号为笔者所加。

贵族善制自动机械人,思脱子于难,乃制一机人匿之,其中为称机人知弈,救之出阴剧中,有革命精神……"①(中文梗概)

"故事与俄国凯瑟琳大帝时期波兰为自由而进行的斗争有关……一个逃跑的波兰军官藏在一个自动(机械)棋手里面,剧情进而呈现凯瑟琳是如何知道这个诡计的,以及'机器人'是如何在下棋中与她的技术相匹敌的。"②(英文梗概)

在中文语境下,故事立足"革命"展开,波兰被视为革命的一方,虽革命失败,但其精神可嘉。"革命"是中国自清末以来一个充斥民众日常生活又不断变幻倒戈的话语概念,国之摇摇欲坠促使革命话语铺天盖地。"革命"成为一种正当性,通过易装打扮以各种面孔浮现,"小说界革命""诗界革命","人人都可以自封为'革命',于是天下分崩,鹿死谁手",尤其在"大革命"失败后,"1928年的上海,'革命'话语金鼓齐鸣,众声喧哗"。③可以说,"革命"形塑了国人的救国话语体系,也安置了他们的爱国激情,将这样一部亡国英雄的影片用"革命"话语去结构显然再恰当不过,其对应的是文人的某种革命理想,生成的是中国意义上的"革命"故事——"狂风血雨命轻鸿毛"④恰是这些文人们为国捐躯的"革命"想象。

与之相对照,前文的"革命"在英商创立的《字林西报》中被视为波兰为争取

图11 《申报》刊载的
《机械奕人》广告

---

① 《机械奕人》广告,《申报》1928年4月5日第26版。着重号为笔者所加。
② R.R.L.F., "THE CHESS PLAYER", *The North China Daily News*, 1928-04-06 (20). 着重号为笔者所加。
③ 陈建华:《从革命到共和:清末至民国时期文学、电影与文化的转型》,第5、11页。
④ 《机械奕人》广告,《申报》1929年3月24日第27版。

"自由"所进行的"斗争",二者看似都具有正义合理的含义,甚至在某些语境下能够互换,但实则里面大有文章。"为自由斗争"限定了斗争的目的,较之于"金鼓齐鸣""众声喧哗"的中国"革命",它实在太过单一;"斗争"规定的是"革命"的形式,它有水火不相容之意,而"革命"的形式却五花八门,它是一个尚可回旋的概念;"自由"意味着追求独立,"革命"虽也求独立,但"革命"更强调新的体制,它又是一个与旧相对的概念,而"自由"之后仍有可能延续旧的体制。此外,中文梗概中的"逃"与英文梗概中的"匹敌"还暗示了叙述主体在自我投射过程中的力量衡量。我们且看这句叙述,"美国人应该对这个故事有特别的兴趣,因为它发生在欧洲遥远的西部,且和美国独立是在同一年。"①《大陆报》记者同样在表述的过程中尽可能把故事拉拢至自己服务对象所能理解的话语体系,波兰为自由之斗争是否又投射到了美国独立战争的影子之中呢?

(三)"爱国"如何生成隐喻?

这些"革命"故事为国人提供了某种精神鼓舞,亡国的波兰贵族尚且能够与强大的俄国女皇斗智斗勇一番,此时贫弱的中国何尝没有重回"天朝上国"的希望?这种以弱制强的憧憬无时无刻不诉诸于文人的笔墨中。《被标记的金钱》(*Marked Money*)(1928)《暗影女士》(*The Shady Lady*)(1928)等百代影片的媒介话语就是这样的例子。《被标记的金钱》被译作《小英雄》,英雄虽"小",干的事情却大:"小英雄飞机战绑匪,小英雄救出女肉票,小英雄夺回两万金,小英雄破获大绑案,小英雄少年立大功。"②在电影的广告宣传中,话语始终保持着"小"与"大"的对应关系,并进而形成一种戏剧张力,"小英雄"成为这个中国故事的中心人物,一切事件围绕他而展开,故事情节服务于人物形象塑造。但通过该片的原名我们就不难发现,原初语境的故事可能并非如此。由原名可见,物是故事发生发展

---

① "'Chess Player', Big European Film, In Debut", *The China Press*, 1928-04-08 (22).
② 《小英雄》广告,《申报》1929年11月19日第24版。着重号为笔者所加。

的线索,从某种意义上讲电影中被标记有金钱的盒子是一个类似麦高芬(MacGuffin)的存在,通过它串联起来的故事往往是线性叙事的。我们以西人的视角来结构这个故事:"罪犯偷走了水手孤儿的被认为是装有遗产的盒子,但这个盒子是假的。真的盒子由一名退休船长的厨师奉命保管。船长的女儿由于父亲反对自己与一名军官的婚事,决定与恋人私奔。就在这天晚上,厨师将盒子涂上糖霜,藏进蛋糕抽屉里;女儿拎着包准备离家。在船长家附近伺机而动的罪犯误以为盒子在女儿的包里,遂绑架了她。而水手的孤儿碰巧看见这一幕,他躲进罪犯的车里,并发现了藏匿女儿的地点,男孩返回将此告知船长与军官。军官遂去往罪犯准备运走恋人的飞机营救,与罪犯经历一番搏斗,最终救回女儿,船长也同意了二人的婚事。"① 不难看出,这是一部结构完整的情节剧,爱情、惊险及紧张构成了故事的主要元素,那么,我们的"小英雄"在里面扮演了什么角色呢?第一,他和他的盒子存在本身,这是故事结构层面的作用;第二,他"碰巧"看见了绑架的过程,并跟踪罪犯,告知故事真正的男主角藏匿地点,发挥了情节纽带的作用。这些被人工印刷品建构起来的与原故事情节较大的出入,恰恰巧妙地完成了故事的"移动",即故事主旨的移动、故事主角的移动以及故事观众的移动。《小英雄》本身促成了观众年龄的前移,而小英雄形象的确立,建构了他勇敢机智、少年有为的人物神话,使得这些被吸引前来的青少年观众有了可学习模仿的对象。青少年一代被视为救国的希望,而"小英雄"点燃了希望的火苗。而被译作《伏虎西施》的《暗影女士》则是借用了西子以身报国典故中"遗美女以惑其心,而乱其谋"的政治隐喻。此译名将西施救国之力具象化,看似香草美人,实则未尝不是一种爱国话语。

海登·怀特说过,叙事问题是一个"在特别人类真理生产中想象力的作用问题"②。叙事展现的是一种话语力量,这种力量足以使我们去

---

① "'Marked Money' Scheduled as Embassy's Next Sound Feature", *The China Press*, 1929-03-27 (7).
② 〔美〕海登·怀特:《形式的内容:叙事话语与历史再现》,董立河译,第79页。

建构我们所需要的"真理"。爱国救国便是特殊时代背景下国人的普遍真理，而这种真理需要依靠想象力去产生与维护，不论是《机械奕人》的革命想象，还是《小英雄》的英雄想象，都是通过悬浮于物的"词"整合进"真理"中去的，想象为"词"搬动意义提供了一种生成机制。这种"想象"并非一种漂浮不定的想象，它所形成的是一种"想象的共同体"，并通过印刷资本主义（print-capitalism）的推动催生出稳定的爱国语境。在这种语境下，故事的转义具有了相对统一的语法规则，因此生成了一种文化向心力。

三、从 modern 到"摩登"的知识转型

如前所述，电影是以一种"新知"的形态进入中国的，在这一过程中"旧知"不断向"新知"宣示主权，并在话语的作用下"有力量去表象自己的表象"①。不论是"香艳"话语，还是"爱国"话语，都是中国原有的知识型在对"新知"进行转码及构型，体现的是"旧知"凌驾于"新知"之上的一种权力关系。事实上，"新知"同样不甘示弱，它总是在话语网络的缝隙之处向"旧知"渗透。当既有的知识型无法为某些"新知"安排对应的投射结构时，转义的逻辑往往在一定程度上让位于一种窥视欲。外国电影中携带的现代性经验就是"旧知"难以消化的"新知"，这种新旧交往或博弈的产物就是一种本土现代性话语，体现为印刷媒介中的一些"摩登"表述，这些话语在一定程度上推进了近代中国的现代转型，塑造了近代国人全新的生活方式。

（一）如何"看""新知"？

本是一体两面的外国故事叙事与现代性经验在不同的社会背景下产生了不同的看的方式。《吵闹的邻居》（Noisy Neighbors）（1929）讲述的是一个西方杂耍演员来到他的南方庄园与邻居家发生了一系列滑

---

① 〔法〕米歇尔·福柯：《词与物——人文科学的考古学》，莫伟民译，第313页。

稽而富有传奇色彩的纠葛的故事。电影包含了许多西方魔术戏法的场景，因此也颇具观赏性。对于中国观众而言，西方魔术是一种新奇事物，传入中国也不过一百来年的历史，"魔术"一词亦属外来语，因此西方魔术从某种意义上讲也可视作一种"洋"的经验，一种现代性经验，它构成了一种跨文化吸引力。鉴于此，该片索性被译为《魔术亲家》，直接以"魔术"为名进行招徕，而故事情节本身却被弱化了。《申报》的广告更是强调，"魔术大观，拆穿魔术家的惊人绝技增加观众的游戏智识；笑话大观，演出了许多的新鲜笑话增加观众的生活兴趣；爱情讲义，指导到青年的自由恋爱增加观众的爱情经验；音乐讲义，详解那音乐的音韵声调增加观众的音乐趣味。"① 如果按照这则广告对影片的结构，那么这部电影无疑成了一部普及现代生活经验的"百科全书"，既能增加"游戏智识""生活兴趣"，甚至还可以"指导"青年如何正确恋爱。而我们将目光扫向对西人观众的广告："你会爱上他们，讨厌他们，和他们一起叹息，和他们一起笑！"② 很显然，这则广告更侧重于对观影时心理体验的强调，这种体验是由故事情节发展所引导的，鲜明区别于中文广告对观众知识习得、经验习得的侧重。

图12 《吵闹的邻居》报纸广告，左为《申报》，右为《大陆报》

孙绍谊指出，"广告叙

---

① 《魔术亲家》广告，《申报》1929年5月18日第25版。着重号为笔者所加。
② "Noisy Neighbors", *The China Press*, 1929-05-20 (7).

述需要将普通产品诠释成欲望的渴求物，赋予产品以附加的意义。"①如果说西方观众所欲之物是一种缝合体验，那么中国观众的所欲之物就是西方的现代经验，二者的广告由此便建构了同一产品不同的消费景观。在中文广告中，新的知识型本身被改造为一种"奇观"，一种看的对象，而它之所以能够被展览、放大正是由于它所处的位置——"新知"在"旧知"中才能被发现，我们才能知道它所关联的现代性是存在着的。因为对于西人来说，现代生活经验是一种普遍日常经验，是一种难以被觉察的存在。在此意义上，这些百代电影之于中国观众的意义便不是理解故事本身，而是通过影像去拥抱丰富的现代生活与西方的先进观念。

  如果说将"魔术"称之为一种"现代经验"还略显牵强的话，那么以下两部影片所展示的内容可以说是毋庸置疑的现代产物了。《办公室丑闻》与《重大新闻》（*Big News*）（1929）是两部以现代新闻业为背景的电影，它们通过影像的技术神话，使在地球另一端的东方观众能够窥见遥远的西方国家之现代"实景"。《新闻报》在《办公室丑闻》开映前曾报道，"此片事实，系根据美国报界实事摄成，凡关于报馆之种种设备，无不应有尽有……闻该片在美国开映时，各报记者咸争相评论，称该片为报界之写真，是可见此片之价值矣"②。报纸对"真"的凸显，正是由于国人"未知"，既是"求知"那务必要真实，报道还强调这种"真实"是美国的记者"认证"过的，确保了真实的可信度，这正是一种知识生产的过程。由于文化的差异性、社会发展程度的不一致，这些无法构型的西方电影对中国观众的吸引力便产生了一种"退化"，即退回到了汤姆·甘宁意义上的早期电影阶段。《办公室丑闻》被译作《新闻记者秘史》，从语法结构来看，原名"The Office Scandal"强调的是"Scandal"（丑闻），译名《新闻记者秘史》强调的是"新闻记者"，从"丑闻"到"新闻记者"，恰体现的是这一

---

① 孙绍谊：《想象的城市：文学、电影和视觉上海（1927—1937）》，上海：复旦大学出版社，2009年，第177页。
② 《夏令配克开映〈新闻记者秘史〉》，《新闻报》1929年5月3日。着重号为笔者所加。

吸引力的"降格"过程。如众所知,现代报刊最早由西方传教士引入中国,1870年代我国开始有专事采访工作的记者,那时还叫作"访事""访员""报事人",直到大致二十年之后才开始采用"记者"这一西方称谓。因此,记者在国人眼中还算作一个并不太熟悉的"摩登"职业,至于其背后的种种运作一般民众更是知之甚少。"新知"的神秘取代了叙事,正如广告语如此写道,"忠实的警告:欲知美国报界之内幕者不可不看,欲知报馆记者之行动者不可不看……"①。一种窥视欲便建立起来了。尽管《大陆报》也在广告中提到"真实报社的景象和声音",但这只是作为故事发生的背景条件,广告的重点还是在"真正的谋杀之谜的景象和声音……你会在每一个刺痛的情况下喘气和兴奋"!② 显然情节及其对观众情绪的牵引才是西人乐于走进电影院、沉湎其中的诱因。

图13 《办公室丑闻》报纸广告,左为《申报》,右为《大陆报》

① 《新闻记者秘史》广告,《申报》1929年5月5日。
② "The Office Scandal", *The China Press*, 1929-05-03 (7).

《大陆报》另一则报道对故事的描述进一步佐证了这一观点，"'办公室丑闻'处理了一个谋杀之谜，谜案就发生在最努力试图解决它的报社办公室里。故事以迄今为止对编辑室的氛围和内部运作最准确的描绘为背景，通过浪漫、幽默和强烈的人类反应编织成一个巨大的高潮。"①中文广告中的宾语放入了英文叙述中状语的位置，语句结构改变，意义自然就有区别，叙述效果也不一样。在此意义上，话语不断调整话语对象的视线，它不是在试图吞没新知的种种经验，而是在通过自身的"鲜明意识形态甚至特殊政治意蕴的本体论和认识选择"②规定国人如何看新知。我们且看这段广告语："描写出一个青年名记者吃醋争风杀人被捕的经过，衬托出一个妙龄女记者探访新闻挽救情人的经过，披露出一个报馆总主笔争登消息搜罗人材的经过，揭发出一个报馆小茶房献媚讨好拍马报信的经过，表扬出一个漂亮女记者多情多义勤于职务的经过，宣布出一个报馆资本家奔走劳碌维持营业的经过。"③这些"经过"所包裹的是特殊的职业身份、特殊的职业方式及特殊的职业内容，排比句式由于缺乏一个诸如"谋杀之谜"的中心，并不能组织起英文报纸中的"巨大的高潮"，它更强调经过本身展现了什么——略带戏剧性的现代（新闻业）职场生活。如何看新知，看什么样的新知，就确立起了如何看（外国）电影的问题，看电影的逻辑又反过来影响话语的思维。新旧交往应运而生的这一话语，其特性体现为它不断去整合去展示新知的努力，而看电影的逻辑是一种资本的逻辑，这就要求话语按照资本的规则去达到它的目的。在这种情况下，新知本身的新奇魅力远远超过了叙事所带来的缝合快感，结构电影的方式自然就与西人有明显差异。如此，本土现代性话语所建构的故事内蕴的是一种中国对现代文明的想象，并通过这种看的方式将作为

---

① "'Office Scandal' Dramatic Story Of Newspaper Life", *The China Press*, 1929-04-22 (7). 着重号为笔者所加。
② 〔美〕海登·怀特：《形式的内容：叙事话语与历史再现》，董立河译，第1页。
③ 《新闻记者秘史》广告，《申报》1929年5月3日第29版。着重号为笔者所加。

"新知"的现代性经验编入了中国的社会知识词典,从而维系一个民族统一的语言观。

(二)"新知"如何被言说?

话语存在的意义是为了给国人讲故事,讲国人喜欢的、能听懂的故事,这就意味着话语不仅是一种修饰性表述,也是一种对象性表述。前文的"香艳"话语就属于修饰性表述,它通过比喻、换喻、提喻及反讽等修辞手段,使故事产生了东方风情。而本土现代性话语就更多的是对象性表述,它并不作用于故事的叙事、表意或抒情,它只提供关于故事的知识,因此话语本身并没有一个自身的形象。例如这些"摩登"表述,并非指它们生得多么"摩登",而是在于它们在言说"摩登"。如讲述一个移民家庭在美国体验生活的故事的电影《一艘船驶来》(*A Ship Comes In*)(1928)被译为《异域风光》,通过命名的方式引导观众通过一种跨文化奇观的形式观赏电影中具有"异域风光"的美国现代生活,"秘密地从人们讲话的空间指到人们注视的空间"①。这实际上就是通过把外来的物摆放在命名体系中,对它进行部署,虽然不是再造新词,但指向他者。

由本土现代性话语所开启的国人对新知的洞见,实际上恰好弥补了原有知识型话语的局促。如《在普尔曼的女孩》中,"香艳"所"回避"的"离婚",通过另一种话语得到了回应。在中国封建社会只有男子"休妻"一说,而"离婚"作为现代婚姻体制的组成部分代表着一种自由平等的新型男女关系,自然是香艳无法言说的匮乏,由于它无法抽离它所处的位置,只能通过感官的庸俗想象去掩盖这种匮乏。而属于本土现代性话语的译名《蜜月与离婚》又将部分经验分配回了现代生活的领域,为新知开辟了空间,根据《大陆报》的记载,这部电影讨论的正是"关于离婚人士再度牵手的主题"②。"香艳"使故事转义,而现代话语又重塑了一种可见性,尽管这种可见性经过了过滤和限制

---

① 〔法〕米歇尔·福柯:《词与物——人文科学的考古学》,莫伟民译,第10页。
② "Story Of Girl In The Pullman' Is Of Unusual Interest", *The China Press*, 1929-07-04 (9).

的工序，但话语系统不再捉襟见肘。不同于"香艳"话语的直接排他特性，本土现代性话语对这些外国故事是通过接纳的形式去排除它，从这种意义而言，本土现代性话语本质上仍是转义性的。它塑造了接受的模式，客观上提升与开阔了国人的眼界，为他们接触现代"新知"提供了经验，并使中国人走上他们"理应追寻的近代化生活方式"[①]。

结　　语

话语使思想作用于物，有多少种话语想象的模式，就有多少种编纂故事的方式。当我们借助于同一个象征修辞体系转义外国故事的结构序列时，我们实际上是在以特定的方式建构我们的世界。印刷资本主义使话语先于所见被赋予到国人的思维意识中，一种审美前见（海登·怀特语）得以形成。"香艳"话语、"爱国"话语以及"本土现代性"话语构成了20世纪20年代末30年代初电影话语的主要基调，三者并非绝对割裂，事实上，它们时有交织甚至紧密相连，你中有我，我中有你。这些话语均是特定历史条件下，政治、商业、制度以及文化等多种因素的产物，它们诉诸于社会暗含的知识型，所形成的是一个完整的中国本土话语叙述语境。"香艳"话语、"爱国"话语多进行的是某种"构型"工作，它们的工作原理是把陌生的物交付我们熟知的词，表象在自己的语词中展开，以这两类话语为主导基调所生成的故事是传统的才子佳人故事与隐喻现实的爱国救亡故事。"本土现代性"话语是一种调适性话语，它没有可对应的既有知识型，本质上是一种跨文化产物。如果说前两种话语的策略是遮蔽他者，那么本土现代性话语就是因他者而遮蔽某些相似性或不明显的异质性，它是通过构"型"来推动知识型本身的扩展与变形。但从某种意义上讲，本土现代性话语所强调的"新知"是一种由知识不对称造成的视差上的

[①] 立斋：《"摩登"的内容和形式》，《申报》1935年11月5日第3版。

"新知",它将中国观众囿于了某种特定的观影形态,反而消解了外国电影艺术上的先进性。因此可以说,它传播了一种类型的"新知",又阻碍了另一种类型的"新知"的抵达。回到早期电影史,这些早期报刊话语通过语言的建构作用,生成了一个语言-民族的"想象的共同体",使早期中国观众能够在一种民族的文化脚本下去理解外国电影,促进了以百代影片为代表的外国电影在中国的广泛传播。如果说百代公司在物理空间上将这些影片搬运到了中国,那么这些中文印刷媒介中的电影宣传话语就实现了在文化空间上对故事的迁移,拉近了早期中国观众与外国电影心理层面的距离。

新旧之间：民国时期湖南漂染业在艰难中发展[*]

熊元彬

摘　要：在国外洋靛冲击和战乱束缚等各种影响下，湖南近代化的机器漂染与传统大大小小的漂染作坊在艰难中共存发展。特别是集中于长沙、醴陵的漂染工人更是不断罢工，继而影响了湖南近代漂染业的发展。但是，在全国实业救国的推动下，为提高科技水平，改变中华民族半殖民地工业特质，不仅有工商界人士建言献策、纷纷集资入股、引进国外机器动力设备和先进技术，而且还有政府加强漂染专业性人才的培养和管理等，从而使湖南近代漂染业呈现出传统漂染与近代股份制并存的局面和艰难的发展历程。

关键词：湖南　民国　漂染业　艰难发展

手工漂染业是相对于机器工业的艺术文化产业，是在纺织品基础上的再次加工，"附属织造业中的一个重要部门"[①]，主要包括漂白和染色两种工艺。目前学界不仅从美术、艺术的角度对漂染做了诸多的研究，而且也有学者对中国近代漂染做了专题论述[②]，但是对于近代湖南漂染的发展则尚无专题论述。实际上，即使湖南近代丝光机器染的兴起时间晚于上海，但是在各种漂染中，湖南"旧式染坊，则起源于逊

---

[*] 本文是国家社会科学基金重大项目"中国近代纺织史资料整理与研究"（项目编号：19ZDA213）和湖南省社会科学成果评审委员会重大项目"湖南现代化研究——湖南手工业文化遗产的传承"（项目编号：XSP19ZDA006）的阶段性成果。

[①] 中方：《落后的香港漂染业》，《纺建》1947年第1卷第2期，第17页。

[②] 杨栋樑：《我国近代印染业发展简史》，《印染》2008年第12—16期；赵伟：《抗战前细纱交易困境及民族染织厂的应对》，《中国经济史研究》2014年第2期；李明伟：《大明染织厂研究（1927—1945）——从手工工场到现代企业》，2017年西南大学硕士论文；何进丰：《20世纪中国染织业色卡研究》，2018年浙江工大学硕士论文。

清中叶",早于1848年"上海最早的染坊"。①在传统麻、丝、棉等布料中,蓝印花布素有"衣被天下"之称,而邵阳、凤凰又被誉为"蓝印花布之乡"②。因此,本文从洋靛冲击和战乱对湖南近代漂染的消极影响,以及工商界和政府的积极作为进行综合论述,阐述湖南近代漂染业在新旧因素中复杂、艰难的发展历程。

一、洋靛对湖南近代漂染业的冲击

虽然工业革命推动了全球漂染、纺织等经济技术的进步,但国外殖民侵略者通过强迫的方式打开中国市场,使湖南乃至全国漂染业受到了冲击。在殖民侵略过程中,英、日等国凭借充足的资金、精湛的技术,"扩充漂染整理业务",而后发外源型的中国,其"国厂未易匹敌"。即使清末民初以来在实业救国的推动下,中国纺织业有所发展,"我国粗纱大布纵能达于自给地位"③,但是由于国产细布等产量短少,整个中国"不得不大批仰给外厂,形成半殖民地工业特质,危机更属严重"④,特别是"染色之织物仍须仰给外洋"⑤。

在清末洋靛输入之前,湖南染坊颜料均为土产蓝靛。甚至可以说中国"国内染织业完全采用国产靛青为染料","每年需量颇巨"。⑥其中,湖南武冈、湘阴、平江、浏阳、常德土产颜料颇多,价格亦特别廉,每担不过10余元⑦。此外,邵阳、宝庆、湘西、醴陵也是湖南蓝靛的重要产地及其输出地。明末清初,邵阳就已成为湖南蓝靛的重要输出地。清光绪年间(1875—1908),湖南宝庆府邵阳县的靛、漆"皆出

---

① 中国近代纺织史编委会:《中国近代纺织史》,下卷,北京:中国纺织出版社,1997年,第55页。
② 2008年,凤凰县、邵阳县的蓝印花布印染技艺被列为国家非遗项目。
③ 傅道伸:《设立新式漂染厂计划书》,《纺织之友》1932年第2期,第214页。
④ 《纺织厂与漂染整理厂亟应密切联络》,《染织周刊》1936年第1卷第26期,第402页。
⑤ 傅道伸:《设立新式漂染厂计划书》,《纺织之友》1932年第2期,第214页。
⑥ 《国产蓝靛业之危机》,《工商半月刊》1935年第7卷第5期,第67页。
⑦ 朱羲农、朱宝训:《湖南实业志》,第2册,长沙:湖南人民出版社,2008年,第995页。

县西北乡隆回各都。漆较靛产为多,靛以染成各色布匹,漆饰各器,光采夺目,销售自广,县城业靛生理者不减业漆,以多来自武冈、洞口各地,故隆回产靛,终不如漆"①。据清末湖南调查局报告,宝庆蓝靛上出洞口,下达三湘、紫江一带以至长沙,宝庆贩运蓝靛者"络绎不绝"②。

然而,随着清末德国矿物质染料的发明和侵入中国市场,加之国内苛捐杂税,国人"相率采用舶来品"③,从而使邵阳等蓝靛产销逐渐走向衰弱。民国成立后,邵阳染坊"始采用洋靛"④。特别是第一次世界大战之时,即使洋靛来源缺乏,"价值亦复倍增",使土靛"稍有抬注",但是用户"究以洋靛便用,色亦鲜明",从而使土靛"一时似未能与之争胜",⑤甚至1934年左右,邵阳已"几乎无人过问"⑥土靛。又如醴陵,受洋靛的影响也较为明显。醴陵东乡出产蓝靛,在洋靛未兴之前,醴陵和江西的萍乡、湖南的湘潭"各地咸取给焉"。蓝靛原料以"蒲蓝为上,状如苦荬,高三尺许,叶含靛白独多"。此外,醴陵还有蓼蓝、槐叶蓝"皆不及蒲蓝之佳"。虽然蓝靛每年可采三次,但是其染料,"靛质不纯,狡者且或羼以他物,则不适用。旧时每石值十五六元,一亩之田年可得纯利八九十元。又蓝性好阴,田中必兼植瓜芋等物,其所入足以当田租而有余"。但是自清末洋靛输入之后,"蓝靛价格骤落,山民皆去其种"。⑦

民国初年,随着黑靛粉、快靛、印度靛等舶来品不断输入醴陵,"蓝靛成色不及远甚,因制造不良,价值低落,种蓝者逐年减少,几濒

---

① [清]陈吴萃等修,姚炳奎纂:《邵阳县乡土志》,第4卷,"地理志·商务",1907年刻本。
② [清]湖南调查局编印:《湖南商事习惯报告书》,长沙:湖南教育出版社,2010年,第422页。
③ 《国产蓝靛业之危机》,《工商半月刊》1935年第7卷第5期,第67页。
④ 朱羲农、朱宝训:《湖南实业志》,第1册,第384页。
⑤ 《设厂仿制洋靛之议议》,《银行周报》1918年第2卷第15期,第20页。
⑥ 朱羲农、朱宝训:《湖南实业志》,第1册,第618页。
⑦ 傅熊湘编:《醴陵乡土志》,第6章,"实业·蓝靛",1926年铅印本。

灭种"①。同样，永顺县的染靛也"多购快靛，而种者顿减"②。此外，由于受国外洋靛漂染的麻纱冲击，醴陵、浏阳等夏布"销路日蹙"③。

在洋靛等工业品的渗透下，虽然湖南近代漂染在染坊数量、设备更新、品种细化等方面有了一定的进步，甚至湖南乃至整个中国的漂染也先于欧美。但是，由于"历来科学未昌，一成不变，遂无进步可言"。即使是中国漂染工厂第一的上海，旧式染坊也只备一种发酵靛缸，"专染青蓝各色"。④据1943年何培桢所载，湖南有176家染织工厂，资金20 000万元（每家50万—300万元不等），因而就数据而言，"已属惊人，但所有民间零星机织出品"，以及其他产品"尚不在内，事实上年有价值"12万元以上的染织产品，可"供给后方千百外军民服用"。就职工待遇而言，还是较为乐观。这176家染织工厂，"多系自纺自染自印"，每日每职工的工资在17至26元之间，特别是生产精细提花布的职工，除了膳宿由厂方提供之外，最高可达36元，"染色印花工资亦相似"。⑤据1934年实业部调查，"近年来"随着日货丝光产品的倾销，加之颜料价格高涨，因而湖南丝光染纱厂无从与之竞争，甚至汉口、上海袜子的输入量也不断增加，直接影响了湖南袜厂的营业，继而"间接减少纱之销路"⑥。

在洋靛的冲击下，蓝靛产量减少，价格倍增，每担从之前的10余元增至约100余元，因而诸多染坊转而采购外地染料。如靛青粉、速成靛、水靛、洋靛"皆系舶来品"，这些颜料由德商"谦信"洋行、"爱礼司"洋行，以及英商的"卜内门"洋行，美商的"恒信"洋行操控经销，以致湖南染坊业"每年漏厄甚巨"⑦。此外，染坊所需的漂粉也

---

① 陈琨修，刘谦等纂：《醴陵县志》，第5卷，"食货志上·工艺原料"，1948年铅印本。
② 胡履新等修，张孔修纂：《永顺县志》第11卷，"食货志·货类"，1930年铅印本。
③ 《川湘夏布调查》，《国际劳工通讯》1934年第5卷第7期，第97页。
④ 杨大全：《现代中国实业志》，上册，上海：商务印书馆，1938年，第430页。
⑤ 何培桢：《记长沙手工业出品展览会》，《贵州企业季刊》第1卷第4期，第84页。
⑥ 朱羲农、朱宝训：《湖南实业志》，第2册，第998页。
⑦ 同上书，第995页。

大多来自上海,而牛胶、山粉、石灰则当地采集,但仅占染坊原料的少部分而已。

二、战乱对湖南近代漂染业发展的束缚

除洋靛影响之外,战乱对湖南漂染业发展的影响也较大。第一次世界大战期间,由于德国染料出品减少,"价亦随昂",而国产蓝靛"沿价未涨,需者舍贵取廉",因而蓝靛"一时又渐有复活之势"。但是,战争结束后,蓝靛市场再次被德国所产染料占领,全国各省数十万"恃种靛为活的农民足以靛销绝塞,顿失大宗收入,生计益感困难"。[①]

虽然醴陵乡间织布者逐步增多,染坊亦随之而增加,但是所用颜料则改为舶来的黑靛粉,而"蓝靛绝迹"[②]。染者用黑靛粉所染的缎青布最佳,可销行衡州、常德,以及省外的江西、湖北等地。据1934年实业部调查,芷江土靛年产12 600担,乾城年产149担,临武年产750担,合计13 499担。就市场而言,这些蓝靛大多集中常德,然后转销武汉、上海,因而市面上大多将湘西所产的蓝靛称之为"常德蓝靛"[③]。

民国成立后,军阀混战和随后的抗日战乱,以致诸多漂染厂无法生存,工人纷纷失业。其中漂染业最为集中的长沙、湘潭漂染工人不断罢工。1913年1月,在中华民国工党湖南支部的领导下,长沙700余名染工进行罢工,不仅要求增加工资,而且还请求实行8小时工作制。然而,店主则以停业半年相威胁,拒绝工人的合理请求。同时,工人还建立"染业工厂"(后改名为"辉光染厂"),独资经营,"坚持斗争到底"。[④]

---

① 《国产蓝靛业之危机》,《工商半月刊》1935年第7卷第5期,第67页。
② 陈琨修,刘谦等纂:《醴陵县志》,第6卷,"食货志·工商"。
③ 朱羲农、朱宝训:《湖南实业志》,第1册,第618页。
④ 《中国工会运动史料全书》总编辑委员会主编:《中国工会运动史料全书·轻工业卷》,北京:北京图书馆出版社,1998年,第49页。

1948年长沙木工经多日罢工，取得"甫告复工"的胜利之后，染织工人也相继要求增加工资，"各染织厂以年来手工产品受机器生产之压迫，销路锐减，已在不堪支持中，对工资增加绝无力负担，因而全部歇业停工"。据统计，长沙1000余工人"骤告失业"。1948年7月12日，长沙染织全体工人向总工会请愿，"要求复工"。如果各染织厂"永远停业，则应发遣散费"，"总工会为求解决，已订期召开调解会"。①

  此外，在国货运动的倡导下，即使受洋靛和战乱的冲击，但是蓝靛在湖南省内各县仍有一定的市场。其中，亚湘丝光染厂百货部函请"湖南人民反日救国会""经济绝交委员会"向商会请示，饬令派员辨别各行业产品属于国产还是"仇货"日产，"如系仇货，自愿封存不售"。当时，反日救国会当场获"提审委员会派人办理"②。在反日救国的推动下，湘西永定县除染料销售外，还时常贩运半成品至澧县下游出售，"约数千篓，价亦近万金"③。此外，醴陵所产的蓝靛除了供给本县应用之外，"畅销于邻县"的漏水坪、李家山、老鸦山、大小阳坑。同时，醴陵在山谷阴翳的地方，"多种植之"，每年产量在100万斤之上。④

  1937年抗战全面爆发之前，特别是长沙轻重工业"均甚发达，手工机器，相辅并重"⑤。其中，在1937年抗战爆发之前，仅长沙市就有58户染坊⑥，主要集中于老照壁、清泰街、坡子街、北正街、司门口、南正街等繁华区域。同时，醴陵县城染坊约40—50户，集中于南门一带。此外，长沙、平江、湘阴、浏阳、宁乡等地，大大小小的染织工厂6万余家，职工200万，出产青布，"驰名全国"⑦。之后，湖南漂染业在艰难中生存。如1931年左右，浏阳土靛输出量约800石⑧，但1937年

---

① 《长沙染织厂全部歇业》，《申报》1948年7月13日。
② 《反日救国会对于仇货限一星期补行登记》，《湖南通俗日报》1931年11月15日。
③ 王树人、侯昌铭编：《永定县乡土志》，下篇，"物产第12"，1920年铅印本。
④ 陈琨修，刘谦等纂：《醴陵县志》，第5卷，"食货志上·工艺原料"。
⑤ 何培桢：《记长沙手工业出品展览会》，《贵州企业季刊》第1卷第4期，1934年9月，第82页。
⑥ 曹铁安：《长沙大火》，长沙：岳麓书社，1997年，第299页。
⑦ 陈琨修，刘谦等纂：《醴陵县志》，第6卷，"食货志·工商"。
⑧ 曾继梧等编：《湖南各县调查笔记》，"物产类·浏阳"，1931年铅印本。

之后由于洋靛等舶来品"来源断绝，蓝靛业乘时复兴，数年来，蓝田阮阮，转胜于前矣"①。

总之，由于战时上海、广州、武汉等重要港口被封锁，纱布和颜料运输困难，因此染织厂"不得不被迫减工停业，甚至出卖"②。其中，湖南自1938年长沙"文夕大火"之后，由于长沙、醴陵等地区均属抗战中损毁"最为严重的地区，漂染业的数年积累在大火中损毁殆尽"③。抗战后长沙经四次大战的破坏，即使原有厂商力图恢复，但成效甚微。一方面，由于全国染织原料运输困难，导致"售价趋昂，大小染织工厂营业锐减，缩短工作时间，减低生产，接踵而至"④。另一方面，由于资本分散，力量单薄，棉纱与颜料等主要原料采购无法集中于上海一带厂商"直接洽办"，受尽中间商人辗转耗费。再一方面，没有健全的组织，即使政府"广借配纱与救济手工业之低利贷款，亦无法取得"⑤。如1942年之后，由于社会购买力渐弱，"销路不旺，营业力衰"，从而使醴陵从1937—1938年的600余名染织工人降至1944年初的200余人，自染、代店染坊80余家。⑥

三、工商界在近代漂染业发展中的作为

在洋靛染料等舶来品的冲击下，全国掀起了轰轰烈烈的国货运动。即使是工业发达的上海，每年所需染料"向惟仰给舶来品"⑦。因此，在实业救国的推动下，"热心国货乘此时机，仿照洋靛质地，以土靛制造电油，聘请技师，设厂教授"⑧。其中，除了上海成立的诸多染织公司，

---

① 陈琨修，刘谦等纂：《醴陵县志》，第5卷，"食货志上·工艺原料"。
② 张道时：《最近染织业之难关》，《纺织染周刊》1940年第6卷第2期，第2429页。
③ 曹铁安：《长沙大火》，长沙：岳麓书社，1997年，第299页。
④ 《海口封锁客销停顿：沪国货染织业衰落》，《纺织染季刊》1939年第1卷第1期，第187页。
⑤ 《湖南联大染织总厂招股启事》，《时论》1948年第2卷第1期，第16页。
⑥ 陈琨修，刘谦等纂：《醴陵县志》，第6卷，"食货志·工商"。
⑦ 《染织界提倡国产》，《申报》1933年2月28日，第3张第12版。
⑧ 《设厂仿制洋靛之动议》，《银行周报》1918年第2卷第15期，第20页。

"以挽巨大漏卮"①外，湖南乃至全国工商界人士也都"起而改弦更张，一时国内机器纺纱厂之设立，风起云涌"②。

同时，在洋靛的冲击下，工商界人士为推动国产染料的发展，做出了诸多的努力。一方面，部分工商界人士成立染织厂之后，向政府请求减税，从而推动了中国染织业的发展。其中，长沙福星染织厂向湖南省财政厅上呈减税理由，认为"色布加税事，涉事繁重，请准带票换票，验明放行，免予重征，以维工业"③。基于此，湖南省建设厅让财政厅转告福星染织厂，其"运单商标请准照通案，以原税换票，免再重征"④。此外1932年湖南省建设厅批准了湘潭湘益公司呈请减免产销税的方案。建设厅公函指出，该公司所产布匹和毛巾与产销税征收章程第13条第3项规定"相符，应准免征产销税三年"，其余棉花、背面、线毯等项则按之估价银币1元抽税1分5厘，"以示提倡"。⑤甚至为奖励工业，1935年奖励工业审查员会议第六次会议还通过了"准予奖励各案"，其中染、织、纺，"得列入减低运费"。⑥

另一方面，部分漂染经营者主张建立大规模染厂，并扩展销售市场。由于湖南所产布匹，色泽未能统一、商标存在诸多分歧等问题，即使在国货运动的倡导下，学校、军队、机关等团体均不愿大量采购，因而部分商人建议设置大规模新式漂染厂，或在各大纺织厂内设立相当规模的漂染部，"俾能染出大批色泽划一之标准化布匹"，以供应各部队、学校织造服装之用。同时，各漂染厂还须对本省土靛染料，以及漂染进行研究与改良，"以期布匹花色之美术化现代化"，从而风行于全国各市场。⑦

---

① 《染织界提倡国产》，《申报》1933年2月28日，第3张第12版。
② 孟学思：《长沙重要工厂调查》，湖南经济调查所，1934年铅印本，第A1页。
③ 《长沙·湖南省财政厅第一科》，《湖南财政汇刊》1935年第42期，第58页。
④ 余籍传：《公牍·湖南省建设厅咨》，《湖南省建设月刊》1934年第41、42期，第15页。
⑤ 《训令各产销税局检发湘潭湘益染织公司运单商标分别免征税率》，《湖南财政汇刊》1932年第24期，第26页。
⑥ 《铁部核减国产运费》，《染织纺周刊》1935年第1卷第21期，第335页。
⑦ 《湖南工业建设管见》，《湖南经济》1947年第2期，第3页。

再一方面，部分实业家还提出了诸多有效的改良和发展措施。其中，1932年傅道伸强调，为抵制外货，"我国纺织公司今后亟须兼营漂染，始足以言抵制外货，而挽回利权于万一也"。同时，傅道伸还专门就湖南漂染业的发展提出了一些切实的建议，认为若能在湖南第一纺织厂内设立一个新式的模范漂染厂，则可通过如下方法进行。第一，仿造市面上最盛行的染色布匹。第二，设法改良无销场的土布，"使其能光彩夺目，以迎合社会之心理"。第三，研究何种布匹须用何种染料？如不脱色等，"即可得美满之结果"。第四，仿造洋布、竹布、丝光麻纱等织物。第五，俟漂染有相当成绩后，即可逐渐试办印花，"以图染织工艺之完全发达"。此外，傅道伸还强调，在规模方面新式漂染工厂可大可小。①

湖南第一纺织厂的成立是工商界人士集中努力的重要代表之一。该厂是民国初年在纺织工程专家、西北纺织管理局局长傅道伸，以及老同盟会会员、时任湖南都督府议员的吴作霖等政商，在倡导国货运动的推动下成立的集染织于一体的近代化企业。在日本、英国等加强漂染等工业的强烈冲击下，中国漂染整理业"处于四面楚歌，危机四伏之中"②。据统计，清末民初湖南进口棉布"年达无虑百万两之巨，是吾人衣被所资，胥皆仰给于外人"③。如果湖南染坊业不加强自身发展，则湖南6万厂商、200万职工生活将陷于万劫不复之地位④。基于此，湖南乃至全国"亟需增设漂染部"⑤，而漂染部的设立和各种漂染机器设备的运用则是湖南纺织及其漂染发展的重要表现。

除了第一纺织厂之外，经验丰富的漂染人员和染商同仁集股还在长沙设立了湖南染业公司。该公司"专办各种精良染料，不售低劣物品，久为各购用家之所深悉者，无俟赘言"。据1920年10月17日长沙

---

① 傅道伸：《设立新式漂染厂计划书》，《纺织之友》1932年第2期，第214—215页。
② 诸楚卿：《我国漂染工业坯布缺乏之危机及其他》，《染织纺周刊》1935年第1卷第20期，第305页。
③ 孟学思：《长沙重要工厂调查》，第A1页。
④ 《湖南联大染织总厂招股启事》，《时论》1948年第2卷第1期，第16页。
⑤ 《湖南第一纺织厂业务概况——二十年度》，《纺织周刊》1932年第2卷第43期，第1211页。

《大公报》报道，由于近来营口"新华染料制造厂"新发明了一种"国货狮醒速成青"，不仅产品"物质优良，齐名欧产"，而且"价值低廉，尤合市用，诚为染料中首屈一指之佳品"。基于此，湖南染业公司特派专员运销到湖南各地，"以供同业之用，请速试之当信，斯言不谬，惟近日劣货充斥，恐生误会，特由该处商会备文，通知长沙总商会证明在案"。同时，湖南染业公司还申明，本公司除已分发湘潭、浏阳、衡州等处销售外，其余各埠"亦将派人督销，惟恐购用之家未悉此货真相，致有疑为仇货，而不肯用者，故特登报声明，请即咨询长沙总商会或营口总商会，当得其详，并望各埠维持会及爱用国货诸共相提倡，则本公司幸甚，国产前途幸甚"。①

1938年2月19日，长沙"志丰染织工厂"经理陈昆煌等人意图以合作方式，集中人力、财力发展湖南漂染业。一方面，他们争取政府廉价的配纱。另一方面，他们试图争取政府低利贷款，并直接向上海厂商大批采购颜料，以求成本之低廉，继而进一步购置新式机械，改良产品质量。在陈昆煌等工商界人士的倡导下，湖南各县漂染同业者群起响应，从而在长沙成立了染织厂筹备处。

染织厂筹备处成立后做了诸多的工作。首先，筹备处向各县染织同业者发起入股号召。筹备会宣称，凡是染织同人赞成本厂组织，且愿意参加入股者，"无任欢迎"，只要各县染织厂赞成本厂组织，并缴纳股本均可为本厂股东。股额按各厂织机多少，分甲、乙、丙、丁、戊、己六种。其中，甲种设棉纱2件、乙种股棉纱1件、丙等股棉纱0.5件、丁种股棉纱10它、戊种股棉纱5它、己种股棉纱2它。其次，筹备处在利润方面采取按股分配，一切厂规概由股东大会按照普通商业章则，"议定施行"。第三，筹备处统一各厂名称，将原有厂名一律改为本厂支部，以数字标明，而支部经济则可各自独立，"盈亏与总厂无涉"，支部产品既可集中总厂出售，也或自由出售，"不加限制"。②

---

① 《湖南染业公司新到国货速成青广告》，《长沙大公报》1920年10月17日。
② 《湖南联大染织总厂招股启事》，《时论》1948年第2卷第1期，第16页。

四、政府对湖南近代漂染业的推动

在商人努力的同时，湖南省政府、国民政府相继对湖南漂染业进行了较合法化、程序化的管理。一方面，省政府加强了染织专业人才的培养和管理。1914年，湖南省加强了对省立甲种工校染织科毕业生的管理，饬令毕业生将其履历呈报实业部进行管理①。1917年8月24日，湖南省立甲种工业学校校长称，本校第二、第三两班染织科以及第三班应用化学科等修业期满，理当对染织科的毕业成绩、履历等进行登记、存查②。1927年，蒋介石宴请上海商界代表之时，商界各行业代表几乎都纷纷与会，"均能表现政府与商界之联络"③。1933年10月，湖南省立第五职业学校校长吴绍麟招收染织艺徒，饬令附近郴州、桂阳等10县教育局在当年11月4日之前，从染织科遴选一名艺徒到其学校培训。④同时，教育厅还训令郴州、桂阳等10县教育局，要求他们根据第五职校请求饬选送染织、陶瓷两科各一名艺徒的建议，"仰遵照办"。⑤

另一方面，湖南旅京筹赈会通过慈善方式，筹设平民染织传习所。该筹赈会在湖南省内设染织工厂，分为中、西、南三路，每路男女工厂各一个，合计6个。1920年冬，筹赈会在长沙设总管理处，较快地推动了各路工厂的兴办，"未逾年，各路工厂悉次第举办焉"。最初，筹赈会筹设染织传习所的目的在于"以工代赈，较寻常施拯灾民更进一层"。由于预算经费"颇闻充裕"，因而其计划书中强调"先办染织

---

① 《咨湖南巡按使省立甲种工校染织科廖兆坤等应将入学资格补报》，《教育公报》1914年第3期，第15页。
② 《咨湖南省长省立第一甲种工校继续染织应用化学三科学生谢秉乾等应准毕业文》，《教育公报》1917年第4卷第14期，第21页。
③ 浩然：《政商联络》，《新闻报》1927年7月6日，第6版。
④ 《湖南省教育厅训令》，《湖南省政府公报》1933年第165期，第77页。
⑤ 朱经农：《公文·训令·湖南省教育厅训令》，《湖南省政府公报》1933年第165期，第106页。

一科，以次推广金木工"。同时，在实业救国的推动下，"一时舆论，感啧啧称羡，谓为从来未有之规"。甚至为发展慈善和工业，"趋就而愿尽义务者几于踵相接，植忝研染织，夙务实践"。但是，经过数月之后，当"正极力计划扩充，忽而经费不继"。时至1922年7月，正当筹赈会派员前往衡阳开办第三男厂之时，在经费困难下，"各厂须陆续收束"。①

另一方面，湖南政府对湖南漂染进行了较严格、正规化的管理。1933年12月，湖南省建设厅再次饬令各县政府转饬各地染织工会，将其组织状况如实填写完整，并送建设厅，"以凭汇转"。②同时，建设厅还饬令各县府查核染织各同业公会，要求在3日内据实填报，"分别详细查明填注"，"毋稍违延为要"。③1934年，对于商民周振续等奏请在南县设立福民织染股份有限公司已经"备具营业计划"一案，建设厅曾奉实业部明令，对该公司进行了调查。调查表明，该公司"一切手续尚合"，因而除了需要将专件分别抽存备查，以及在执照费内扣支办公费之外，还需要对该公司的登记文件费等"准予登记、填发"。④

再一方面，国民政府也对湖南漂染业进行了管理，明令各染织厂必须登记备案，合格者给予颁发营业执照。1934年2月17日，国家实业部指令湖南省建设厅呈送长沙"福星机器染厂公司"补正登记文件，以便"复祈鉴核"。同月20日，实业部还指令湖南省建设厅，呈送湘潭县染业职业公会章程会员名册、职员略历表、成立报告表，以便核实。⑤3月份，湖南省建设厅饬令湘潭县政府，奉实业部饬令该县染业

---

① 黄植：《湖南旅京筹赈会筹设平民染织传习第三男工厂结束后之感言》，《工业杂志》（长沙）1923年第1卷第9期，第9页。
② 余籍传：《公牍·训令·湖南省建设厅训令》（传字第字491号），《湖南省建设月刊》1934年第40期，第30页。
③ 同上书，第31页。
④ 《建设厅呈实业部》，《湖南省政府公报》1934年第192期，第68页。
⑤ 陈公博：《部令·实业部指令》（劳字第2718号），《实业公报》1934年第165—166期，第60页。

职业工会准备案,"仰转饬知照"。① 12月19日,对于福民织染有限公司成立登记,经实业部查核,"大致尚合,应予照准,填发执照一纸"。但是也存在诸多须完善的地方,不仅其章程第十二条规定的公司公告方法,"系召集股东会,对于一般事项,未据订明,应即补订",而且章程中第十三条"四柱清册"四字亦应改为"公司第一百六十六条规定各项表册"十六字。因此,实业部致函湖南建设厅,让其转饬福民公司"遵照修正,另缮全章,呈转备查"②。

特别是1935—1937年,实业部还多次饬令湖南省政府加强漂染业同业工会等组织的管理。1935年10月23日,实业部饬令湖南省建设厅,对成立的德记染织厂登记管理,经"查核尚合,应予照准填发执照一纸"。③同年12月19日,实业部饬令湖南省建设厅,呈送一件有关"福民织染股份有限公司呈卖登记文件费银,请核准登记"。④ 1936年12月8日,实业部指出,虽然益阳漂染职业工会组织"既经申请党部许可,所具章程复核大致尚合",但是尚有应行改正事项,"除予改正编案外,相应填列附单,复请查照"。此外,实业部还饬令湖南省政府抄发改正附单给该县,"转饬遵照办理,并依法刊发图记,给予证书",并将其图记、印模上呈给县政府备查。⑤ 1937年3月15日,湖南省政府准咨送祁阳县染业职业工会组织章册,经予改正备案,相应填列。⑥

综上所述,虽然秦汉时期湖南印染就已较为出色,但是湖南旧式染坊来源已久,渐趋发达于民国初年。同时,在近代世界市场已融为一体和国内外政局动荡的大环境下,受洋靛的大量输入和战乱的影响,除了部分新式机器漂染厂之外,其他大大小小的漂染厂,特别是传统

---

① 余籍传:《公文训令·湖南省建设厅训令》,《湖南省政府公报》1934年第174期,第61页。
② 陈公博:《实业部指令》,(商字第31030号),《实业公报》1935年第211期,第29页。
③ 陈公博:《实业部指令》(商字第38397号),《实业公报》1935年第255期,第15页。
④ 陈公博:《部令·实业部指令》(劳字第31030号),《实业公报》1935年第211—212期,第40页。
⑤ 《湖南省政府训令》,《湖南省政府公报》第620号命令,1937年第620期,第5页。
⑥ 吴鼎昌:《公牍·咨·咨湖南省政府》(劳字第5705号),《实业公报》1937年第324期,第38页。

的漂染作坊无法生存，工人纷纷失业、罢工，这些综合因素影响了近代湖南漂染业的进一步发展。基于此，在被洋靛冲击和战乱束缚的同时，为改变中国"半殖民地工业特质"，湖南乃至全国各地工商界人士和政界要员做出了诸多的努力，不仅采取了股份制经营方式，而且还从国外购置了近代化的机器漂染设备，甚至还引进了先进的漂染技术，纷纷设立诸如"福星机器染厂"、湖南第一纺织厂等"专办各种精良染料"的近代化企业，使其产品精良、经销和管理渐趋规范化。

摆脱瓦格纳：交响乐结构与内心独白诗学渊源

李国辉

摘　要：现代意义上的内心独白技巧，是由迪雅尔丹1887年在《被砍掉的月桂树》中最早实践的。迪雅尔丹称这种技巧源自瓦格纳的交响乐，其美学宗旨在于更好地表现小说角色的无意识心理。通过对《被砍掉的月桂树》的分析，可以发现迪雅尔丹虽然重视感受、印象，也依赖叙述、对话等理性框架，但是他在语言与音乐的关系上，与反语言的瓦格纳存在着重大分歧。内心独白理论的真正来源是威泽瓦的美学。威泽瓦参考瓦格纳的理论，发展出将不同文体综合起来的新理论。威泽瓦改造了瓦格纳的综合理论，他的内心独白及其背后的叔本华主义，希望统一之前存在的文学样式，以探索自我的不同心灵状态。瓦格纳的交响乐结构虽然不是内心独白诗学的直接来源，但是也对后者提供了重要的参照。

关键词：瓦格纳　迪雅尔丹　威泽瓦　内心独白

现代主义文学中的"内心独白"手法与瓦格纳的关系是众所周知的，1887年，法国象征主义小说家迪雅尔丹（Édouard Dujardin）发表了《被砍掉的月桂树》，这部小说参考了瓦格纳的交响乐模式，对此，迪雅尔丹曾在《内心独白》一书中回顾道："《被砍掉的月桂树》，是在巨大的抱负下进行的，它要把瓦格纳的做法搬到文学领域。"[①] 这种观点也得到了批评家的认可，博尔达（Robert Bordaz）指出"因为相

---

① Édouard Dujardin, *Les Lauriers sont coupés suivi de Le Monologue intérieur* (Roma: Bulzoni Editore, 1977), p. 258.

信音乐与诗的深刻联系",迪雅尔丹将瓦格纳看作他自己的神。[1]文学史家许布纳(Steven Huebner)指出正是由于瓦格纳的音乐,迪雅尔丹才发展起他的小说的组织形式[2]。尽管内心独白的瓦格纳起源说得到了广泛的认可,但是质疑者仍旧存在。其中的代表人物就是魏斯曼(F. Weissman)。魏斯曼发现了迪雅尔丹的一封书信,该信强调一种之前很少提到的"主观主义",而且还推崇拉辛为"完美的主观主义者"[3]。在信中,《被砍掉的月桂树》作为主观主义美学的例子被明确提到。鉴于这部小说的献辞是给拉辛的,主观主义美学与内心独白的关系就变得非同寻常了。魏斯曼于是提出这种疑问:迪雅尔丹在小说发表40年后提出的起源说,会不会因为形势的变化而夸大了瓦格纳的作用,并贬低了拉辛的贡献?如果后者确实被贬低,那么内心独白的技巧就跟音乐关系不大,而更多的是为了实现拉辛的戏剧效果。

瓦格纳起源说和拉辛起源说产生了巨大的对立,这种对立并没有得到很好的解决。本文尝试说明瓦格纳的交响乐结构给迪雅尔丹重要的启发,但是迪雅尔丹并未直接模仿瓦格纳,他的内心独白手法源自象征主义理论家威泽瓦(Téodor de Wyzewa)。

一、内心独白与交响乐结构的异同

内心独白是象征主义时期出现的一种新的小说形式,它在英美和中国也被称作意识流,因为乔伊斯(James Joyce)的示范,20世纪不少国家中都能见到它的身影。内心独白与传统的独白技巧都注重内心分析,但它们还有不同之处。迪雅尔丹曾经解释过他"发明的"内心独白的特点:"不同的地方并不在于传统的独白表达的思想没有内心独

---

[1] Robert Bordaz, "Édouard Dujardin", *La Revue des deux mondes*, 12 (décembre 1970), p. 592.
[2] Steven Huebner, "Édouard Dujardin, Wagner, and the Origins of Stream of Consciousness Writing", *19th-Century Music* 37.1 (Summer 2013), pp. 61–62.
[3] F. Weissman, "Édouard Dujardin, le monologue intérieur et Racine", *Revue d'histoire littéraire de la France* 74.3 (mai 1974), p. 492.

白隐秘，而是在于传统的独白协调它们，显露它们的逻辑联系，即解释它们。"①陀思妥耶夫斯基的小说中也有独白，但是这种独白往往是作者控制的，独白的内容有"逻辑联系"，大多经过了理性的选择和加工。迪雅尔丹认为自己的内心独白是内心世界的原样裸露，作者无从干涉。

《被砍掉的月桂树》第七章中，有主人公普兰斯（Daniel Prince）与他心仪的女演员莱娅（Léa）相会的描写，作品中运用了内心独白：

> 这是她的身体；她一鼓一鼓的胸脯；特别香的混合香水……四月美好的夜……清新的空气……我们出门……两支蜡烛……那里……在林荫大道中……"我爱你胜过我的羊群"……这个女孩……无耻的、柔弱的眼睛，红红的嘴唇……②

这个段落里标点符号非常特别。一是缺少句号，句号代表着语意的结束，以及新的意义的开始，它在句中承载着解释功能。文中使用的是省略号，它们无须在意前后的语意关系。引文的语意是开放的、持续的，更适合意识的流动。文中的语句也有特色，它使用了许多不完全的句子，甚至是一些短小的短语。不使用句法成分完整的句子，本身也有避免理性叙述的作用。感受的印象变多了，"一鼓一鼓的胸脯"，是视觉印象，香水则是嗅觉的印象，"美好的夜"可能涉及触觉，即皮肤的感受。句中还出现画外音"我爱你胜过我的羊群"，这可能是莱娅唱的歌，也可能是路人的歌，但前者可能性更大。这样，听觉也加入进来。

短小的语句，在迪雅尔丹的理论中非常重要，它对应的是瓦格纳交响乐中的动机（motifs）。迪雅尔丹通过短小的语句，想再现瓦格纳利用乐器奏出的没有理性秩序的动机。迪雅尔丹对此有清楚的交代：

---

① Édouard Dujardin, *Les Lauriers sont coupés suivi de Le Monologue intérieur*, p. 237.
② Ibid., p. 158.

"在纯粹的状态下,瓦格纳的动机是一种孤立的乐句,它总是含有一种情感的意味,但是与先前的乐句和随后的乐句没有逻辑上的联系,内心独白正是源出于此。"① 迪雅尔丹的解释是合理的。内心独白渴望呈现人偶然的、破碎的意识。这种意识接近柏格森所说的"绵延"。它们一方面排除了时间,不再有时间上的逻辑,另一方面不同的意识相互渗透。这种意识虽然需要现实中的刺激,但又不是简单地与外在的刺激相对应。它有着无意识的本源。在讨论瓦格纳的音乐时,布莱恩·马吉(Bryan Magee)认为:"在他的晚期作品当中,多声部交响乐队写作风格高度纯熟,可以做到同时驾驭三条以至四条动机,一条动机总像是顺理成章从上一条衍生而来,自然而然地与已经在进行的动机结为一道,接下去又融入下一条去迹无踪。"② 交响乐的动机,是音乐家内心意识的表露。这种意识偶然出现,来无影去无踪。虽然迪雅尔丹手中的媒介是文字,但是他渴望像瓦格纳一样,将这种意识呈现在语句里面。

迪雅尔丹的内心独白,还需要理性框架的支撑。这种框架常常表现为叙述的内容。叙述的内容交待外在的场景,内心独白只有在这个背景中才能发生,才可以被理解,否则它就无法成为文学文本。比如第一章:

> 这是吕西安·沙瓦纳;他拿了他的手杖;他开门;我们出去;两个人,我们下了楼梯。他说:
> ——你戴了你的圆帽了……
> ——是的。
> 他带着指责的口吻对我说。③

---

① Édouard Dujardin, *Les Lauriers sont coupés suivi de Le Monologue intérieur*, p. 227.
② 〔英〕布莱恩·马吉:《瓦格纳与哲学》,郭建英、张纯译,北京:中国友谊出版公司,2018年,第252页。
③ Édouard Dujardin, *Les Lauriers sont coupés suivi de Le Monologue intérieur*, p. 95.

这段话中，基本上没有什么情感，全都是叙述和说明。哪怕"我们出去""两个人"，也是内心的叙述，没有多少情感的价值。不过，这些内容并非无关紧要，它们提供了情感和印象发生的观察点，虽然没有情感上的重要性，却拥有文学结构的重要性。

让内心独白与叙事内容这种框架结合起来，这不是迪雅尔丹的发明。在瓦格纳的交响乐中，作为主体的无意识的动机并不是独立存在的，它们需要理性框架的帮助。法国学者阿兰·巴迪欧（Alain Badiou）将这种理性框架称作叙述符号，并指出："在瓦格纳的作品中，他采取的形式是将叙述符号人为地强加在音乐之上。这一形式不断地强加这些叙述符号，这些符号作为音乐表面连续性基础的理性框架而起作用。这就是主导旋律的功能。"①在瓦格纳的歌剧中，同样可以看到叙述符号被广泛使用，比如舞台上人物的行动、歌词的叙述信息、舞台场景的设置等。这些符号共同构成特定时间和空间的特征，成为歌剧的故事性内容。即使在像《莱茵的黄金》这类与神话有关的歌剧中，时间的特征是模糊的，但是它仍旧具有它的故事时间。

上面这两个相似点，肯定了迪雅尔丹的内心独白与瓦格纳交响乐的渊源。内心独白受到了交响乐结构的启发，渴望利用语言在文学中创造新的交响乐。正是出于这种目的，1885年，迪雅尔丹创办了《瓦格纳评论》杂志，不仅宣传、解释瓦格纳的音乐美学，而且想在文学中实践这种美学。因为这个杂志的活动，当年以魏尔伦、马拉美为代表的颓废主义诗人也被吸引到瓦格纳的美学上，随后在1886年产生了法国的象征主义派。因为给象征主义诗人带来了瓦格纳的资源，迪雅尔丹成为象征主义派的一位奠基人。

瓦格纳的交响乐结构与内心独白的联系是确实存在的，但是交响乐结构发挥的作用还要认真分辨。内心独白从音乐中得到了启发，但是它并没有延续交响乐的做法。换句话说，迪雅尔丹并不是一位模仿

---

① 〔法〕阿兰·巴迪欧：《瓦格纳五讲》，艾薇士译，郑州：河南大学出版社，2017年，第120页。

者,他的理论有摆脱瓦格纳的强烈冲动。这种冲动实际上也是音乐与文学不同的要求。在瓦格纳看来,音乐是人内在自我的表现,它是反语言的。迪雅尔丹尽管想重现音乐的抒情效果,但是他必须利用语言,依靠语言的一切理性和现实的指涉功能。这样就产生了他们对待语言的不同。瓦格纳的语言可有可无,音乐的深度以抛弃语言的距离为尺度。如果音乐与语言的关系过于亲密,那么音乐就会受到诗(语言的艺术)的妨碍,就丧失了它的高贵。因而音乐与诗的关系是一种虚假的关系,用瓦格纳的原话来说:"音乐与诗的联系完全是虚假的;当唱一首曲子的时候,我们理解的并不是诗歌思想(尤其是在合唱曲中,诗歌思想并没有听到被清楚表达出来),而最多是那种思想中的元素,是在音乐家头脑中引发的音乐性的元素、适于音乐的元素,这是真实不虚的。"① 语言及其意义并不是音乐必不可缺的,瓦格纳于是将语言(诗)看作是音乐的仆人,他的音乐不需要语言,就能揭示情感和世界的秘密。虽然在歌剧的舞台上歌词和舞蹈一直存在,但是在舞台一侧的交响乐才是歌剧真正的核心。歌词和舞蹈不过是陪衬罢了,交响乐才是本体。马吉在欣赏《尼伯龙根的指环》的第三部《齐格弗里德》(Siegfried)时,曾有过这样的体会:

> 听者发觉不是总可以听见唱词了,在听者与人声之间,交响乐队音响的厚重足致将唱词完全淹没。作曲家不再留出间隔让人声与唱词通行无阻,不再克制乐队的自由发挥以关照人声与唱词。在我们和人声之间,他建起一堵坚实的音墙,凡有音墙存在的地方,它当然不可避免地成为调动我们注意力的因素。②

这种反语言的倾向是迪雅尔丹绝对做不到的。迪雅尔丹必须依赖语言,通过语言依稀窥见只有音乐擅长的情感世界。他的小说中并不

---

① Richard Wagner, *Beethoven*, trans. Albert R. Parsons (Boston: Lee & Shepard, 1872), p. 102.
② 〔英〕布莱恩·马吉:《瓦格纳与哲学》,郭建英、张纯译,第188页。

是没有情感，但一切情感都要以理性的语言符号为基础。因而一切情感都是理性传达的情感。瓦格纳轻松就"淹没"的词语，成为迪雅尔丹唯一的依靠。虽然音乐和叙事的框架都存在于他们的作品中，但是它们的含义却完全不同。瓦格纳眼中的叙事的框架，不但包含语言，也包含语言传达的情感和意义，他眼中的音乐，就是那人心中最深的梦幻。对于迪雅尔丹来说，瓦格纳的音乐和情感是他无法触及的，他处理的只是被瓦格纳丢弃的东西。这里无意评判文学与音乐的优劣，而只是说明音乐与文学处理方式和对象的不同。因为这种不同，迪雅尔丹的小说中基本不可能存在瓦格纳所说的音乐，一切都是词语，是语音和语义的结合体。因而当瓦格纳让他众多的音乐动机发生交响时，迪雅尔丹基本只能与抽象的语法和语义搏斗。迪雅尔丹认为他重造了瓦格纳的音乐，实际上他的小说从未进入那种音乐中。交响乐的结构明显不是内心独白真正的基础，内心独白一定有着尚不为人知的本源。

二、被忽视的威泽瓦

迄今为止，人们一直将注意力放在瓦格纳或者拉辛身上，疏于思考内心独白的其他来源。威泽瓦就是理解内心独白的一个新的线索。威泽瓦和迪雅尔丹年龄相仿，爱好相同，都是瓦格纳主义者，在美学思想上联系颇深。威泽瓦1862年出生于波兰，8岁时来到法国。1882年取得南锡文学院的文学学士学位，后来赴巴黎谋生，与迪雅尔丹结识。威泽瓦在英美和中国的文学史中很少出现，这似乎给人威泽瓦是象征主义边缘人物的印象，实际上他是象征主义的大理论家。迪瓦尔曾评价道："他在象征主义运动中的作用，是最重要的。"[①] 从整个象征主义的美学思潮史看，19世纪90年代以前，能够与波德莱尔和马拉美并驾齐驱的，可能只有威泽瓦了。不少象征主义诗人在这几个人的思

[①] Elga Liverman Duval, "Téodor de Wyzewa", *The Polish Review* 5.4 (Autumn 1960), p. 61.

想间做出折衷。迪雅尔丹是完全站在威泽瓦这一边的。

1885年2月,迪雅尔丹与威泽瓦合作的《瓦格纳评论》创刊。迪雅尔丹是该刊的负责人,但就美学建设而言,威泽瓦堪称领袖。迪雅尔丹成功地说服了马拉美,不但让后者为刊物撰稿,而且也促使他变成一名瓦格纳主义者。迪雅尔丹还联合了哲学家张伯伦(H. S. Chamberlain)、资深的颓废作家于斯曼(J.-K Huysmans)。威泽瓦缺乏这样的领导力,但是因为对德国美学更为熟悉,他成为这个杂志真正的发言人。《瓦格纳评论》对象征主义运动的影响,主要不是经由迪雅尔丹之手,而是经由威泽瓦。

威泽瓦想给法国诗学引入瓦格纳的综合理论。自古希腊以来,戏剧、音乐和诗迅速分化,原本统一的艺术各自独立。这些新的艺术渐渐丧失了它们的力量,中世纪以来艺术没落的原因与此有关。瓦格纳发现古希腊以后的两千年不是属于艺术,而是属于理性的哲学。这位德国音乐家希望复兴艺术,一个自然的做法是将这些艺术重新结合起来。这种观点是瓦格纳早期的设想,并未在他的作品中完全实施。随着《女武神》(*Die Walkure*)的创作,瓦格纳抛弃了这种设想,而向叔本华的音乐观靠拢。叔本华的音乐观否定艺术的综合,认为音乐在各门艺术中有优越性。瓦格纳的歌剧也随之将其他的艺术视作音乐的附属,在这样一种等级秩序下,综合说不攻自破。威泽瓦并不是不知道瓦格纳理论的转变,但是他从综合说中看到了新的机会。如果综合说在音乐中无法建立起来,那么在音乐性较弱的文学是不是可以寻求音乐、图画和文学的综合呢?威泽瓦相信这种可能性,他指出:"艺术不在绘画中,也不在文学中,也不在音乐中,而是在这些门类的结合中。"①但是,就像之前已经说过的那样,词语的语音与交响乐并不是一回事。即使文学中语音和语义有一定的并列关系,这也并不是真正的音乐与文学的结合,何况词语唤起的形象,并非直观可视的图画。艺术的综合说只是

---

① Téodor de Wyzewa, "Notes sur la littérature wagnérienne", *Revue wagnérienne*, 2.5 (juin 1886), pp. 151-152.

一种借口，威泽瓦真正做的事情是文学中多种文体的综合。

这里可以借用雅各布森（Roman Jakobson）提出的语言的六种功能来解释。这六种功能这里涉及的是指示功能和诗的功能。指示功能关乎语言运用的背景，也关乎语义。诗的功能则与声音有关，它指的是词语具有的特殊声音，在文学中主要表现为节奏、韵律等要素。语音的其他声音效果也属于诗的功能。指示功能是说明性的散文最强调的功能，诗的功能则是诗体所擅长的。威泽瓦主张的音乐与文学的结合，并不是跨艺术的综合，而是同一种艺术内不同文体的搭配。这里的音乐和文学应该理解为类比，而非实指。将瓦格纳跨艺术地综合改造一番，这就脱离了瓦格纳的本意，综合说就成为一种全新的理论了。批评家姆齐罗克（Anna Opiela-Mrozik）发现："在提出自己的主义的过程中，威泽瓦跨越了他的大师们的权威。"① 威泽瓦并不仅仅想成为一个瓦格纳主义的解释者，他有意从瓦格纳的基本思想出发，提出自己新的理论。

这种新理论如果真正要落到实处，需要给文学的不同文体进行新的解释。这些文体不能只有功能上的差别，还要形成一种统一的系统。因为只有在系统中，不同的文体才能组合起来，才有综合的可能。在威泽瓦之前，文学中的不同文体往往是根据形式来区分的。比如按照有无韵律，可以分为诗体和散文；按照是利用文字，还是歌唱，又可以将诗分为史诗、抒情诗等类别；按照有没有角色演出，又分出戏剧。这些文体之间没有关系，它们的存在源自一系列二元对立。威泽瓦无法利用旧有的文体分类。他发现了更好的划分文体的尺度：感受。他很早就建立起不同的艺术门类与不同的感受的对应。比如雕塑和绘画诉诸视觉，音乐诉诸听觉，那么将艺术结合起来，自然会将不同的感官能力结合起来，就能表达更完全的生活。这种认识也是瓦格纳原本就有的，后者曾说："人每一个单独的能力都有局限；但是他的统一的、一致的、相互补助的能力——彼此爱着的能力——结合起来，形

---

① Anna Opiela-Mrozik, "Teodor de Wyzewa face à ses maîtres", *Quêtes littéraires*, 9 (2019), p. 89.

成人自我补充的、无限的、普遍的能力。"① 从完整的生活来看，瓦格纳的理论并不仅仅是一种艺术理论，也是一种哲学理论。威泽瓦清楚地看到瓦格纳的意图："瓦格纳说，艺术应该创造生活：不是感觉的生活、精神的生活，或者心灵的生活，而是整个人类的生活。"② 顺着艺术综合的思路，威泽瓦也开始思考将不同艺术背后的生活结合起来。具体到文学上，虽然文体不同，但是它们都有着传达感受的目的，因为每个文体传达的感受不同，所有的感受都应该结合起来，形成一个整体的生活，因而不同的文体就有了综合的需要。

威泽瓦从人类心灵史来看文体的演化。他首先注意到在原始时代，初民带来了神话和史诗，因为这时人的感受还比较粗，主要关注的是"没有细节也没有理性的生活"③。随后到来的是古希腊文学，古希腊人喜爱推理，热爱万物明晰的秩序、和谐，但他们缺乏情感，"没有热烈的激情摇荡着他们的语言平静的语序，也不能扰乱他们脸庞冰冷的安详"④。对于这种感受的人来说，神话和史诗就无法让人满意了，古希腊人创造了富有辩证思维的文学形式：柏拉图的哲学。实际上，古希腊的悲剧也体现了这个民族对理性生活的追求。到了文艺复兴时期，莎士比亚的戏剧出现了，戏剧不再做理性分析，而是让人物具有丰富的感情。激情的感受开始出现在新的文体中。这种文体在笛卡尔的哲学那里遇到了挑战。这位法国哲学家怀疑情感，希望重建理性的秩序，人们的感受重新回到现实的背后。随后激情与感官感受在浪漫主义、自然主义文学中重现，雨果、左拉等人再次让文学传达世间的生活，小说成为传达新感受的主要工具。一个新的文学时代的到来，并不意味着过去的感受和文体就失效了，相反，它们应该合成一个整体。在这种整体的感受理论下，不同的文体实际上并不是异质的，而是同源

---

① Richard Wagner, *Richard Wagner's Prose Works*, volume 1, translated by William Ashton Ellis (London: Kegan Paul, Trench, Trübner, 1895), p. 97.

② Téodor de Wyzewa, "Notes sur la littérature wagnérienne", *Revue wagnérienne* 2.5 (juin 1886), p. 152.

③ Ibid., p. 155.

④ Ibid., p. 156.

的。威泽瓦明确表示："史诗故事、戏剧、小说，它们没有对立：这是同一种艺术的三种相连的形式，每一种形式都回应了，也能回应某些心灵的艺术需要。"①

威泽瓦给文学不同文体的综合找到了理论的可行性。不同文体的综合并不是效仿交响乐的自发结构，而是借鉴瓦格纳跨艺术的综合。这种新的综合已经不再以音乐为旨归，而是以感受的伦理学为目标。迪雅尔丹的内心独白，正是在这种启发下，将诗与散文这两种形式融合了起来，在叙述和对白中使用的是散文，在内心独白的内容上多使用诗体。这一点迪雅尔丹说得明白："象征主义这代人完成了这种工作，即将诗引入到所有的文学领域中。直到那时，文学中有的是诗体和散文；从那以后，它有的是诗和非诗。"②迪雅尔丹想通过形式的综合，取消诗体与散文的分类。自此以后，人们只会根据内容上诗性的有无来判断文学作品，这就是"诗和非诗"的含义。迪雅尔丹的综合理论完全与威泽瓦相同。威泽瓦博学多才，对德国美学有很深的领悟。迪雅尔丹没有这种学力。金（C. D. King）曾指出："迪雅尔丹1881年对瓦格纳感兴趣，但当时还不能读德文。"③尽管在1885年这位作家最终具有了一定的德文水平，而且在《瓦格纳评论》中也有译作发表，但是迪雅尔丹选译的基本是瓦格纳的剧本，没有看出他对瓦格纳美学的特别学养。这些证据表明威泽瓦在迪雅尔丹的内心独白美学的塑造上，发挥了主导作用。

三、从交响乐走向主观主义

放弃交响乐结构，采用多种感受的综合，这不但发挥了文学自身

---

① Téodor de Wyzewa, "Notes sur la littérature wagnérienne", *Revue wagnérienne* 2.5 (juin 1886), p. 161.

② Édouard Dujardin, *Les Lauriers sont coupés suivi de Le Monologue intérieur*, p. 255.

③ C. D. King, "Édouard Dujardin and the Genisis of the Inner Monologue", *French Studies* 9.2 (April 1955), p.109.

的长处，而且也让威泽瓦、迪雅尔丹看到用文学探索自我本质的可能。瓦格纳的音乐本身也是对人自我的探讨，音乐最终要达到的境界，并不仅仅是音乐自身的和谐，还是一种深层的自我，这在叔本华哲学中被称为意志。瓦格纳是1854年读到《作为意志和表象的世界》的，该书音乐美学的那部分，给瓦格纳很大触动，瓦格纳曾在口述自传中说："这本书有好多年都从未完全离开我，我在第二年夏天，就已经第四次仔细通读该书了。通过这个渠道对我产生的潜移默化的影响特别大，不管怎样，对我整个一生都至关重要。"①从哲学上看，呈现意志的世界是瓦格纳音乐的目的。威泽瓦受到瓦格纳的影响，又转而接受了叔本华，他也将文学的目的看作是意志世界的揭示。在1885年7月发表的《理查德·瓦格纳的悲观主义》一文中，威泽瓦说："在表象的深处是精神，它熟悉表象，为了熟悉它们，它创造了它们。我们生存的宇宙只是一个梦幻，我们自觉做梦的一个梦幻。它没有事物，没有人，没有世界；或者不如说所有这些是存在的，因为存在必然要在表象上投射它自己。"②这里明显可以发现叔本华的哲学。令人惊讶的是，虽然威泽瓦选择摆脱瓦格纳，但是他的不同文体的综合却与交响乐殊途同归，都在叔本华的哲学那里相遇了。

迪雅尔丹的内心独白理论，与叔本华主义的自我观紧密相连，魏斯曼发现的迪雅尔丹的信件正好说明了这一点。这封信写于1888年4月21日，当时迪雅尔丹的内心独白的小说《被砍掉的月桂树》刚刚发表在4月号的《独立评论》上，费内翁（Félix Fénéon）曾描述这部小说的出版信息，以及一些细节：有"向最高的心灵小说家拉辛致敬"的题词，还有作者的雕像画。③这封信的时间非常重要，迪雅尔丹并不是随便写了这封信，而是为了总结内心独白的理论，因而是个人思想

---

① 〔德〕理查德·瓦格纳：《我生来与众不同：瓦格纳口述自传》，高中甫、刁承俊译，北京：新星出版社，2018年，第484页。

② Téodor de Wyzewa, "Le Pessimisme de Richard Wagner", *Revue wagnérienne* 1.6 (juillet 1885), pp. 168-169.

③ Félix Fénéon, "Calendrier", *La Revue indépendante* 7.18 (avril 1888), p. 185.

的实录。在这封信的开头,迪雅尔丹做过说明:"我亲爱的皮卡,我打算发表的,不是《被砍掉的月桂树》的序言,而是一篇文章,写的是我对我从这部小说中得到的东西的几点观察。"①这里的皮卡(Vittorio Pica)是《独立评论》的编辑、迪雅尔丹的同事。迪雅尔丹写这封信的目的,是为了与皮卡交流意见。他们讨论了一篇文章,内心独白的"几点观察"被记录在这篇文章中。这篇文章后来并没有发表在《独立评论》上,不过,这封信难得地留下了迪雅尔丹的思考。

信中的诗学思想与威泽瓦美学的紧密关系是非常清楚的。在讨论迪雅尔丹的叔本华主义之前,可以再交代一些细节。迪雅尔丹在信里讨论了戏剧的形式,他指出人们现在不满意戏剧的地方,在于它保留了剧场。随后迪雅尔丹说:"艺术形式的发展确实是除去实际的因素。"②什么是"除去实际的因素"呢?就是让艺术形式与心灵之间尽量除去外在的媒介。这里的心灵既是作者的心灵,也是观众的心灵。让这些心灵直接面对心灵的状态,"除了心灵的状态不留下任何东西"。这种理论直接来自1886年6月威泽瓦的《瓦格纳文学评论》一文,该文同样发表在迪雅尔丹负责的《瓦格纳评论》上。文中威泽瓦概括了西方艺术的两种发展趋势,其中之一便是以心印心,去除中间媒介:"艺术进化的另一个重要法则,是创造生活的艺术家的心灵与重造生活的人们的心灵的逐渐接近,是一切中介的减弱。"③在这个过程中,心灵状态与艺术媒介由配合的关系,发展到分离,心灵状态为了更真实地呈现,它要求尽可能少的传达距离。不同文体除了上文说明过的与感受的关系外,也与传达媒介有关。威泽瓦发现原始人的神话和史诗,是通过歌唱来叙事,这种媒介无法让人们得到满足,于是就有了戏剧,但是现实中的演员制造了新的"距离",妨碍了人们的艺术感受,于是

---

① F. Weissman, "Édouard Dujardin, le monologue intérieur et Racine", *Revue d'histoire littéraire de la France* 74.3 (mai 1974), p. 491.

② Ibid., p. 492.

③ Téodor de Wyzewa, "Notes sur la littérature wagnérienne", *Revue wagnérienne*, 2.5 (juin 1886), p. 154.

就有了书写的小说。从神话、史诗，到戏剧，再到小说，构成了西方文学艺术接近心灵状态的三种阶段。因而不同文体的综合，也是文学与心灵的不同状态的综合。迪雅尔丹对威泽瓦的解释印象深刻，他在自己的信中，将威泽瓦的思想重述了一遍："从起源上看，这是叙事，是古希腊或者法国北部的行吟诗人的史诗。随后是戏剧，悲情的或者神秘的戏剧，它直接把一个角色呈现给大众，有演员和布景这反艺术的现实性。再后是长篇小说、书本。"①迪雅尔丹把艺术的发展也看作是对更直接的媒介的寻求。一种比传统的小说更接近内心的写作方法将会产生，而《被砍掉的月桂树》正是这种方法的实践。

因为赞同威泽瓦的叔本华主义的立场，迪雅尔丹在这封信中探讨了"主观主义"的问题。其实，主观主义就是威泽瓦所信奉的叔本华主义。因为将主体看作是表象的创造者，所以有了这种名称。迪雅尔丹解释得很清楚："主体创造客体，心灵创造世界；所有的行动都在人的心灵中，所有的风格，都紧随着心灵的状态而来。"②用主观主义来概括威泽瓦和瓦格纳的形而上学思想，迪雅尔丹还有一个用意，就是与福楼拜的"客观主义"相对照。费希特、叔本华否定自然，否定现象，而福楼拜、左拉等人则肯定它们。打出主观主义的旗帜，迪雅尔丹可以表明，不论是音乐中的音符，还是文学中的印象、情节，它们都不是自足的，它们通向更深处的心灵，是后者的表象。

主观主义揭示了内心独白的真正功能。严格来看，内心独白并不仅仅是对无意识心理的探索，不仅仅是对潜在心理活动的调查。博尔达曾认为这种技巧是对"最隐秘的思想"的描述③，按照这种看法，像《被砍掉的月桂树》这样的小说，就是对自我丰富性的展示了。实际上，内心独白最大的功能是给自我提供一个创造的喷火口。这用的是

---

① F. Weissman, "Édouard Dujardin, le monologue intérieur et Racine", *Revue d'histoire littéraire de la France* 74.3 (mai 1974), p. 492.
② Ibid., p. 491.
③ Robert Bordaz, "Édouard Dujardin", *La Revue des deux mondes*, 12 (décembre 1970), p. 593.

火山的比喻。人的自我是不可见的，这种自我就是人黑暗的意志。但是通过内心独白，人们在创造一部作品的过程中，呈现的其实是自我本身。因为每部作品既是自我的创造物，又能折射出自我本身。作品就是自我，内心独白就是火山的喷涌。内在的秘密通过这个喷口显现自己。内心独白是自我的叔本华式的存在方式。这里也有人类处境的悲哀。人从来没有创作过任何东西，人所创造的不过是他自己的影像。人永远是孤独的。迪雅尔丹在这封信中对内心独白的喷涌并未明言，但是他在《象征主义的命运》("Le Destin du Symbolisme") 一文中则有清楚的阐释："诗因而是一种喷涌，诗体本身应该是一种喷涌，一种神奇而光亮的真实性，它已经更新了文学。"[①] 引文中的"真实性"即是自我的真实性，是唯一的存在。通过自由诗，自我显露出它的光芒。自由诗与小说中的内心独白技巧，于是连成了一体，它们都是自我的喷火口。

从这个视野可以重新理解内心独白主张的不同文体的综合。散文和诗体不但代表着两种不同的感受，它们也代表着两种不同的自我状态：一种是强烈的，一种是平常的。前者是自我意志的直接喷涌，而后者则是理性干预下的行为。前者冲破了时间和空间等因果律的限制，是稳定的，持续的，而后者则涉及不同的环境，可以给前者提供解释和参考。两种文体的结合不仅是感受的合一，也是自我的合一。传统的小说往往关注自我的某一方面，内心独白在交响乐的启发下，想恢复自我的统一，想让自我在不同文体的结合中发生交响。因而，当《被砍掉的月桂树》完成的时候，文体的界限其实就消除了，一种跨文体的文学诞生了。

拉辛与内心独白的关系也可以说清楚了。拉辛并不是内心独白的起源，而是这种手法的先驱。迪雅尔丹在拉辛那里看到文体融合的迹象，也赞赏这位前修在探索心灵上的成就。这一点，那封信中说得明白："拉辛是伟大的被埋没的艺术家。他是完美的主观主义者，除了

---

① Édouard Dujardin, *Mallarmé par un des siens* (Paris: Messein, 1936), pp. 97-98.

心灵的状态不留下任何东西,一位诗体与散文的最高混合者,将所有现实都转成艺术的典范艺术家。"① 其实拉辛的作用只相当于内心独白的"招牌",迪雅尔丹需要一位大师来给他的理论撑门面,这位大师与内心独白有无真正的联系其实并不重要。

结　语

内心独白是以瓦格纳的交响乐结构为契机,寻求在文学中实现多种文体综合的手法。它在方法和理念上虽然受到瓦格纳的影响,但是又明显表现出摆脱瓦格纳的倾向。内心独白放弃了音乐的路线,尊重语言、概念作为文学媒介的作用。瓦格纳音乐美学是内心独白的"祖父",威泽瓦的理论才是内心独白的直接来源,威泽瓦对不同文体的关系和功能的解释,给内心独白提供了理论可行性。

内心独白虽然放弃了瓦格纳的跨艺术的综合,但是它的不同文体的综合,在思维方式上仍然来自瓦格纳,仍然参考了交响乐的结构。它们都渴望恢复古希腊的综合艺术。威泽瓦和迪雅尔丹并不孤单,在象征主义时期,他们的主张得到了不少响应,吉尔(René Ghil)提出与威泽瓦主义相近的"语言乐器"说,希望对理智、情感和感受进行新的综合,莫里斯(Charles Morice)也曾提出将不同文体、不同艺术流派统一起来的艺术综合理论。这说明威泽瓦主义的出现并不是偶然的现象,它是19世纪末期的普遍渴望。在某种意义上说,内心独白及其背后的威泽瓦主义希望扭转欧洲文艺两千年来分析的方向,以求向古希腊文艺(尤其是悲剧)传统回归,并与它并驾齐驱。这种崇高的目标,远远超过了威泽瓦和迪雅尔丹的文学能力。随着二人先后离开象征主义,与古希腊文艺竞争的雄心也随之偃旗息鼓,新的综合理论最终沦为美丽的幻影。

---

① F. Weissman, "Édouard Dujardin, le monologue intérieur et Racine", *Revue d'histoire littéraire de la France* 74.3 (mai 1974), p. 492.

后人类视角下的科幻文学*

毛郭平

摘 要：科学技术已经渗入到人类生活的方方面面，并对其产生了深远的影响。"后人类"是对当前科学技术影响之下的人类及其生活方式的概括。在立足科学技术的基础上，科幻文学前瞻性地描绘了后人类的生存境遇，使人类在认知方式和情感体验方面都发生了明显的变化；揭示了后人类社会中的意识形态力量、政治上的悲观主义和情感上的审美欠缺。科幻文学还发挥着警示与慰安的效用：一方面警示人们要留意当下科技造成人类厄运的可能性，另一方面又在精神层面按照补偿性机制提供了突围之路，但其根本上是要引导人类对未来进行深入思考。

关键词：科幻文学 后人类 科学技术

科学技术已经全方位渗入到人类生活当中，影响乃至改变着人们的生活方式与思维习惯。生物基因工程借助基因技术干预生物的遗传，使得生物可以按照人类的需求进行生殖培育，如通过改变农作物的基因，提高农作物的抗虫害、抗病毒能力等。当前数字技术的推广，同样也是把双刃剑，一方面，大数据让处于不自知状态的人们更好地认识到自己的习性、喜好，从而真正理解希腊德尔斐的阿波罗神庙中的"认识你自己"这一箴言；另一方面，数字技术在对人全方位算法的基础上，实现了对人的全景式监控。总之，科学技术在给人类带来福音

---

* 本文是国家社科基金重大招标项目"马克思主义文学批评经典重铸与当代拓展研究"（项目编号：19ZDA263）的阶段性成果。

的同时,也打开了潘多拉的盒子①。面对此种状况,人类再也无法像从前那样能够明确自己的生物属性和主体性,从而被学者称之为"后人类"②。关于后人类的文学叙述在科幻文学中较为集中。本文尝试从后人类的视角对科幻文学进行解读,探讨科幻文学中的后人类存在样态,分析科幻文学叙事中的意识形态,挖掘科幻文学与现实的深层关系。

一、科幻文学中的后人类的生存样态

文艺复兴以来,"宇宙的精华,万物的灵长"这一观念是人类中心主义形象的精确表达,它建构了人类在这个世界上的绝对中心地位。但是,随着科学技术的不断发展,特别是科技开始全方位融入人的生活之后,原先所构拟的人类中心主义及其所衍生出来的哲学观面临着种种挑战。比如,陷入数字化与算法化程序中的人类,原本会以为网页上所推荐的商品或者对话框所弹出来的各种信息是随意性的或者是经过人们的自主选择,实际情况是算法程序把人们的网页浏览记录已经在后台进行了计算,然后根据计算结果把相关信息再推送给人们,简言之,人们在智能设备上所看到的一切不过是算法程序精心推送的结果③。由此可见,人们的主体性只是算法精心塑造的后果,换言之,人类的主体性不过是算法的傀儡而已。科学技术还消弭了人与其他生物之间的结构性差异,如果不是因为伦理等因素的制约,人类同其他

---

① 据悉,2020年1月3日凌晨,伊朗圣城旅的最高指挥官苏莱曼尼少将,在刚抵达巴格达机场,就在其乘坐的汽车上遭到美军的"定点清除",实施定点清除任务的是美军出动MQ-9型死神无人机。这种武器的使用势必对今后的战争规模以及方式产生深远影响。详见:https://baijiahao.baidu.com/s?id=1654850011330681666。吴冠军在《健康码、数字人与余数生命——技术政治学与生命政治学的反思》中指出,健康码是大数据时代的智能化身份识别系统,对于疫情期间有效排查病患、控制病毒蔓延起着积极作用,但是健康码却有可能造成对个人隐私的侵犯。在这个意义上,作者指出健康码在疫情结束后存在的必要性上需要打个问号。参见《探索与争鸣》2020年第9期。
② 参见〔意〕罗西·布拉伊多蒂:《后人类》,宋根成译,郑州:河南大学出版社,2016年。
③ 参见蓝江:《生命档案化、算法治理和流众——数字时代的生命政治》,《探索与争鸣》2020年第9期。

生物或者器物一样，可以不是生育的自然形成，而是被有意制造的结果，最终可能是人与其他生物、非生物无法"在有机和无机、生育的和制造的、肉体和金属、电路和神经系统之间"①找到明确的区分线。可以说，跨物种的存在这一现实，使得以普遍生命力为中心的平等主义成为后人类中心的核心命题。尽管科技一直在改变着人类的生活，也被当成是人类生活中的工具或手段，但是，科技从未像现在如此大规模、深层次地对人类产生深远影响。"后人类"这一概念的提出，即是试图对这一现象进行命名的尝试。面对后人类问题，有学者就从哲学的角度强调，当务之急是要反思自文艺复兴以来一直被奉为圭臬的"人文主义"。②也有学者从政治学的角度指出，当前首先要解决的是如何保留人性以及如何延续人类的物种经验等问题，而要做到这一点，就需要警惕那种由科技形塑且可能会带来恶果的政治体制。③后人类在强调人类生活方式以及思维模式更新的同时，还坚称不能与之前人类生活模式彻底断裂，因为后人类这一概念的提出本身就抱有维护人类自身、强化人类属性赓续的初衷。这样，后人类并非只是一种静态描述或者一个修饰性的前缀，因为它既强调人类生活方式的差异性变化，同时又暗含着人类生活方式前后的一贯性，这就为我们观照科幻文学提供了一种新型的视角。

科学技术在改变了人类生产生活方式的同时，也造成了人类在认知方式和情感体验等方面的变化。呈现这一变化最直接也最重要的文学类型便是科幻文学。科幻文学尽管有软科幻与硬科幻之分，但科学技术是科幻文学的最重要基因这一论断并不怎么会受到质疑。科幻文学是立足于科学技术的基础上并对人类未来社会前瞻性的描绘与批判，故事情节往往是通过一个高度集权、标准化、同一化的世界来实现。

---

① 〔意〕罗西·布拉伊多蒂:《后人类》，宋根成译，第130页。
② 同上书，第87页。
③ 〔美〕弗朗西斯·福山:《我们的后人类未来:生物技术革命的后果》，黄立志译，南宁:广西师范大学出版社，2016年，第10页。

反乌托邦小说《美丽新世界》，描绘了一个借助科技发展且高度等级化的"美丽"世界。在这个世界里，人类是在一个叫"中伦敦生育与培育中心"由三百位受精操作员按照技术流程在专门的培育器中制造出来的。人类还在胚胎的时候就会按照金字塔式的等级被分别制造：阿尔法和贝塔是社会的上层，而伽马、德尔塔和埃普斯隆则要经过波卡诺夫斯基技术进行干预。如果说以前是一个胚胎能够成长为一个正常体格的人的话，那么经过波卡诺夫斯基技术干预过后，一个胚胎可以分解为九十六个，分解后的胚胎又会被送进"命运规划室"中，按照社会需求进行命运规划。胚胎成长为婴儿之后，又会在专门的新巴甫洛夫培育室经受书本与噪音、鲜花与触电两百次相同或类似的重复教育，以便他们的认知能力、情感体验都是相同或类似的。他们长大后认同自己的地位与工作，没有任何烦恼，还会快乐地生活。整齐划一是社会的特色，因为这些人在外貌与内在情感、心理等方面都是同样的、符合标准的。当然，为了使得社会永久稳定，就需要防止这些由科技培育出来的人产生变异的可能性，解决办法就是发明一种叫"苏摩"的精神药物。这种精神药物使人镇定，同时还可以让人产生幸福美好的幻觉，不会有任何的烦恼或者不满。总之，《美丽新世界》中的人，已经无法感知痛苦，缺少遗憾，毋需陷入烦恼的泥淖中，不需要有爱情、婚姻。与传统的人相比，他们显然是健康富足的，但是他们的身上已经缺乏了基本的人性的东西，因为他们是标准化的产品，缺乏了思考的能力，满足于自己所处的阶层，沉溺于快乐当中。由这些人构成的社会自然是"和谐安定"的。这部小说寓言（预言）式地揭示了人类在科技的帮助下所面临的反乌托邦情形。如果从当下的科学技术来审视人类的生活的话，我们确实能够看到人类无论从肉身层面还是从心智角度，较之于先前都发生了明显的变化。人类健康状况的改善、幸福欲求的增强无不说明了科学技术的积极作用。正如镜子有两面，科学技术也有它的负面效应，比如医学鉴定胎儿性别、精神药物的泛滥，都给人类社会带来了风险。科学技术是推动人类社会变革的重要因素，但是它会不会让社会的发展像脱缰了的野马那样随意驰骋？会不会让人们对于美好生活有着更加疯狂的奢望？这便是科学技术对人类社会发展潜在的隐患，也是这类小说对科学技术与人类关系的终极思考。

如果说《美丽新世界》将故事设定在未来的2532年一个反乌托邦的后人类生活场景的话，那么山西籍作家杨红光创作的科幻小说《云播智慧》则将故事设定在距离当下较近的2032年，那时的人类与当下人的生活并无多大差异，只不过科学技术在人们生活中的融入度更为紧密：人类头戴"读脑设备"就可以用意念控制外界的物品，具体来说，在所有的物品上都装上芯片，"读脑设备通过读取人的意念，无线传输给物品中的芯片，芯片接收到驱动指令，从而让物品实现位移"[①]。如果说这种显性的科技植入会给人带来便捷乃至幸福感的话，那么还有一种隐性的技术植入则让人恐惧：人们在体验先进科技的同时在悄无声息的情况下会在头上被植入三根仿生学的头发，这几根头发会与其他的头发一样共同生长。但是掌控这些头发的公司会借助被植入者的眼睛和耳朵实现与被植入者共同在场的效果，并可以通过远程控制让被植入者完成某些指令。这些科技的头发基本没有"排异"性，被植入者也会误将他人的指令当成自己的真实想法或者情绪感知。小说中描绘的同样是一个科学技术在生活中起主宰作用的时代，不过这个时代的人尚有一些人类中心的观念，比如他们在制造产品的时候，考虑到产品可能会对人造成伤害，便在产品中植入"善意程序"。但问题是，有些人会将善意程序改组，让它变成杀人的工具。在这样的时代里，人类的行为、情感是自己真实的选择还是别人的控制，已经纠缠不清了。这同样可以视作是后人类的生存境况。

当然，科幻小说并不总是沉湎于大地的，有时也会将视角转向天空。那时的人类所面临的是如何生存，如何面对没有任何道德观念的

---

① 杨红光：《云播智慧》，北京：中国大百科全书出版社，2021年，第33页。

外星文明以及可能的星际战争。《流浪地球》中的故事源自天体物理学家在对太阳进行精确观察并建立完整科学的太阳数学模型之后的一次科学推演：太阳将会在四百年后的一次"氦闪"之后变为一颗巨大但暗淡的红星，与此同时地球将会在氦闪中不复存在。为了避免这种悲惨的后果，人类开始了逃亡的历程：先是制造了地球发动机使地球停止自转，然后全功率开动地球发动机使地球飞出太阳系，在飞向比邻星的过程中有计划地使地球重新自转，最终进入比邻星的轨道。故事开始于地球即将流浪之际，那时的人类不得不适应为寻求新的家园而出现的各种变化。在地球停止自转之后，人们只能深居在地球的深层洞穴中，并慨叹人类这种返祖的景象。而死亡的威胁和逃生的欲望，成为人类心上的头等大事，一切行为或者想法都是围绕着这一中心进行的，因此，其他的行为对于人类而言却都无关宏旨，也很难引起人们的关注。相应地，逃离太阳系之前人类创作的那些作品及其所表现的情感，对于流浪时代的人类而言是不可思议的，这就是后人类时代的精神世界。还要注意的是，后人类将会面临两种主要的星球文化：以共生为进化基础的生态圈和以生存竞争为进化特征的生态圈。而后者则是多数科幻文学倾力表现的方面，即后人类会不可避免地面临着星际战争。在《流浪地球》中，地球在与吞食帝国的战争中被打败后，地球人被吞食帝国饲养起来当作食品，而且被饲养的人在饲养过程中被要求保持绝对的快乐，否则就无法被吞食帝国当成高档食品。当人类将视野面向太空的时候，人类无法在科学技术面前保持绝对的自信。人类掌握的科学技术越先进，就越发增加对自身命运的担忧。

其实，科幻文学作品中所揭示的后人类生活，是人们对当下科学技术未来走向的一种预评估。人的生物性特征、人的意识情感以及虚拟空间，科学技术都参与了建构，并直接造成后人类的出现。对此，我们需要强调的是，科学技术本身并无所谓善恶是非的问题，而对之之所以有褒贬，是因为科学技术难以离开它的使用者。从这个意义上来说，原本属于对人类利用科学技术的目的、手段和方式的综合性评判，悄悄地被置换为对科学技术的片面理解。因而，科幻文学作品中在揭示了科学技术影响之下后人类的生存状况的同时，其实也伴随着关于道德、政治、情感等问题的思考与探索。

二、科幻文学中的意识形态力量

科幻文学中的科学技术成为建构作品的核心推动力量，是情节发展的推进剂，如果缺少了科学技术这一根基，那么科幻文学的特性就会泯然。《美丽新世界》故事得以展开的依据就是因为生物基因技术以及神经病理学在人类生活中的广泛使用，《流浪地球》则是依据天体物理学来推算人类未来并展开的一系列行动，《云播智慧》则是立足于数字技术与仿生技术来设计人类社会的竞争，等等。科学技术是科幻文学最典型的外壳，也是这类文学的鲜明特征。不过，建基于科学技术之上的幻想使得科幻文学与其他的文学类型一样，会呈现人类生活方式，传达人们对于社会的情感、理解与认知，生成人的存在价值以及意义，这也就使得科幻文学带有了意识形态的力量。在科学技术得到普遍推行的社会里，人们的生产生活方式很明显地与之前有了较大区别：科技在造就一些新的生活方式的同时，也会让一部分原先的生活消逝，这就是社会转型期存在的必然现象。处于转型期的人们也会跟着发生相应的改变，他们会缅怀已逝的岁月，只是这种缅怀是与当下生活体验的比较中生成但又彼此交融在一起的。科幻文学也会很自然地捕捉到这一现象，并试图深刻揭示人类的未来。由此，人类到底是怎样的一种物种，人与其他生物之间是怎样的关系，人类所组建的社会是怎样的制度，等等，这是科幻文学中探讨的重要话题，它们可以凝缩为政治、审美、伦理、道德等意识形态问题。

科幻文学中呈现的社会样态往往带有悲观主义的色彩，主要表现是，强调危机是未来社会的常态，人们无从找寻到自己的出路是其基本的政治意识。西方马克思主义对后工业社会的人进行审视的一个重要维度,即是从人类在科技面前被严重异化并变成单向度的人这一现实层面进行思考。他们认为,科学技术是作为一个系统在社会中发挥着统治作用,基本路径是在科学合理性的基础上,建构起社会的合理性,从而形成了科学技术对人类的合理性控制。对此,马尔库塞指出:"统治不仅通过技术而且作为技术来自我巩固和扩大;而作为技术就为扩展统治权力提供了足够的合法性,这一合法性同化了所有文化层次。"[1]质言之,人们屈从于为扩大舒适生活、提高劳动生产率的各种技术装置。在技术合理性之下,为了适应科学技术所设定的各种生活,人们除了正常的劳动时间,还不得不把自己的闲暇时间也被充分利用起来,局限在"特殊的活动范围"内,结果是失去了对自己生活进行反思的可能性。这样,本来可以使人类解放的科学技术却变成了解放的桎梏。即便科技成为捆绑在人身上的枷锁,西哲也试图找寻如何回到人类自身的渠道,马尔库塞就指出,可以通过"感性的解放"来完成对科技极权的反抗。感性的解放是通过想象的力量来完成,想象在诗歌、文学和艺术中"对现实加以变形","一旦超越了现实的限制,想象的事件就犯了社会道德的忌讳,它就成了反常的和颠覆性的东西了"[2],这样,文学艺术就成为了实现反抗的有效途径。按照马克思主义关于意识与存在的关系,我们不难看出马尔库塞的"感性解放"观念在具体实践上是否具有可操作性。不过,西方马克思主义在人类社会发展的困境中找出突破之口的尝试仍是值得肯定的。如果说,后工业社会中的人处于异化状态尚能有一些自知且有一定的"人类中心主义"特征的话,那么在后人类语境中,科学技术则促成了人与机器的同质性,人所面临的问题已经不再是异化的问题了,因为人与其他物种的界限此时已经荡然无存了。福山曾借用科学技术的发展与人的关联指出了后人类社会人的属性的消逝:达到相当复杂程度的机器就可能会拥有同人类一样的意识,这势必会对人这一概念产生致命的影响,其

---

[1] 〔德〕马尔库塞:《单向度的人》,刘继译,上海:上海译文出版社,1989年,第142页。
[2] 〔德〕马尔库塞:《审美之维》,李小兵译,北京:生活·读书·新知三联书店,1989年,第112页。

结果就是将人当成"一种硅和晶体管合成的复杂机器,像碳和神经元一样简单"①。《美丽新世界》描绘了一个极权社会,这个社会通过科学技术加以全方位监控,就连思想也被预先规划好了,最可怕的是人都是在实验室培育出来的。这里的每个人表面看来都在健康快乐地生活,没有经历苦难挣扎,都在享受着快乐。只是快乐本身也是由科学技术制造出来,也受到科学技术使用者(主宰者)的监督,但是,谁来监督这些监督者,则成为小说潜在的质询。但有一点可以肯定的是,小说试图揭示人类的希望的缺失、明天的渺茫,所有的人都是按照科学技术所设定的程式在行尸走肉般活着,仅仅是生物性地存在。尽管作品中还乐观地描绘了这个美丽新世界的对立面——"野人"社会,野人社会或许让人类摆脱地狱般的境遇,如马尔库塞那般为我们找寻到突破美丽新世界的出口,但是赫胥黎却在《美丽新世界》出版27年之后写了《重返美丽新世界》,赤裸裸地击碎了我们的美好幻想。在《重返美丽新世界》里,赫胥黎认为《美丽新世界》所描绘的场景并非遥不可及,相反人类社会正在加速地朝着美丽新世界方向迈进,且丝毫没有停下来的征兆。在作品的最后,作者悲悯地哀叹:"失去了自由,人就不能成为完整意义上的人,……或许现在威胁自由的力量实在是太强大了,没办法长久地抵抗下去,但不管怎样,我们的责任就是尽自己的能力进行抵抗。"②如何抵抗,在赫胥黎那里只剩下一声呐喊了。科幻文学为我们描绘了后人类的时代,更为等级森严的社会,科学技术对人类的全面控制,人们不可能逃逸。《云播智慧》中人类对机器中的善意程序更改,借以摧毁商业领域的有力竞争者;《流浪地球》中利用太阳裂变的科学研究,用于满足个人掌控世界的欲望等,这些都有点像我们当下一些科技新闻报道,比如高科技武器精准杀人、病毒肆虐的政治图谋等,它们与科幻文学一道,共同强化着人类关于未来的惶恐与不知所措,在人们内心种植了一种"恐惧的政治"。

---

① 〔美〕弗朗西斯·福山:《我们的后人类未来:生物技术革命的后果》,黄立志译,第168页。
② 〔美〕奥尔德斯·赫胥黎:《美丽新世界》,陈超译,上海:上海译文出版社,2017年,第298页。

每一时代的审美方式往往能体现这个时代的审美风尚，同时还印证所处时代的意识形态。具体来说，根据这些审美方式所提炼出来的美学概念，往往是处于那个时代的人类在与社会主流意识形态的互动中形成的观念话语，这些话语也就具有两个层面的意义：一是美学概念"与适合于那种社会秩序的人类主体性的新形式都是密不可分的"[①]，即美学话语体现着人类的主体性表现形式；一是美学概念是社会主流意识形态在话语形式层面参与建构的结果，即美学概念是主流意识形态的表现。当然，正如福柯话语理论所涉及的，话语不仅仅是社会建构的结果，同时还参与社会的建构，因而，特定时代的美学概念是最能体现所处社会的主流意识形态的，但同时这些概念又在自觉或不自觉地强化了这些意识形态。比如日常生活的审美化这一论题的出现，既可以看作是审美领域对已有社会空间与生活场所的突破，是资本主义生产方式在审美领域的全新呈现方式；同时又可以将日常生活的审美化当成是对那些曾经与大众日常生活隔离的高雅文化的一次进攻，它意在消解高雅文化与低俗文化之间的僵硬壁垒，从而实现日常生活向审美高地的进发。科幻文学的审美方式也具有了后人类的特征，它并没有试图在审美类型中区分出雅俗高低，因为这个时候的人类已经与其他生物并没有特别明显的差异，他们的审美趣味已经摆脱或者正在摆脱以人为中心这一范围。《美丽新世界》中的人的审美方式就是服用"苏摩"，并按照苏摩的服用剂量来达到不同的精神境界，"半克苏摩就能享受半个假期，一克苏摩就能度过周末，两克苏摩就能神游东方极乐世界，三克苏摩就能来到永恒的漆黑的月球世界"[②]。这种审美娱乐方式，不再是人与人、人与自然、人与社会的不同关系所生成的审美感受，而是关乎药物对精神的刺激达到了何种程度。之所以会这样，是因为这里的人的出生已经不再靠传统的属于人的特有的生育方

---

① 〔英〕特里·伊格尔顿：《审美意识形态》，王杰、傅德根、麦永雄译，南宁：广西师范大学出版社，2001年，第3页。
② 〔美〕奥尔德斯·赫胥黎：《美丽新世界》，陈超译，第53页。

式,而是在实验室如同其他生物那样被培育出来的,这就先从根基上改变了人的生活基因。同时,由实验室培育出来的这些人都被预先安排并安稳地从事固定的工作和纯粹的享乐,根本没有时间来进行思考,这就改变了审美在感性层面给予人的影响。如果硬要将这种享乐方式也当成审美的话,它只能算是一种感官刺激。波兹曼认为赫胥黎这部作品的主旨是要揭示这一窘迫的现实:"人们感到痛苦的不是他们用笑声代替了思考,而是他们不知道自己为什么笑以及为什么不再思考。"[1]人们不再思考是因为所有的时间和精力都被严重挤压,人们也就缺少了追问人的价值和意义的可能。正如《流浪地球》中的人们被死亡的恐惧所震慑,他们所有的注意力全都集中在死亡的威胁与逃生的欲望上,而那些距离他们已有四百年的电影和小说所呈现的画面——男女主人公为了爱情会痛苦或哭泣——着实令人惊奇并难以言表。所以,在他们的精神生活里,无审美、零道德就是要遵从的基本准则。刘慈欣归纳了两条宇宙社会学的公理:"生存是文明的第一需要。文明不断增长和扩张,但宇宙中的物质总量保持不变。"[2]这当然有达尔文主义适者生存的意味,但是,科幻文学中的人类无不面临着生死大限,如何活下去或许会变得比所有的命题都更加重要,那么,审美的问题、道德的准则想当然地都悄然褪去了颜色。所以,后人类并非不要审美,而是其所面临的境遇没有给审美留有足够的闲暇。从这个意义上来说,科幻文学中的审美形式存在与否只不过是其所处时代意识形态决定的结果。

科幻文学中的政治、审美是后人类生存境遇的必由之路以及这种境遇下意识形态的表现形式,但是政治样态及审美类型也在强化着后人类的生存境遇与意识形态,两者之间的复杂关系也使得科幻文学在表现相应意识形态的时候前后存在着抵牾。《云播智慧》中,中国的大道公司与A国的风格公司之间有着残酷的商业竞争,因而无论大道公

---

[1] 〔美〕尼尔·波兹曼:《娱乐至死》,章艳译,南宁:广西师范大学出版社,2004年,第211页。
[2] 刘慈欣:《三体·黑暗森林》,重庆:重庆出版社,2017年,第221页。

司还是风格公司都必须要在资本的框架内展开运作。大道公司为了赢取更大的利润,争夺更广的市场,注重研发消费者"情感体验",这就是一种商业意识形态,用美学的方式加以表现。但是,坚守中国文化的大道公司却始终强调"不上资本的当,不以追求利润为第一需要,而是以构建人类社会美好未来为第一需要。"①这显然与资本的要义不匹配。

三、科幻文学的补偿性机制

科幻文学所揭示的诸多意识形态,是人类现有社会意识形态的衍生与发展。人类社会作为一个共同体会遵循必要的伦理、道德,会有其特定的地球文明,只是地球文明内部并不是所有的人都会认同这种价值范式、文明类型。同样将人类文明放置在整个宇宙中来审视的话,可能就沦为一个点状化的文明②,这样的文明体系是否具有兼容性、共生性,是否会在星际宇宙间达成某种共识?等等类似的问题必然会引发人们的进一步思考,这或许是科幻文学中的重要母题。考虑科幻文学所涉及的其他主题,可以认为科幻文学具有明确的问题意识,即试图依托科学技术的发展,探究科学技术对人类生活正在产生以及可能产生的影响,并试图在遵循科学技术发展的逻辑层次上对现实问题做出前瞻性的、想象性的解答。在这个意义上,科幻文学对人类经验的完善遵循了补偿性机制。补偿性机制在科幻文学中体现在三个方面:警示性、想象性满足和反思性。

科幻文学中的场景多是令人触目惊心的:由实验室培育出来的人只依靠感官的刺激而活(《美丽新世界》),孤立无援的人类与地球一起

---

① 杨红光:《云播智慧》,第299页。
② 观众在体育场的最后一排来看足球的话,就会发现球员的所有行为都会因为距离的原因变成点状化的,那么整个足球比赛就像是23个点在不停地位移。在这个意义上,宇宙间的各类文明因为距离的缘故也会丧失其丰富内涵,从而沦落为点状化的。参见刘慈欣:《三体》,第329页。

在宇宙中流浪（《流浪地球》），依托克隆技术生产出来的武康代到17代都重复着同样的生活（《百年守望——克隆之殇》），解决了千年虫危机的人不得不面临着万年虫、十万年虫、百万年虫的问题（《祸害万年在——千年虫，万年毒》）……类似的场景具有明显的警示性效果。文学并不只是给生活唱赞歌，它还会直面现实生活中的各种问题，正如科幻文学更多呈现的是科学技术带给人类的负面影响。其实，科学技术在深刻地改变着人类的生活方式和心性，然而，多数人只是沉浸其中，并不怎么考虑它的弊端，反而是采取进化论的方式来看待科技，正如新科技、高科技这样的命名就暗含了这样的内涵。当下，新的多媒体环境成为了全球化信息的娱乐产业工具，随处可见人们掌控着各种电子智能设备，却不曾想到早已被各种设备所掌控；在貌似休闲娱乐中却为各种视频充当着忠实的消费者，深层次的问题是："各类信息文本以直观化的图像和视频呈现在人们面前，断裂开了人们用以思考和体悟的空间。以短视频传播为例，其囿于自身时长的限制，在适应人们快节奏消费的同时，通过片段化的内容呈现将感官刺激瞬时化。"[①]在诸多感官刺激中，人们逐渐习惯了关于世界的信息"茧房"，也被暗示性地将自己定位在潜意识或无意识的层面，其结果就是人类思考的贫瘠。与此同时，习惯于科学技术融入日常生活中的人类，就会把这样的生活当成是理所应当的，还会将那些不适应这种生活的人当成是落伍的、多余的、"流众"[②]。而科幻文学将科学技术对人的影响加以极端化地呈现，突出科学技术给人带来的弊端，就会给读者带来"陌生化"的效果，让人们真切地感受到科学技术并不完全是有益于人类社会的，其还存在着将整个人类摧毁的危险，因此，科学技术恰如达摩

---

① 王冬冬：《相遇不相知：算法时代的文化景观重构》，《探索与争鸣》2021年第3期。
② 蓝江认为，在数字时代，总会有一些人被排斥在算法之外，这些人就是数字时代的剩余物，即"流众"（precarious）。流众的具体特征是"没有稳定的工作，也没有确定的身份，随处栖息，也没有任何的忠诚和认同。他们如同流水一般，在世界中肆意流动着，为了谋生而不得不到处流浪"。参见蓝江：《生命档案化、算法治理和流众——数字时代的生命政治》，《探索与争鸣》2020年第9期。

克利斯之剑始终悬置在人类的头顶,究竟是美好的未来还是可怕的厄运哪个先到都说不准。《美丽新世界》中科技改变了人类的自然形态,也试图用科技改变人的心理。作品以反讽的方式表达了科技对于人类心理改变的方式是通过"苏摩"这样的精神药物和感官电影。这为我们反观当今人类的生活提供了资源,也易于引起当下人的警醒。赫胥黎就曾坦言,"《美丽新世界》的主题并不是科技的进步,而是科技的进步对人类个体的影响。"①恩格斯曾指出劳动在从猿到人转变过程中的重大意义,即劳动不仅生成了人的肉身,同时还促成了人的心理。其实,现代科技也在改变着人的自然属性,还改变着人的心理。这都需要我们审慎地面对科学技术的各种效用。

  科幻文学在发出警醒的同时,往往会尝试着找寻困境的突破口,这为陷入绝境的人类提供了一种想象性满足。《美丽新世界》中文明社会里的人没有个性,没有感情,没有烦恼,等级森严。这种沉闷的气氛似乎没有被打破的可能,尽管人类培育室可能会发生失误从而违背美丽社会的初衷,但并不能影响美丽社会的根基。作品找到突破口的方式就是为美丽新世界设置了参照物,即野蛮社会。尽管两个世界的交集不多,但是野蛮世界的存在就从根本上动摇了美丽新世界的独尊性,也就为避免陷入美丽新世界之类的反乌托邦社会提供了可行性。《地火》中的刘欣本意是要用气化煤理念将地底下的煤炭通过控制性地燃烧变成煤层气,从而革新煤炭工业的生产方式、改变煤矿工人的命运,结果在实验的过程中整个大煤层无序着火,人类陷入了生态灾难当中。如同鲁迅要在坟上平添一个花环一样,刘慈欣也在《地火》中加了个"花环":灾难发生120年后,人类彻底掌握了气化煤技术,根本改变了煤矿工人的命运,对此,小说借用一个初中生的日记表达了对时代的思考:"我们不必留恋所谓过去的好时光,那个时候生活充满艰难、危险和迷惘;我们也不必为今天的时代过分沮丧,因为今天,

---

① 〔美〕奥尔德斯·赫胥黎:《美丽新世界》,陈超译,第5—6页。

也总有一天会被人们称作是——过去的好时光。"①《云播智慧》中的大道公司坚持人性本善论，认为人心险恶是资本泛滥造成的。为此，他们试图通过建设康养庄园来唤回人心，使得人心得以复苏。总之，科幻文学在揭示人类将面临科技所带来可能困境的同时，往往会设置一个光明的尾巴。这种叙事策略当然还是与人类中心主义的原则密不可分，既要体现科学技术的极端化倾向，同时又要对科技的极端化保持足够的戒心和耐心，并将技术极端化的根源归结在人类自身。②因而，在后人类场景的叙述中，其底色仍旧是以人类为中心的情怀。所以，科幻文学在用理性推测科学技术的未来面向的时候，同时又在非理性地向往一切都会朝着人类的愿望前进。

　　科幻文学给予人的警醒是直接的，输送给人的乐观情绪也是明显的。但是，科幻文学带给我们的思索却是耐人寻味的。从后人类的视角来看，科幻文学虽然消解了人类中心主义观念，却是建立在对人本身思考的基础之上的，主要问题指向是：在科学技术高度发达的未来，人的局限性如何有限地克服。从这个意义上，科幻文学就是要从人类命运共同体的层面思考人类的未来命运以及伦理价值等。笛卡尔的"我思故我在"高扬人类的理性，但是，理性真的会将人类带入美好未来吗？对理性质疑的最明显的例子就是科学技术，科学技术是遵循着理性的原则不断发展的，但是科学技术带给社会的后果却可能是非理性的。其实人类的行为既受理性的影响，也受到非理性力量的指引。所以，理性并不能解释人类的所有行为，"理性可以解释均衡，但不能解释非均衡；理性可以解释许多常规的小决策，但无法解释非常规的大决策；理性能解释'遗传'，但不能解释'变异'"③。对人类的理性力量抱有审慎态度，本质上是对人类中心地位的质疑。为此，科幻文学总是从人类理性的规划出发，结果却是面对一个违背人类意愿的未来。

---

① 刘慈欣、王晋康、何夕：《流浪地球》，沈阳：万卷出版公司，2016年，第112—113页。
② 〔意〕罗西·布拉伊多蒂：《后人类》，宋根成译，第57页。
③ 张维迎：《不可高估理性的力量》，《读书》2020年第10期。

正如生物医药的发展，它的确在减轻病痛与苦楚使人健康生活方面发挥了积极作用，但却会使人类丧失很多美好的品格。《流浪地球》中的人与人之间缺乏应有的爱情与亲情，一切都是冷漠的；《美丽新世界》中的人类在药物的帮助下将信仰当成真正的知识，无法真正地认识到自己的问题；何夕的《假设》中就指出，童年时代的人类因为没有掌握足够的科技，所以他们的内心会有天堂的存在，会对一切都抱有憧憬和崇敬；当人类掌握了科学技术之后，天堂却在科学技术面前消失了。《云播智慧》中面对现代科技的无序发展，人们只能在传统文化中去寻求解决方略。科幻文学建基于科学技术的基础之上，预测科学技术的必由之路以及它可能带来的危机、混乱和痛苦，从而给予当下的人类以深刻反思，让人类在奔向未来的路途中提供一些可能的选择。

科幻文学在表现后人类的生存样态的基础上，揭示后人类生活中的意识形态力量，从而给当下以深刻反思。科幻文学前瞻性地对当下的科学技术未来之途表明了批判立场，从而具有了较强的现实主义色彩。特别是通过警示与安慰旨在引发人类对自身的重新理解，确立人在社会、宇宙中的坐标，科幻文学让人类在整个世界图景面前筹划着却又自省地走向未来。或许止庵说得对："在'舒服'与'受苦受难'之间，人们很容易做出自己的选择。虽然《美丽新世界》写的是非人世界，它却仿佛植根于人性之中，更像是我们发自内心对于未来的一种期待。"[1]

---

[1] 止庵：《面对"美丽新世界"》，《博览群书》2005年第10期。

远近随笔

A Series of Far and Close Vision

远离故乡后的故乡*

程正民

摘　要：故乡是与特定时间与特定地点相联系的一种特定记忆空间，但故乡也会在故乡人远离之后变成一种文化。故乡文化的特点是由地方风物、地理景观和地方人际关系引发学者的观念建构，从而既可以进入现象学的描述，也可以开展人文科学进行研究。中国和俄罗斯，是两个历史文明悠久的大国，在长期的社会历史中，都涌现了大量记录故乡文化的文献，那些思想文化巨匠笔下的故乡文化还可能成为跨文化研究的对象。

一个人的故乡是他生于斯、长于斯的地方，后面不管命运把他抛到何方，不管他能飞多远多高，故乡就像那根拉着风筝的绳子，永远紧紧拉着他。不管他离开故乡多远多久，他总是时时想念故乡的山故乡的水，故乡的亲人故乡的发小，他也总改变不了乡音，忘不了家乡的味道。身居法国的俄罗斯作家屠格涅夫，在病危的时候专门从国外写信嘱托朋友、诗人雅·彼·波隆斯基："您去斯巴斯克的时候，请代我向我的宅子、花园和我那棵小橡树告别，——代我向祖国告别，我大概永远看不到它了。"身居英国远离祖国几十年的钢琴家傅聪在弥留之际，尽管有夫人Patsy和儿子守候在身旁，他最后说出的两句话却是："我想傅敏，我想回家！"乡愁是人类最普通、最动人和最美丽的情感，也是自古以来中外文学艺术家最想表达的不朽主题。

---

* 此为作者的长文《故乡》的选刊，原文近三万字，本文摘发了其中讨论中俄文论和文学作品中的"故乡"的部分。

一、唐诗里的故乡

　　唐诗是中国古代文学中最灿烂的篇章，它以完美的艺术形式广泛反映唐代社会生活，集中体现中华民族的文化精神，表现乡愁的诗篇是其中最动人最优秀的部分，几百年来为大家广为传诵。

　　唐诗中表现故乡的篇章主要是表现远离故乡的游子对故乡和亲人的思念，其中如王维的脍炙人口的《九月九日忆山东兄弟》：

　　　　独在异乡为异客，
　　　　每逢佳节倍思亲。
　　　　遥知兄弟登高处，
　　　　遍插茱萸少一人。

　　这是诗人王维重阳节思念家乡亲人的诗作。诗人家乡是山西蒲州（今永济），写作此诗时正在帝都长安谋取功名。帝都虽然繁华，但远离家乡一切让他感到陌生和孤独，诗中一个"独"字，两个"异"字强烈表现了他的乡愁，而这种乡愁在家人团聚的"佳节"时更是不可抑制地爆发出来。诗人的乡愁在诗中不是直露的，而是借助重阳登高和佩带茱萸这个乡间风俗来表现的。"遍插茱萸少一人"，说的是故乡兄弟登高佩上茱萸时少了自己这个兄弟，强调不是自己不能回家的遗憾，而是众兄弟因他不能回家感到的遗憾。这种视角的转换，把诗人的思乡之情、家乡兄弟的思亲之情，表现得曲折有致、委婉动人。

　　唐诗中的故乡描写，在边塞诗中显得更为突出。"秦时明月汉时关，万里长征人未还"，古代士兵远离故乡到万里之外戍边，过着异常艰苦的生活，他们的思乡感情比一般人要来得更为浓烈。其中如李益《夜上受降城闻笛》：

> 回乐烽前沙似雪，
> 受降城外月如霜。
> 不知何处吹芦管，
> 一夜征人尽望乡。

诗中写的是戍边将士的乡情，诗中的受降城是灵州治所回乐县（今宁夏灵武市西南）的别称。

诗中头两句是写登城所见的景色，远看是天边的沙漠，近看是凄凉的月色，作者用"沙似雪"、"月如霜"，写出边塞的荒凉和凄冷，而这种处境无法不勾起将士的乡情。后两句还用凄冷幽怨的笛声，将思乡之情推向高潮。"不知"两句写出征人迷惘的心情，一个"尽"字又写出征人人皆有之的浓浓的思乡之情。诗中将景色、声音、情感融为一体，将诗情、画意和乐美熔于一炉，意境浑成，表现出一种凄美的悠长的乡情。

唐诗写的乡愁如此真挚，几百年后依然让我们心动，这是同诗人出色的艺术表现力分不开的。诗中诗人借助艺术意象、艺术想象、心理刻画等艺术手段，把乡愁写得多姿多彩，十分动人。武元衡的《春兴》，通过梦境，通过艺术想象，表现故乡之思：

> 杨柳阴阴细雨晴，
> 残花落尽见流莺。
> 春风一夜吹香梦，
> 又逐春风到洛城。

这首诗写的是由春色撩动的故乡情，诗人在春风吹拂下做了一个还乡梦。头两句写的是春日春色，这是一个细雨初晴的春日，在春天的细雨中杨柳一片翠绿，枝头的残花落尽，露出树上啼鸣的流莺，异乡的春天已经消失，那么故乡的春色是不是也已凋零了？触景生情，诗人乡愁油然而生。后两句的想象非常奇特、大胆。上句写春风吹动思乡之情，春风给思乡者吹来故乡的信息，幻化成一夜思乡的春梦。下句写梦逐春风，诗人笔下春风变得非常多情，殷殷为诗人吹送乡梦，于是诗人思乡之梦随着春风越过千山万水，来到日夜思念的故乡洛阳城。诗中诗人触景生情，由情入梦，借助新奇、大胆的艺术想象力，把思乡之情写得别具一格。再看宋之问的《渡汉江》，他通过对复杂矛盾心理的刻画，表达了离开故乡后的愁思：

岭外音书断，
经冬复历春。
近乡情更怯，
不敢问来人。

这是诗人从被贬的岭南北归，途中经汉江写的一首诗。前两句追叙诗人被贬后岭南的处境：岭南蛮荒，与世隔绝，音讯断绝。诗中用"断"字和"复"字表现诗人的孤独、苦闷和对家人的思念，为后两句刻画复杂矛盾的心情做了铺垫。后两句是本诗的精华，按照正常的心理，后两句应当写成"近乡情更迫，急想问来人"，而诗人却一反常理，写成"近乡情更怯，不敢问来人"。仔细想想，这又是合情合理的，是符合前两句所规定的情景，因为长期离家得不到家乡任何消息，一方面日夜思念亲人，同时又担心家人命运，怕他们遭到不幸。这种矛盾复杂的心理在临近家乡时又产生戏剧性的变化，生怕原先的担心、忧虑被"来人"证实，变成残酷的现实，断送了回家团聚的美梦。于是，"情更迫"变成"情更怯"，"急想问"变成"不敢问"。这表现了诗人强行抑制自己急切愿望而带来的痛苦。这种矛盾复杂心理的刻画，把诗人的思乡之情表现得既富有戏剧性又真实动人。

唐诗中表现乡愁的艺术手段除了想象、梦境和心理刻画，更突出的是借助月亮的意象来寄托对家乡和亲人的思念。这种艺术手法的运用在唐诗中处处可见，如"露从今夜白，月是故乡明"（杜甫《月夜忆舍弟》），"青山一道同云雨，明月何曾是两乡"（王昌龄《送柴侍御》），"共看明月应垂泪，一夜乡心五处同"（白居易《自河南经乱……》），"别后唯所思，天涯共明月"（孟郊《古怨别》），"海上生明月，天涯共此时"（张九龄《望月怀远》），"思君如满月，夜夜减清辉"（张九龄《赋得自君之出矣》），等等。

唐诗中借月亮意象描写故乡的千古绝唱当属李白的《静夜思》：

> 床前明月光，
> 疑是地上霜。
> 举头望明月，
> 低头思故乡。

这短短四句诗明白如话，朗朗上口，清新朴素，但它所表现的故乡情又是亲切动人，意味深长。头两句写的是深秋时节月白霜清，"疑是地上霜"，以霜色形容月色，是诗人在特定情境中瞬间所产生的错觉，诗人夜不能眠，在恍惚的心情中，把月光错当成白霜。秋月是明亮的，又是冷清的，对于远离家乡和亲人的人来说，面对月光最容易产生思乡之情。诗人由望月转入思乡显得十分自然，从"疑是"到"举头"，从"举头"到"低头"，形象表现了诗人内心的活动，生动展示出形象的月夜思乡图。

在李白的《静夜思》之后，杜甫也留下了《月夜忆舍弟》的名篇和"月是故乡明"的名句：

> 戍鼓断人行，边秋一雁声。
> 露从今夜白，月是故乡明。
> 有弟皆分散，无家问死生。
> 寄书长不达，况乃未休兵。

杜甫这首诗写的是月夜怀念战乱中天各一方的兄弟。头两句路断行人、戍鼓雁声，写出边塞所见所闻是一片凄凉的景象，为"月夜"渲染出浓重悲凉的气氛。后两句是点题，"露从今夜白"是写景，白露的夜晚清露盈盈，令人顿生寒意。"月是故乡明"也是写景，但在景中融入了自己主观的感情。众所周知，普天下共一轮明月，各地明月毫无差别，诗人偏偏要说故乡的月亮最明、最亮，这偏偏是诗人的心理幻觉，他却偏偏要说得那么决断、那么不容置疑。这里诗人强调的不是物理的真实，而是心理的真实，诗人正是通过对这种心理真实地刻画，表现出对故乡对亲人的真情。从这里可以看出诗人化平板为神奇的艺术功力。最后四句由望月转入抒情，弟兄离散，家已不存，战事频仍，书常不达，生死茫茫。诗人笔下的乡愁既怀家愁，又忧国难，写得沉郁凄楚，把乡愁的诗歌提升到一个新的高度。

面对唐代诗人常以月亮寄托乡愁，人们常常要问，为什么月亮的意象与故乡的概念会联系到一起呢？

首先，月亮在中国文化里是女性的象征。《吕氏春秋·精通》云："月，群阴之本。"《淮南子·天文训》谓："月者，阴之精地之理也。"《说文》释月："阙也，太阴之精"。古希腊有月神阿尔忒弥斯，古罗马有月神狄安娜，中国有月亮女神嫦娥。月亮一直伴随着女性比喻，有时也以母亲的温馨与忧伤的形象出现，给远离千里的游子的孤寂心灵予慰藉和温暖，游子也往往把明月与故乡和母亲联系在一起，借以寄托自己的思念。"举头望明月，低头思故乡"，在寂静的夜晚看到窗前的一轮明月，自然就会触动游子的乡愁。

当然，月亮也象征着团圆。"人有悲欢离合，月有阴晴圆缺，此事古难全"，在中秋节，在月亮当空时，人们总是盼望合家团圆，从心里祝愿："但愿人长久，千里共婵娟。"

其次，月亮是超越时空的意象，正如华严经教义所言："月印万川。"古代交通不便，人们远隔千山万水无法相见，只能借着月亮这个载体缩短时空的距离，系着思乡的心灵。被月亮引发的两地思乡的主题，在唐诗中经常出现。王昌龄的"青山一道共云雨，明月何曾是两乡"，一句是肯定，一句是反问，两地云雨相同，明月共睹，物因情变，两地竟成一乡。白居易的"共看明月应垂泪，一夜乡心五处同"写的是战乱让兄弟姐妹离散，天各一方。诗人孤单凄惨，夜不能眠，举首遥望独悬夜空的明月，不禁想到飘零各地的兄弟姐妹。正是超越时空的一轮明月，把流散各地的亲情联系起来，形成一幅五地望月共生乡愁的动人图景。

再有，月亮是温馨的、宁静的、清远的，诗人借着月亮在表达乡愁时，也在追求一种超迈绝俗的文化精神和含蓄清远的美学情趣。西方文化热衷于日神阿波罗，中华文化更钟情于朗朗明月。诗人在月亮意象中寻找母亲的慰藉，寻找温馨的家园，寻找团圆与和谐的世界，同时也在月亮的意象中寻找一种淡泊、清远、朦胧的美学世界。"床前明月光，疑是地上霜。举头望明月，低头思故乡。"在这里，月亮的澄静和心灵的宁静是合为一体的，诗人正是通过月光和故乡的联想，从纷繁喧嚣的尘世超脱出来，走向那个清明宁静的心灵世界，走向那个空灵、清远的美学世界，空灵、清远的艺术境界正是在恬静、纯净的月色中得到最充分的体现。从这里也可以看出，中国传统艺术追求的不是写实式的毛发毕现的美学境界，而是写意式的朦胧、含蓄的美学境界。

二、故乡的风情

人们心中的故乡，人们对故乡的思念，总是同故乡的风土人情，同故乡的山川风物，同故乡的风俗联系在一起的。

故乡在自然风光里。故乡在山川湖海里，在树木花草里，故乡的一条小溪、一株小草都会勾起你的乡愁。"明朝望乡处，应见陇头梅"，诗人宋之问流放广西钦州，途径江西大庾岭时，想到明晨踏上岭头的时候，再望一望故乡吧，虽见不到故乡的踪影，但岭上的梅花总是可以见到的,他心中的故乡是同梅花连在一起的。王维的"君自故乡来,应知故乡事。来日绮窗前,寒梅著花未?"写的是久在异乡的人忽然见到来自故乡的旧友,急切想了解故乡事。故乡事一大堆,但他独问窗前的那株寒梅开了没有,这看来不合情理,有些出乎常情,但仔细想想又非常真实、动人,一个人对故乡的思念总是同自己相关的事物联系在一起。这里,寒梅已经不是一般的自然物,寒梅被诗人诗化了,它成了故乡的象征,寄托着诗人的乡愁。无名氏的《杂诗》:"旧山虽在不关身,且向长安过暮春。一树梨花一溪月,不知今夜属何人?"这首诗写的是诗人长居长安有家难回的乡愁。在诗人心中,故乡就是"一树梨花一溪月",但如今不知属何人,总之"旧山虽在不关身"了。花月本无情,诗人却从无情物中翻出情。古人这种由故乡的花引发思乡之情在当代诗人的作品也处处可见。当代诗人舒婷的诗作《日光岩下的三角梅》便是一例,请看诗中最后一段:

呵,抬头是你
低头是你
闭上眼睛还是你
即使身在异乡他水
只要想起
日光岩下的三角梅
眼光便柔和如梦
心,不知是悲是喜

三角梅是舒婷家乡的市花,她在鼓浪屿日光岩见到的三角梅开得"如织锦如挂瀑,如歌如诉如痴如醉,极其动心动情",诗人对家乡的感情是同三角梅连在一起的。

抗美援朝时期,中国人民志愿军远离故乡在炮火连天的上甘岭作战时,想起家乡时唱的是:"一条大河波浪宽,风吹稻花香两岸,我家就在岸上住,听惯了艄公的号子,看惯了船上的白帆"。战士们心里的家乡是一条大河,是两岸的稻花,是船上的白帆,保祖国就是保家乡,前线战士思乡之情化为战斗的豪情。

故乡在乡音里。提到乡音,我们自然想起贺知章的著名诗句:"少小离家老大回,乡音无改鬓毛衰。儿童相见不相识,笑问客从何处来。"诗人86岁高龄辞官回家乡,他以"少小离家"和"老大回"自对,表达数十年离家客居他乡的无限感慨,又以不变的"乡音"对照变化了的"鬓毛",表现了对家乡的一片深情。在这里,乡音成了家乡的标志,成了游子和家乡的血肉联系。语言是人类交际和思维的重要工具,它一方面具有全民性,以其基本的语汇、语法体系和语音为全社会共用;另一方面又具有社会分化性,不同的社会群体之间处于隔绝状态,拥有不同文化,也就有不同用语、不同方言。就汉语而言,就可以分为七大方言区:北方方言、吴方言、湘方言、赣方言、客家方言、粤方言、闽方言。众多方言的差异显示出语言的多姿多彩,也蕴含着丰富的乡土文化,方言、乡音是同故乡的文化紧紧联系在一起的。对于我们这些一辈子远离家乡的人来说,家乡的方言已经说得很不流利了,但每逢老乡相聚或者回到老家,用家乡的方言谈话,你就会有一种老乡之间无比亲切的感觉。以我们闽南方言为例,当你把古代说成"古早",把太阳说成"日头",把月亮说成"月娘",把水井说成"古井",把开水说成"滚水",把调皮说成"跳鬼",把爱出风头说成"鸡头",把好玩说成"礼倒",把不讲理说成"番汰汰",在这个时候你就会感到无比畅快、无比亲切,整个表情都容光焕发,身体沐浴着故乡的阳光,心中流溢着故乡的亲情。通过方言,我们寻找精神深处的故乡,让漂泊的灵魂安然落地栖息。方言是一个地方的血液,我们要推广普通话,但方言不该也不会消失。一个没有方言滋润的城市是没有生气的、苍白的,也会带来一些文化的消失。由众多方言聚集起来的城市,才是有烟火气的有生气的城市。

故乡在舌尖里。民以食为天,饮食在人们生活中占有十分重要的地位，它不仅满足人们的生理需要，也满足人们精神层面的需求。我国地大物博，各地饮食习惯五花八门，各地的饮食体现各地的乡土文化，人们往往通过品尝家乡的菜肴来寄托自己的乡愁。根据各地不同的文化特色，我国形成京菜、粤菜、鲁菜、苏菜、湘菜、闽菜等菜系。各地也都有自己的特产，如北京的烤鸭、天津的狗不理包子、广州的龙虎斗、四川的麻婆豆腐、福建的佛跳墙、云南的汽锅鸡、武汉的热干面、东北的粉条白菜炖豆腐。新冠病毒流行时，一碗热干面，是武汉人满足的乡愁，给武汉人多少温暖和力量。舌尖里的乡愁在节日食俗里表现得更为突出，如每年的年夜饭，表现出合家团圆、幸福满满，也体现出各地的乡土文化，各地的年夜饭都有浓厚的乡土气息和文化意味。下面是一首描写闽南年夜饭的歌谣《围炉歌》：

> 二九暝，
> 全家坐圆圆。
> 年底好日子，
> 围炉过新年。
> 桌顶酒菜满满是，
> 鸡鸭烘肉红瓜鱼。
> 一碗长年菜，
> 一碗金针煮木耳。
> 红膏蟹，乌鳗鱼，
> 吃蚶才会赚大钱。
> 大人小孩笑眯眯。
> 祝阿公阿嬷岁寿吃百二，
> 祝大家平安无代志。（代志：事情）

一首《围炉歌》是满满的民俗文化，是浓浓的乡情，"烘肉红瓜鱼""金针煮木耳""红膏蟹""乌鳗鱼"，是闽南沿海特有的，在这些菜肴里寄托的是全家团圆的愿望，是赚大钱的期望，是对老人长命百岁的祝福。

故乡在乡艺里。中国地域辽阔、民族众多，不同地区、不同民族在长期历史发展过程中创造了民间诗歌、民间音乐、民间舞蹈、民间美术、民间戏曲等民间艺术，在这些多种多样、精彩纷呈的民间艺术里蕴藏着深厚的民族文化传统，也寄寓着远离故乡的游子的乡愁，我们一想起家乡，就会想起家乡的民歌、家乡的戏曲。就民歌而言，它最突出的特征就是鲜明的地域性、浓厚的乡土特色。各地都有自己的民歌，如陕北的"信天游"，甘肃、青海、宁夏交界处的"花儿"，闽粤赣交汇处的"客家山歌"，西南各少数民族地区的"飞歌"（苗）、"大歌"（侗、布依）。各地的游子一听到家乡的民歌，乡情就油然而生。各地也有自己的民间戏曲，如湖北的黄梅戏、湖南的花鼓戏、陕北的秧歌、河南的驴皮影、泉州的提线木偶、漳州的布袋戏、泉州的提线木偶戏。我小时候在厦门的鼓浪屿，除了欣赏西洋音乐，也特别喜欢泉州的南音，喜欢漳州、泉州的布袋戏和木偶戏，前有宁静悠远的乡音，后有生动有趣的表演，至今令我难忘。

谈到故乡的风情，我自然想起我的故乡鼓浪屿。至今离开故乡已有六十多年了，我每次回到家乡，总要到鼓浪屿走一回，去寻找我的童年，去抒发我的乡情。我到鼓浪屿总是避开游客熙熙攘攘的时刻，那不是我心中的鼓浪屿，我选择的是清晨或黄昏，在人流褪尽的时分，那宁静、温馨的鼓浪屿，才是我心中的鼓浪屿。朋友们知道我是厦门鼓浪屿人，总要问鼓浪屿哪些地方吸引你。这个问题一两句话很难说清楚。福建诗人蔡其矫回答："水上的鼓浪屿，一只彩色的楼船"；"花间的鼓浪屿，永不归去的春天"；"月下的鼓浪屿，在睡眠中的美人"。鼓浪屿的诗人舒婷回答："洁净无尘的岛屿，盛在翠玉波纹果盘，发出鲜柠檬香味……"诗人之后，如果轮到我来回答，我说我喜欢鼓浪屿的日光岩、菽庄花园和八卦楼，喜欢鼓浪屿沉稳的榕树、火红的凤凰木和令人心醉的三角梅，也喜欢鼓浪屿四季飘香的瓜果，但我更喜欢我心中永远萦绕不去的鼓浪屿的潮声、钟声和琴声。

我到过的世界名城不算多,感觉不少名城都有一种共同的特点,要么被河流穿过,要么被大海拥抱,前者如被塞纳河穿过的多情的巴黎、被伏尔塔瓦河穿过的金色的布拉格,后者如被波罗的海拥抱的彼得堡、被亚德里亚海拥抱的威尼斯。当我站在威尼斯的海边,自然想起我的家乡鼓浪屿,两座被大海拥抱的岛屿,都有水一般的韵味,一样的清新,一样的湿润,一样的灵动。到了威尼斯,我真的有一种回到鼓浪屿的感觉。

我喜爱鼓浪屿清晨的大海。当年我们几个小伙伴头天找个离海较近的同学家住下也不忘把他家的鲜荔枝放在水桶吊到古井里。第二天清晨,我们高高兴兴奔大海而去。清晨的大海风平浪静,海水清澈见底,海滩洁白无瑕,迎着微微的海风,我们一个个跳进大海,尽情感受大海的抚慰。游泳归来,我们一边冲洗,一边吃着从古井吊上来的荔枝,那荔枝像小岛的清晨一样,甜甜的、冰凉的,叫我们终生难忘,到了北京以后再也吃不到那么好的荔枝了。

我也喜爱鼓浪屿夜晚的大海。我们几个小伙伴也时常在夜幕降临的时候来到大海边,坐在轮渡码头的台阶上,把双脚泡在海水里。远处灯塔一闪一闪的,海水有节奏地哗哗地响着。这时,我们只想静静地坐着,什么话也不说,有时也轻轻地哼着南斯拉夫的民歌《深深的海洋》:"深深的海洋,你为何不平静?不平静就像我的爱人,那一颗动摇的心。"其实,鼓浪屿夜晚的大海是平静的,只是几颗少年人的心是不平静的。

鼓浪屿让我神往的还有教堂的钟声。鸦片战争五口通商以后,洋人来到这里办学、办医院、办教室,鼓浪屿是一个宗教氛围很浓的岛屿,一个小岛竟然有三个教堂:福音堂、三一堂、天主堂,岛上的人大都是虔诚的教徒。我们家和叔叔家也都信奉基督教,我小时候还被洗礼过。当时,大人上的是教堂,小孩上的是主日学,小孩围坐一圈,老师给每个人发一张讲圣经故事的精美的小画片,照着画片给我们讲圣经的故事，大家听得入迷，无形中也受到教义的熏陶。每逢礼拜天，当三个教堂的钟声响起，那等于主的召唤，教徒们纷纷走出家门，来到教堂听从主的教导，向主忏悔。我到过世界一些城市，也听过一些教堂的钟声。1990年底，在苏联解体前夕，我们应格鲁吉亚作协的邀请来到苏联。在莫斯科，我们来到近郊弗拉基米尔城的苏兹达里，据说那里是古俄罗斯的发祥地，在那里，我见识了大大小小各种教堂钟声齐鸣的奇观。此地的教堂白色、金顶，在阳光照射下闪闪发光。教堂的钟也很有特色，有单个的钟，也有联排的钟。我们赶上教堂钟响的时刻，这时整个城市单个的钟和联排的钟齐鸣，非常震撼，像是在撞击你的心灵，让你心潮澎湃。这时，我想起故乡鼓浪屿的钟声，味道大不相同。如果苏兹达里教堂的钟声令人震撼，是一下一下敲击你的心灵，那么鼓浪屿教堂的钟声则是宁静的、悠远的。当教堂的钟声响起，你的心就自然平静下来，人世间的一切烦恼和痛苦就随之离去，钟声洗涤了你的心灵，让圣灵充满你的心间。鼓浪屿教堂的钟声不是在敲打你的心灵，而是在抚慰你的心灵。

鼓浪屿最让我心醉神迷的是它的琴声。这个小岛的钢琴占有量在全国名列前茅，有全国独一无二的钢琴博物馆、风琴博物馆，被称为琴岛或音乐岛。小岛不走车辆，当你在小路上行走，随时可以听见从小院传来的钢琴声，如果在周末晚上还可以听到具有传统的家庭音乐会传来的琴声，一支支乐曲从风格各异的花园别墅淙淙流出。到了暑假，在上海音乐学院学习的鼓浪屿的人，便会回到家乡举办音乐会，这是小岛的节日。琴声是鼓浪屿人的日常生活，也是当地人的精神寄托，它造就了小岛人平和、淡泊、湿润的性格，人们也通过音乐达到彼此间心灵的沟通。不管命运把他们抛到哪里，只要提起音乐，他们就会谈到一起。我二哥是鼓浪屿二中（原毓德女中）的语文老师，著名钢琴家殷承宗是他的学生。有一次，我二哥来北京旅游，恰逢殷承宗在北京开音乐会，他诚意邀请老师前往观赏，我们也见到这位老乡。诗人舒婷的儿子到北京师范大学中文系上学，她找到我这个老乡。诗人除了关心儿子的学业和生活，谈话也离不开音乐，说是儿子到北京下飞机时把心爱的小提琴弄坏了，不知道上哪儿修理，弄不好还得寄回老家修理，心里非常着急。在她心里，小提琴是同儿子的学业、生活同样重要。

潮声、钟声、琴声拥抱鼓浪屿这个小岛，造就了鼓浪屿人平和、淡泊、温润的性格。我离开鼓浪屿已有半个多世纪了，只要我在梦里听到鼓浪屿的潮声、钟声和琴声，心中依然不能平静。

三、故乡的童年

一般来说，我们所说的故乡的概念，其重要的内涵就是童年的经验。我们每个人的童年都是在故乡度过的，我们对故乡的印象除了故乡的风土人情，便是童年时代朝夕相处的亲人、老师和发小。我们的童年记忆是刻骨铭心的，他们对我们每个人的一生都有深刻的影响。

故乡的童年是人的一生最重要的发展阶段，是人生的起点，我们每个人的性格乃至思维方式都是由故乡的童年塑造的。作家冰心曾经说过，"提到童年，总使人有些向往，不论童年生活是快乐，是悲哀，人们总觉得都是生命中最深刻的一段；有许多印象，许多习惯，深固的刻划在他的人格及气质上，而影响他的一生。"[①]中外思想家、科学家、文学艺术家，在他们取得一生的成就时，大都要提到故乡的母亲、故乡的老师和故乡的小伙伴。

故乡之思，首先是回忆母亲。普希金的童年遇到的是爱发脾气和爱吵架的父母亲，他缺乏父母的关怀和温暖，只能在外祖母和奶妈那里寻找母爱。外祖母给他讲许多古老的故事，边刺绣边讲家史。奶妈忠厚、热情，知道许多稀奇古怪的传说和民谣。普希金常去找奶妈，他在奶妈那里得到温暖、爱和愉快，他一生忘不了那一个个夜晚，老

[①] 范伯群编：《冰心研究资料》，北京：北京出版社，1984年，第42页。

奶妈守在床头，为他哼唱催眠曲。后来，普希金在回忆故乡童年印象时，写下了几句话："我记忆中最早的事件和人物是：尤索波夫家的花园；地震；奶妈。"高尔基在故乡也有类似的童年，他3岁丧父，母亲经常外出谋生，只能在外祖父家生活，外祖父是染坊的老板，为人贪婪吝啬、专横暴戾，他只能从外祖母那里得到母爱和生活的希望。外祖母知道许多俄罗斯民间故事、童话和歌谣，高尔基对此无限神往，外祖母关心高尔基，关心他的成长，她也经常关心街坊邻里的困难，无论对什么人都给予帮助和关怀。高尔基后来无限感慨地回忆过：我满肚子装的都是外祖母的诗歌，就如同蜂房装满蜂蜜一样。他还说，后来他在思考问题时，也往往是用外祖母的诗去思维。外祖母对世界的爱，丰富和滋润了高尔基幼小的心灵，让他长大以后有可能去应对生活中出现的种种艰难和困苦。俄罗斯不少作家都是从自己的外祖母和奶妈那里得到母爱和民间文化的熏陶，她们成了俄罗斯文学之母的象征。

　　在学者和科学家的回忆中，我们也能看到他们对故乡和母亲的亲切怀念。我国东方学大家季羡林先生的家乡是山东临清，1935年到德国小城哥廷根留学十年，其间经历了第二次世界大战。在那里，他时刻怀念祖国，想念已经去世的母亲。他说，"一想到母亲，就泪流不止，数十年如一日，如今来到德国，来到哥廷根这座孤寂的小城，不知道是为什么，母亲频来入梦。"他看到房东太太盼望儿子归来的神情，触景生情，在日记中写道："想到自己的在故乡地下卧着的母亲，我真想哭！我现在才知道，古今中外的母亲都是一样的！""我在国内的时候，只怀念，也只有可能怀念一个母亲。现在到国外来了，在我的怀念中就增添了一个祖国母亲。这种怀念，在初到哥廷根的时候，异常强烈。以后也没有断过。对这两位母亲的怀念，一直伴随着我度过了在德国的十年，在欧洲的十一年。"①

---

① 季羡林：《我的求学之路》，天津：百花文艺出版社，2002年，第155—157页。

我国杂交水稻之父袁隆平院士在《妈妈,水稻熟了!》[①]一文中也深情怀念故乡母亲。他是江西安江人,70岁的母亲一辈子住大城市,为了帮他带孩子,又来到安江农村。妈妈从小给他的英语启蒙,鼓励他学习尼采的生命力和意志力,后来又帮他获得现代化教育,所以才成就他的事业。他说,"他们说,我用一粒种子改变了世界。我知道,这粒种子,是妈妈您在我幼年时种下的!"他最后深情写道:"稻子熟了,妈妈,您能闻到吗?安江可好?那里的田埂是不是还留着熟悉的欢笑?隔着21年的时光,我依稀看见,小孙孙牵着您的手,走过稻浪的背影;我还要告诉您,一辈子没有耕种过的母亲,稻芒划过手掌,稻草在场上堆积成垛,谷子在阳光中毕剥作响,水田在西晒下泛出橙黄的味道。这都是儿子要跟您说的话,说不完的话啊……妈妈,稻子熟了,我想您了!"

故乡之思,包括故乡的老师。老师给每个人一生的发展打下了底色。我国当代著名书法家、画家、文物鉴定家、学者启功(1912—2005),出身清朝贵族,他生于北京,北京是他的故乡。他从小受传统文化熏陶,北京的师长对他的成长给予深刻的影响。他小时候家庭败落,父亲和祖父先后去世,他也上过书塾,上过汇文中学,但家庭生活困难,很快便辍学了,只能自学。他先后拜贾羲民先生为师学习绘画,拜戴姜福先生为师学习古文,拜溥心畲、溥雪斋、吴镜汀等人学绘画。而对启功一生影响最大的老师则是教育家、史学家、先后当过辅仁大学和北京师范大学校长的陈垣先生(1880—1971)。有人说启功没有高学历,陈垣先生不仅力排众议,让他三进辅仁大学教书,而且教他如何做学问,如何教书,如何做人。他对启功耳提面命,手把手教他如何板书,如何改作文,如何疏通课堂气氛。当启功第一本专著《古代字体论稿》要出版,陈垣非常高兴,亲笔为他题写书名,并且对他恳切地说:"你要好好努力啊!"这让启功几乎掉下眼泪了,他说,

---

① 《作家文摘》2021年5月25日,第2436期。

"老人这时竟像一个小孩,看到自己浇过水的一棵小草,结了籽粒,便喊人来看,说要结桃李了。"陈垣不仅是把启功从青年时期的困境中解救出来的恩人,而且既认定启功是一个有天赋、有品德、有前途的人,就不管别人怎么阻挠、怎么看,坚定地、衷心地呵护他,帮助他成长。可以说,没有陈垣就没有启功。1971年,陈垣去世,这时启功还是被"挂起来"的审查对象,没有资格进入礼堂参加追悼会,他怀着悲痛的心情挥泪写下一副挽联:"依函丈卅九年,信有师生同父子;刊习作二三册,痛余文字答陶甄!"

故乡之思,包括儿时的伙伴,用现代的话说,就是童年时代的发小和童年时代的闺蜜。故乡童年时代小伙伴结下的纯洁的友情和立下的志向,往往会影响人的一生。

普希金是1811年12岁时进入贵族的皇村学校开始六年的学习。在那里,他结识了许多朋友,其中一位便是伊·伊·普钦。他们两人入学后比邻而居,普希金的房间号是14号,普钦房间号是13号,两人经常隔板交谈。在校期间,普希金赠给普钦三首诗:《致普钦》《回忆》(给普钦)和《题普钦纪念册》。《致普钦》是一首生日祝诗,他"怀着一颗诚挚的心",对朋友表示"朴实的祝愿",并表达了"同生共死"的愿望。《回忆》(给普钦)是追忆同学间的趣事。《题普钦纪念册》写于毕业前夕,这首诗不仅充满惜别之情,而且预见到了他们未来严酷的命运和牢固的友情:

等有一天,你看到我在某一时期
　　所写的这闭合的一页,
你会为甜蜜而强烈的幻想浮起,
　　暂时地飞往皇村中学。
你会忆起早年,那飞逝的既往,
那平静的幽居,六年的相聚,
你的心灵的忧郁、欢乐和梦想,

朋友的争吵与和解的甜蜜……
那曾有过，而不能再有的……
你还会记得最初的爱情，
无言地流下忧郁的泪滴。
我的朋友，它去了……但早年的友情
并不只缔结于游戏的梦。
在惊危的年代。在可怕的命运之前，
亲爱的朋友，它永远不变！①

多少年后，普希金成了大诗人，普钦成了十二月党人。1824年8月，普希金第二次被流放，1825年1月普钦特地专程来到米哈伊尔科耶村探望被幽禁的普希金，他呆的时间虽然只有19个小时，但却是诗人幽禁生活中最充实、最难忘的时光。同年，普希金在《1825年10月19日》一诗中，称普钦为"心灵的朋友"，说他的造访"给凄凉的放逐日子送来安慰，把它变成皇村学校欢乐的一天"。1826年12月13日，在十二月党人起义一周年前夕，普希金写下了《致伊·伊·普钦》一诗：

我最早的朋友，我最珍贵的朋友！
我感谢命运的眷顾；
当我孤寂的庭园，
盖满了凄凉的白雪时，
响起了你马车的铃声。

愿神圣的上苍，
让我的声音传到你的心房，

---

① 《普希金抒情诗选集》（上），查良铮译，南京：江苏人民出版社，1982年，第238页。

也给你带去同样的慰藉；

愿中学时代明媚的时光，

将你的囚居照亮。

普钦在晚年的回忆录《记普希金》中写道，他在1828年被判刑、被流放后看到普希金这首诗，心中十分激动："普希金的声音使我欣喜万分！我满怀着深沉的、令人振奋的感激之情，但我不能拥抱他，就像我第一个去流放地探望他时，他那样拥抱我。"① 两个少年的心几十年依然连在一起，两个少年当年的友情和信仰依然成为他们生活的力量。

妈妈、老师、小伙伴，人们思念故乡总是同思念童年联系在一起的。童年是人的一生最重要的发展阶段，这不仅因为人对世界最早的认识来自童年，更重要的是，童年是人的个性心理发展的开端。童年的经历和体验对一个人的个性、能力、思维方式的形成，乃至世界观价值观的形成，都起着重要的作用。

在俄国作家中，特别是在那些贵族出身的作家中，无论是普希金、莱蒙托夫、果戈理、屠格涅夫、阿克萨科夫还是冈察洛夫、涅克拉索夫、列夫·托尔斯泰，都有过幸福、快乐的童年，唯独平民出身的契诃夫没有幸福快乐的童年。契诃夫曾经说过，"我的童年没有童年"，"在我们的童年里，只有痛苦"。②

契诃夫所说的"我的童年没有童年"，这句话包含着许多丰富的痛苦的内容，这首先指的是家庭的专制、棍棒纪律和囚犯似的劳役。

在契诃夫的童年中，父亲的毒打给他留下最痛苦的印象，这是对儿童心灵的摧残，对人的尊严的摧残。他曾经对聂米罗维奇－丹钦科说道："你知道，我永远不能原谅父亲在童年时代这样打我。"③

在家里，契诃夫是父亲杂货铺里的小伙计，从小就得学会算账，

---

① "作家回忆录"《伟大诗人普希金》，冯春等译，上海：上海译文出版社，1989年，第87页。
② 〔苏联〕叶尔米洛夫：《契诃夫传》，张守慎译，北京：人民文学出版社，1960年，第8页。
③ 同上书，第10页。

熟悉招徕顾客的办法，乃至"假秤、假斗和各种做生意的小骗术"。作家的哥哥亚历山大在回忆契诃夫这段囚徒般的生活时写道，"在父亲的小杂货铺里，他马马虎虎复习自己的功课；在这里他经受冬日的严寒，冻得手足发麻；在这小杂货铺里，他像一个囚徒在监牢里一样，苦闷地度过学校放假的美好时光"①。

再有就是宗教教育，唱圣诗，做早祷。契诃夫兄弟三人在父亲组织的教堂唱诗班里差不多唱了十年的圣诗。契诃夫后来回忆说："我和我的两个哥哥唱三重唱，唱《悔改吧！》或《阿尔汉格尔斯克之声》，人们都非常感动地看着我们，他们都很羡慕我们的父母，而我们三人这时都感到自己是小苦役犯人。"②（1892年3月9日给谢格洛夫的信）哥哥亚历山大的回忆更是令人心酸："可怜的安托沙非常受罪，他当时还是一个刚刚长大的孩子，胸部还不发达，耳音既差，嗓子也弱……在练唱的时候流了不少眼泪，这些迟至深夜的练习也夺去了他许多童年的甜蜜的睡眠。"③

在家里受压制，而学校更是形同监狱。正是童年痛苦的精神经历，使契诃夫决定维护人的尊严争取人的自由。这一切不仅造就了契诃夫忧郁和自尊的性格和心理，同时也构成了作家创作的主要内容和作品深层的意蕴。契诃夫曾经在1888年10月4日给普列谢耶夫的信中明确地表明自己的文学创作纲领。他说："我痛恨以一切形式出现的虚伪和暴力……伪善、愚蠢、专横，不是仅仅在商人家庭里和监狱里盛行；我在科学方面，文学方面，青年当中，也看见它们。……我心目中的最神圣的东西是人的身体、健康、智慧、才能、灵感、爱情、最最绝对的自由——免于暴力和虚伪的自由，不问这暴力和虚伪用什么方式表现出来。如果我是个大艺术家，那么这就是我要遵循的纲领。"④

---

① 〔俄〕谢·尼·戈鲁勃夫等编：《同时代人回忆契诃夫》，倪亮等译，耿海英校，南宁：广西师范大学出版社，2016年，第32页。
② 〔苏联〕安·屠尔科夫：《安·巴·契诃夫和他的时代》，朱逸森译，北京：中国社会科学出版社，1984年，第3—4页。
③ 〔苏联〕叶尔米洛夫：《契诃夫传》，张守慎译，第6—7页。
④ 《契诃夫论文学》，汝龙译，北京：人民文学出版社，1958年，第96页。

这里有一个问题：是不是有痛苦童年的精神经历的人，有童年艺术经历的人，日后都能成为作家和艺术家呢？回答当然是否定的。契诃夫和他两个哥哥的生活遭遇就是很好的例证。契诃夫两个哥哥同他一样，都有痛苦童年的精神经历，都十分憎恨专制制度和小市民习气，也都有艺术才能，然而最后都葬送了自己的艺术天才。他们反对专制制度和小市民习气，同时又害怕艰苦的劳动，一上了大学就尽情享受"自由"，每天出门作客，经常喝得酩酊大醉，过着放荡不羁的名士派生活，最后还是陷入小市民泥沼里。

契诃夫在1889年1月4日给苏沃林的信中写下了一段著名的话：

> 贵族出身的作家从自然界毫不费力地取得的东西，平民作家却要用整个青春的代价去买来。您该写一篇小说，描写一个青年，原是农奴的儿子，做过店员和唱诗班的歌手，进过中学和大学，从小受到要尊敬长上，要吻神甫的手，要崇拜别人的思想，要为每一小块面包道谢，挨过许多次打，出去教家馆的时候没有雨鞋穿，常常打架，虐待动物，喜欢在阔亲戚家里吃饭，只是因为觉得自己渺小就毫无必要的在上帝和别人面前假充正经；请您写这个青年怎样把自己身上的奴性一点一滴的挤出去，怎样在一个美妙的早晨醒来，觉得自己血管里流着的已经不是奴隶的血，而是真正的人的血了。①

在这段话里契诃夫总结了自己的一生和自己思想的发展历程。他既不同于祖辈和父辈，也不同于兄辈：祖辈和父辈也憧憬过自由，想"独自经营"，但是最终也没有获得真正的自由，因为专制制度已在他们灵魂中生了根；兄辈似乎也"自由"了，然而他们最终也不能摆脱小市民习气的束缚。在契诃夫看来要获得真正的自由，要获得人的尊

---

① 《契诃夫论文学》，汝龙译，第141页。

严,就必须摆脱专制制度、私有制的和小市民习气的一切思想束缚,一点一滴地挤出自己身上的奴性。在这方面,契诃夫表现出极大的勇气和韧性。

勃洛克说过这样的话:作家的作品"只是秘密成长的心灵的外在成果"①。经过坚持不懈的自我斗争和自我教育,经过所谓"痛苦的抗拒",契诃夫最后终于超越了童年的精神经历,得到了思想的升华,把自己培养成为真正的人,并且把真正的人的思想和情感体现在自己的作品之中。

故乡的文化是值得重视的。弗洛伊德认为,一个人"思想发展过程的每个早期阶段仍同由它发展而来的后期阶段并驾齐驱,同时存在。早期的精神状态可能在后来多少年内不显露出来,但其力量却丝毫不会减弱,随时都可能成为头脑中各种势力的表现形式。"②同时,故乡的经历和体验对人一生成长的影响也不会那么直接,那么原封不动地照搬,它在经过时间的过滤和后来经验的影响之后,也会产生变化,最后经过超越和升华,成为无数成功者的人生和事业的推动力。

---

① 《勃洛克文集》(8卷本)第5卷,1952年,第369、370页。
② 〔奥〕弗洛伊德:《弗洛伊德论创造力与无意识》,孙恺祥译,北京:中国展望出版社,1986年,第217页。

师妹段晴

王邦维

摘 要：北京大学段晴教授是中国少有的研究西域语言的专家，研究成果众多，成就卓著，不幸于2022年3月26日去世。作者与段晴几十年前都曾跟随季羡林先生学习，既是当年的同学，又是后来的同事。挚友远去，哀痛曷极！今追忆点滴往事，聊寄悼念之情！

一早得到消息，段晴凌晨在医院走了。消息不突然。几天前，我去医院看她，她躺在病床上，病况已经非常危重。她病危，我去医院前也知道，但真正看到她是那个样子，依然出乎我的预料。那个模样真让人难过：曾经那么充满活力，虽然不年轻，却从来没有老态，性情开朗，快人快语，从不言老的段晴，发现有病，不过就半年多一点，怎么就这样了呢？从医院出来，心情很沉重，心里想，会不会就这几天了？但我不敢这样说，甚至尽量不这样想，因为心底里还存有一点希望，一点侥幸，现代的医疗技术，条件不错，她自己的儿子做她的医生，也许还是能够回天的吧？

对于治病，段晴其实是有信心的。去年8月，她查出病，当时就以最快的速度住进了医院，动了手术，接着化疗，虽然吃了些苦，但有明显的治疗效果。10月里的一天，天气好，她还来过学校，把她的项目组的人召集在一起，讨论书稿。12月初，教研室的一位博士后出站和两位博士生开题，下午2点开始，5点多结束。那时她正在治疗，在家里。她一直通过视频，听到最后，还讲了话。从视频中可以看到，她说话时是躺在床上。稍后几天，教研室排下学期的课，考虑她要治病，没有为她排课，她还在微信上要求给她安排课。此后她虽然没有再来过学校,但教研室的年轻同事告诉我,今年过年时,她还在说,病好以后,要继续大干。没想到所有的治疗,最终都无力回天,前后不过半年的时间,她还是走了。人生无常,彼苍者天,何其哀哉!

第一次见到段晴,是43年前。新学期开学,季羡林先生在南亚研究所召见我们四位研究生,我们中她年龄最小。那时的段晴,梳一对细辫,人年轻,面容很清秀,很精神。第一次见面,认识了,但几乎没说话。

其后就是一起上课。每周两次梵文课,上课的是蒋忠新老师。这样一直有两年多的时间。在蒋老师的指导下,六七位同学,一起读句子,读一些梵文的篇章。课间休息,我们会说一些话。再有,季先生讲一些专题时,我们都到场。在这样的场合,我们的交谈更多了一些。

1980年11月,季先生访问德国,带上了她。那时出国还是相当稀罕的事,她很兴奋。回国后,她写了一篇文章,讲她跟季先生访问德国的见闻,发表在一个名叫《丑小鸭》的文学杂志上。发表后她送了我一本,还告诉我,她把文章送给了季先生看,季先生说,比秦牧写得好。她问我秦牧是谁。我告诉她,秦牧是广东的一位作家,很有名。为此她好高兴。

1982年的夏天,我们四位研究生同时毕业。因为同时毕业,后来的一次,我就叫她师妹。她不认,说她比我先入学一年,是师姐。我说,我答辩的时间比你早几天,我们同时毕业,是"同年","同年"跟"同年"比,我年纪大,我该算师兄,你算师妹。她说,算又怎么样,不算又怎么样,我才不理你呢!我说,都不怎么样。她又说,那就算吧。我原本是开玩笑。不过,后来我这样叫她,她也答应,但有时似乎又想不过,说她还是师姐。高兴的时候,她还对人说,她有两个哥,一个是我,还有一个是我们中最年长的老葛。

段晴的性格,很多时候像个小孩,说话没遮拦,爽直,直来直去。这样的性格,其实难得。她没有心计,照她自己的话说,是"没心没肺"。好久以前,季先生的老伴,我们叫师母,去世了。我和她在季先生家，她忽然对季先生说：季先生，您得再找个老伴。季先生回答：算了吧。稍微停顿后，又加上一句：他生未卜此生休，这辈子不想这事了！

段晴敢跟季先生说这话，我不敢。

段晴硕士研究生毕业后，去了德国，1987年回国。回国不久，刚好我博士论文答辩。答辩会上，她做记录。她做的记录，写在薄薄的信笺纸上。去年一次我整理旧物，不意发现还在。上面是她的笔迹，清秀而整齐。当时的答辩，还做过录像，可惜几十年过去，录像带上的磁粉好多都坏掉了。请人恢复，只恢复出很少一部分，恢复出的影像中，有段晴。看到她那时的影像，我感谢她。

段晴从德国回来时，北京大学的南亚研究所还在，我们都属于南亚研究所。不久她就有了孩子，生孩子在天津。生孩子后她回学校，给我讲，她在天津生孩子时，医院里两个产妇挤在一张床上。这事讲给今天的年轻人听，难以相信。学校那时住房条件很差，她住在17楼，筒子楼里一间12.5平米的屋子，就那么大，还得跟另一位女职工合住。后来终于分到了一间房子，在16楼，也是12.5平米。她家的房间在楼道的东头，我家的房间在楼道的西头。我们在同一个楼道里生炉子做饭。一次，她做好面条，知道我家有油辣椒，就到我家这头来要。我说很辣的，她说不怕，要了一满勺，一嘴下去，把她辣得呼呼叫。两幢楼，十多年前就拆了，建成了新楼，现在的名字是新太阳学生中心。如今如同新太阳一般的学生，当然不会知道这些了。

南亚研究所的命运不济，1991年5月，也被拆了。南亚所的历史文化研究室的几位与语言相关的人，包括季羡林先生、金克木先生，加上张保胜、段晴和我，转到了东语系。季先生、金先生、张保胜原来就在东语系，算回去，段晴和我算加入。当时我在国外，回国后才知道这样的安排。

我们这个专业，虽然说有季先生、金先生这样了不起的学者，但其实很冷清。经常遇见的一件事是，如果跟人讲到"梵文"，没听清楚的,往往会说,啊!是法文。听清楚的,就会问,什么"梵文"?接下来还得解释,"梵"是上面一个"林"字,下面一个"平凡"的"凡"字,再往下再说梵文是什么东西。现在则多少不一样了,知道梵文的人多一些了。有这样的局面,首先当然是因为季先生,季先生是知名学者。但如果说现在知道我们专业的人更多了一点,其中一部分原因,不能不说是因为有段晴。尤其是最近十年,她的研究,她的成果,她的热情,她的朋友圈,让更多的人知道了梵文是什么东西。不仅梵文,还有巴利文,再加上佉卢文、于阗文这些在一般人看来有点稀奇古怪的东西。

2009年8月,我们一起去泰国,跟泰国的法胜寺谈项目。我是陪她,因为她说,你一定得去,泰国的和尚规矩多,我一个女流,你得顶在前面。"女流"二字,由她自己说出来,有点调侃的味道。她哪里是简单的"女流"呢,她是女子,是奇女子、女中豪杰。

于是我们到了泰国。在泰国,和尚们给她的东西,都由我先接在手里,然后再给她。我们谈成了合作的项目,项目的成果,就是后来在上海中西书局出版的《长部》和最近刚印出来的《中部》。但译出的书只是成果的一个方面,成果的另一个方面也许没被人注意到,是培养了学生,翻译中一个进进出出的学生团队。其实二者的意义都很重要,前者是结出的现成的果,后者则可能是种子。果有多少,可以数。种子则是一把,倘若有机会,以后能够传播出去,成长起来,就不是一个两个的了。在工作的热情上,我佩服段晴。

段晴在学习和研究语言方面,是奇才,很多人这样说,我也觉得确实是这样。但这话只说对了一半,奇才是奇才,与她的天分有关,还有的另一半是她的拼命精神。她如果要想做一件事,就一定要做,不达目的誓不罢休。成功的条件,一要天分,二要有机会,三要努力。段晴不仅有天分,更有勤奋。只是我觉得,这些年,她太用功,体力毕竟支出得太厉害。下午跟她家闫英通电话,安慰闫英,闫英也这样说。她最近十多年发表的东西,只看数量,就让人佩服。出手再快,也得费力气啊。而且她好像是在以一种加速度的态势往前冲。

正直,正派,不畏难,心眼好,率性而为,仗义执言,想唱歌就唱歌,想跳舞就跳舞,段晴做到了。她高兴,我也为她高兴。我想了想,段晴的一生,总起来看,是精彩的,也是圆满的。尤其是她最后的这十多年,我看到的她,活得快乐,洒脱,活得有力度,而且从没言过愁,也没言过累。

段晴走了,在我们当年南亚所的十几位同学中,她的年纪,不是最小,但是是最小之一。可是她却第一个走了,我为她伤心。我们几十年的交往,怎么一下就这样结束了呢?闭上眼睛,她的声音,一会是"不理你了","去你的",一会是"亲爱的",加上她的笑容,似乎又浮现在眼前。

记不得以前在什么地方,读到过一首悼念逝者的诗,诗中把逝者比喻为划过天空的星。我现在怎么也觉得,段晴像一颗星,来过人间一次,闪亮,又远逝而去,在划过最后那一段时,让大家看到了一道耀眼的光亮。

多年前,段晴发表过一篇文章,题目是"'慈悲者之城'与'涅槃城'"。以前看到过。今天段晴去世,消息传出来,不过几个小时,网上就有人找了出来,再次刊发在微信上。一下想到,段晴走了,去了哪儿呢?是不是就去了她说的那个"慈悲者之城"与"涅槃城"呢?段晴的性格,虽然要强,说话有时很"冲",但我知道,她的心底,其实很软,对人很有同情心,很慈悲。这一点,不只是我一个人的感觉。老葛跟她住同一个小区。老葛跟我说过,段晴在小区,常常会帮助小区里从农村来做生活服务的人。一位摆菜摊的摊主,同时帮老葛做饭。这位摊主,得到过段晴的帮助,送些菜答谢她。她对这位摊主说,我比你活得好,就别老想着我了。说这话,真是典型的段晴的口气。段晴自己,就是一位"慈悲者"。

用段晴自己的话来说吧:"慈悲者之城,是佛之城,具体说是阿弥陀之城。依靠六婆罗蜜的力量进入这个城,可以不受苦难的袭击,这里既没有山海河谷,也没有四时交替,永远不寒不热,温度适宜。"

我想,段晴走了,她要去的,或许就是这样的一个地方吧!在那里,她应该会得到永久的安息!

2022年3月26日写,31日改完

生机勃勃的文学腹地
——南亚文学之2019

图尔荪·克麦尔尼亚孜

摘　要：南亚文学，包括印度文学，在南亚极为复杂的宗教造就了深厚的文化底蕴而长期并存的数十种语言造就了多元魅力的文学共同体。近年南亚作家将目光聚焦于南亚整体地区，从自己独特的视角，描绘南亚人追求的生活和渴望的未来。

南亚大陆对我们来说并不陌生，但了解南亚文学的人不多。南亚的文学艺术，如同其文化、历史和宗教，极为复杂，又极为迷人。2019年是南亚文学的丰收之年，是它近20年来最充满活力的一年。本文中将南亚地区较权威的文学奖和较有影响力的文学节作为背景，描述具有代表性的名匠名作及相关文学艺术活动，并对其文学艺术动态进行较全面的综述和报告。

一、南亚文学奖

2019年南亚文坛出头的名家较多，佳作累累。南亚文学奖于2010年由苏丽娜·纳鲁拉（Surina Narula）和曼哈德·纳鲁拉（Manhad Narula）共同创立，其旨是重奖描绘南亚社会并以南亚地区文化、历史、社会、人民和生活为主题的最佳小说，对任何种族、任何宗教信仰的作家都敞开大门，并希望将其传播并带给全球的读者。当地所说的"南亚"，包括印度、阿富汗、孟加拉国、不丹、缅甸、马尔代夫、尼泊尔、巴基斯坦和斯里兰卡等九国①，而非是我们所通常所说的南亚七国。第九届（2019年度）的DSC南亚文学奖（The DSC Prize for South Asian Literature）在这一年的年初揭晓。

这是DSC南亚文学奖的第9个年头，是专门关注南亚小说写作的最具声望的国际文学奖项之一。作为该地区文坛最耀眼之奖，引人注目的第八届（2018年度）DSC南亚文学奖颁奖仪式也于2019年1月22日至27日在印度加尔各答市（Kolkata）举办的TSK文学会（Tata Steel Kolkata Literary Meet）上举行颁发。DSC南亚文学奖根据组委会规定必须由五人组成的评审团评审，而评审团成员都必须熟悉南亚各地文学概况及动态，同时要求在国际文学界有重要地位。印度著名历史学家、印度阿育王大学校长鲁德兰舒·穆克吉（Rudrangshu Mukherjee）担任本届文学奖的评审团主席，英国《卫报》编辑、著名书评人克莱尔·阿米斯蒂德（Claire Armitstead）、孟加拉BRAC大学英语与人文学院院长菲杜斯·阿齐姆（Firdous Azim）、美国-斯里兰卡富布赖特委员会执行理事蒂萨·贾亚蒂拉卡（Tissa Jayatilaka）和著名导演南达纳·森（Nandana Sen）等四人组成评审团成员。今年，该奖提名的作品有88本，创建了历年来最高纪录。这些作品主题涉及让人惊叹的移民经历、战争和流离失所的痛苦、辛酸的爱情故事、探索与新发现和身份认同以及生动的个人挣扎。这一方面象征着当代南亚人和复杂生活中的紧张和动荡现状，另一方面直接体现该地区人民对和谐美好未来的希望和愿望。

本届文学奖最终入围的有六位作家的六部小说。六位作家包括四位印度裔作家和两位巴基斯坦裔作家，尽管他们中的一些人居住在南亚地区以外，但他们的作品展现了与当代南亚人民生活息息相关的辛酸主题，成为了南亚人民情感的升华。保护小语种、实现多元文化是DSC奖意图之一，因此该奖一直鼓励作家们用地区语言创作，也为了

---

① https://www.hindustantimes.com/books/dsc-prize-for-south-asian-literature-2019-s-shortlist-sees-three-new-novelists/story-M3Fb9wyu9nzdu3NN4h4FzM.html.

传播其文化精髓，培养了大量翻译家。本届文学奖的另一个亮点是入围的六部佳作还包括了一本用小语种卡纳达语（Kannada）[①]写成并后来译成英文的译著，该书的译者也与作家一起被并列提名。而让人惊喜的是没被看好的这部小语种作品摘得了本届南亚文学奖桂冠。

印度著名诗人和短篇小说家贾扬特·凯基尼（Jayant Kaikini）凭借《不要礼物，谢谢》（*No Presents Please*）成功斩获了第八届DSC南亚文学奖，是第一部获得该奖的翻译作品。它最早用南印度的卡纳达语写成，并被屡获殊荣的翻译家特贾斯维莉·尼南贾纳（Tejaswini Niranjana）翻译成英文。《印度斯坦时报》称，本次文学奖评委会表示凯基尼和尼南贾纳二人将平分南亚文学奖的25000美元奖金。本届评委会主席鲁德兰舒·穆克吉（Rudrangshu Mukherjee）肯定凯基尼的作品说"通过凯基尼的笔触，我们感受到繁华的孟买是一个普通人的城市，这种视角很边缘，但是更加尖锐。"鲁德兰舒·穆克吉也对尼南贾纳的翻译水平和"杰出贡献"表示了赞美和认可。

凯基尼的《不要礼物，谢谢》的边缘视角成为了本届热点。本书讲述了孟买的一系列边缘故事，描绘了孟买各地普通人的真实生活，突出了两个年轻人决定私奔，开始怀揣不同未来的梦想：从伊朗咖啡馆到贫民窟，从老电影院到改进后的房子，作者寻找并阐明了一种存在的焦虑和温柔的时刻。对于这个超现实场景日日上演的城市来说，这16个故事敞开了日常所有可能性的裂缝。这故事精华不在于孟买是何等城市，而在于它能带来何物。这壮丽的一系列故事给我们塑造生动而又充满矛盾的主角，同时眼前浮现一个充满活力而又孤独、四面楚歌而又心胸宽广的城市——孟买。永恒的移情和生存与人类共同依赖主题，统一了这本非同寻常的书的每一页，创造了一座充满冲突和马赛克式闪烁着的城市。这座城市一如既往地善良，有时，又很残酷。凯基尼的故事给我们的角色是不可预测的，强壮有力并充满分歧和否

[①] Kannada是印度南部卡纳塔克邦（Karnataka）内所使用的小语种。

认的。这本书汇聚了这座城市的精神和它的人民挥之不去的孤独、永存的焦虑和遥远的梦想。

入围的其他五部作品分别是：卡米拉·夏姆斯（Kamila Shamsie）的《后院起火》（*Home Fire*）、曼努·约瑟夫（Manu Joseph）的《莱拉·阿米德小姐和危险》（*Miss Laila Armed And Dangerous*）、穆赫辛·哈米德（Mohsin Hamid）的《西出口》（*Exit West*）、尼尔·穆克吉（Neel Mukherjee）的《自由之态》（*A State Of Freedom*）和苏吉特·萨拉夫（Sujit Saraf）的《哈里拉父子》（*Harilal & Sons*）。

2019年11月7日在伦敦公布了本年度DSC南亚文学奖入围的六部作品，并12月16日在博卡拉市（Pokhara）举行的尼泊尔IME文学节上揭晓，是创奖以来首次在年底颁发该奖。本年度评审团还是由五位来自不同背景的杰出人士所组成的评委会甄选，委员均是享有国际盛名的文学巨匠。印度德里大学英语文学教授哈里什·特里维迪（Harish Trivedi）担任评审团主席，其他四位成员为曼彻斯特大学文学教授杰里米·坛布林（Jeremy Tambling），著名作家、《尼泊尔时报》编辑昆达·迪克西特（Kunda Dixit），斯里兰卡佩拉丹尼亚大学英语文学教授卡门·威克拉玛格（Carmen Wickramagamage），孟加拉《达卡报》文学编辑、双语作家利法特·穆尼姆（Rifat Munim）。五位评委来自不同国家和文化背景，这保证了该奖的公平公正。本年度提名的作品有90部，又一次破了往届的88本小说纪录。其中，最终入围的六部小说各有特色，均聚焦揭露南亚日益加重的社会问题，呼应该地区民众所渴望的团结之声。

最终斩获2019年度南亚文学奖的是阿米塔巴·巴格奇（Amitabha Bagchi）的《半夜已去》（*Half the Night is Gone*）。会上，尼泊尔外交部部长普拉迪普·贾瓦利（Pradeep Gyawali）发言致辞并给巴格奇颁奖。这部小说讲述的是一位名叫维斯瓦纳特（Vishwanath）的小说家为中心的故事，描绘他失去了儿子之后面临的种种不幸，同时也贯穿他对刚独立的新印度的理解和认识。它交织着三个平行的故事，审视着男与女、父与子、主人与仆人、国家与个人之间的极为复杂的关系。同时，它陈述了三代人的发展，展现了人际关系的复杂与性别的轻重，并将个人命运和文化与新印度的未来自然捆绑在一起，使人与国家成为一体。评委们赞美而谈"这本书具有史诗般的纵横向性，它对不同阶级和性别的探索深远。同时，作者借助印度智慧和深厚文化背景，将不同文学因素和文化凝聚在一起、创建一种史无前例的文学和谐混合物，使南亚文学更有地域性和世界性。"[1]作者在本书中，通过讲述维斯瓦纳特的种种遭遇，号召南亚人民以包容眼光去理解不同宗教，以互相尊重、互相接纳的态度形成一个"我中有你，你中有我"的一个融合体，肩并肩创建多元文化和宗教及种族和谐并存的一个全新的南亚社会。

其他五部入围的作品有：贾米尔·江·科柴（Jamil Jan Kochai）的《在洛伽尔[2]的99夜》（*99 Nights in Logar*），是讲述一名叫马文迪（Marwand）的12岁男孩从美国回来就因为家养犬布达巴斯（Budabash）失去小手指后的经历；马杜里·维杰（Madhuri Vijay）的《远场》（*The Far Field*），讲述一位名叫莎莉妮（Shalini）的妇女在失去母亲后，去动乱中的克什米尔北部一个偏僻村庄生活的故事；马诺兰扬·比亚帕里的（Manoranjan Byapari）《空中火药》（*There's Gunpowder in the Air*），是讲述早在70年代初纳萨巴里运动（Naxalbari Movement）在孟加拉国聚集力量追求自由的混乱年代；拉吉·卡迈勒·贾（Raj Kamal Jha）的《都市与大海》（*The City and the Sea*），是围绕两位与世隔绝的女人，讲述她们在迷失与想念、生与死之间展开的悲痛之旅；萨蒂亚·阿巴斯（Sadia Abbas）的《空房》（*The Empty Room*），故事围绕一位才华横溢的画家塔黑拉（Tahira），以20世纪70年代的巴基斯坦卡拉奇为背景，描绘当时不稳定的政治环境和社会暴

---

[1] https://www.hindustantimes.com/books/amitabha-bagchi-wins-25-000-dsc-prize-for-south-asian-literature-2019/story-1fj8bhR2TsexPvOlK74VsN.html.

[2] 阿富汗南部的一座古城。

力及它们带给人民的黑暗和不幸。

2019年入围的处女作有三部，其中有两部的作者是女作家。

其他入围的六位小说家及其作品都显有国际化因素。六位作家身份而言，三位作家生活在南亚，另外三位生活在南亚外，这呈现了南亚外的另一个"南亚"。这些南亚籍作家到国外远处审视而描写的故事巧妙形成了国外的另一个"南亚"（a South Asia at home and a South Asia abroad），二者共同浮现在文学空间里。六部小说而言，有两部是以新德里、周边农村和波罗的海岸为混杂背景的，另外三部小说分别以70年代的巴基斯坦、克什米尔和阿富汗等地为故事背景。第六部由一位曾在监狱里服过刑的作家用孟加拉语写成的小说则是以监狱为背景。无论从故事情节还是作家身份而言，凭其代表性，这六部小说足以成为南亚文学的2019年面孔。

二、南亚文学节

（一）斋普尔文学节

提到南亚文学，一年一度的印度斋普尔文学节（Jaipur Literature Festival）是必提的盛典。2019年1月24日到28日，今年的斋普尔文学节在粉红城斋普尔的迪吉宫（Diggi Palce）如期举行，为期四天的节日仍然成为了印度文学与艺术界的最大舞台。文学节官网分两次公布了60位发言人，显有庞大的阵容和世界性。在他们公布的第一批30位参与并发言的作家中就包括普利策获奖者科尔森·怀特黑德（Colson Whitehead）和安德鲁·肖恩（Andrew Sean）、已霸占《纽约时报》畅销书榜10多年并译成40多种语言的《偷书贼》的作者马克斯·苏萨克（Markus Zusak），还有《以你的名字呼唤我》的作者安德烈·阿西曼（André Aciman）、法兰克福书展主席尤尔根·布斯（Juergen Boos）等国际作家云集，因此2019年的斋普尔文学节自然就成为了有史以来最盛大的一届。对斋普尔文学节的创立者之一、英国旅行作家、历史学家威廉·达尔林普（William Dalrymple）而言，2019年的斋普尔文学节会是"无与伦比的，是世界第一大文学节"①，名副其实地成为了印度最大的文学与艺术融为一体的节日。过去的一年中，这个世界发生了许多变化，有成功、创新、失败、无畏的付出和持续不断的挣扎。本次文学节也涉足这些关系着人类未来、世界瞩目的问题。

本次文学节请来世界各地的作家、诗人、史家、思想家、翻译家、传记家、文化研究者、旅行者、评论家、演员、导演、剧本作家、出版商以及怀有梦想的年轻人集聚一堂，在这片古老的土地上探讨文学艺术、旅行文学、翻译作为桥梁的意义外，女权、暴力、自由、种族、宗教、印度和世界的关系等也成为了热点主题。文学节逐年朝文学盛会、世界文学派对的方向转变。值得一提的是，作为一个出色的世界音乐鉴赏家，借此机会，达尔林普把各大世界音乐乐队请到了本届斋普尔文学节，四天内都有不同的乐队、表演艺术团体演出。参加本次文学节并表演10种不同的音乐类型的14个世界音乐艺术家或团体，也成为了另一亮点，这也使节日日渐变成了更有世界艺术性的综合节日。2019年的斋普尔文学节被《印度快报》（*Indianexpress*）评为"有史以来最为壮观的文学节"。

（二）南亚文学节

南亚除了那些各国内的文学节外，还有一个专门以南亚八国文学为对象的节日，是SAARC南亚文学节。国内对其报道或介绍极少，甚至没有。该节是由1985年创立的南亚区域合作联盟（South Asian Association for Regional Cooperation,简称SAARC）的共同努力下，于1987年成立的南亚区域合作联盟作家与文学基金会（Foundation of SAARC Writers and Literature，简称FOSWAL基金会）负责组织并举办。作为亚洲第一个非政府组织（NGO），该基金会为了纪念该联盟的成立，每年10月择日从加盟八国中邀请著名作家、诗人、评论家、

---

① https://jaipurliteraturefestival.org/news?page=2.

研究员、专员、记者和各国作协领导等人代表发言，通过讨论各国文学、交流各自经验、分享各自代表作以及现场作诗等方式，将南亚八国作家与文学与该地区的发展与文化联系在一起，丰富南亚各国百姓的精神世界，将各自文学推向世界，携手促进南亚文学与世界文学同步发展进程。

2019年10月18日，期待已久的2019年南亚文学节（SAARC South Asian Literature Festival）在印度新德里举行，为期三天。由印度著名作家、基金会领导阿吉特·库尔夫人（1934—）负责并指导下举行的盛大文学节，一如既往地不包括娱乐活动，只针对八国文学与作家本身，除了基金会代表致辞外，全程共分：开幕篇、主题发言篇、颁奖篇、图书发布篇、分会场篇等五个部分。第一部分中，基金会代表和负责人以及东道主国家代表发言欢迎和介绍各国代表；主题发言环节中，来自该联盟八国的八位学者代表发言分别探讨各自国内当代文学；图书发布环节上，来自各国的佳作成为聚焦点；作为文学节最重要环节，第五部分是来自各国的作家们分场登台进行文学交流的舞台。

本年度文学节的开幕篇上，举办方代表阿吉特·库尔夫人和印度文学院院长坎德拉塞卡拉·康巴拉（Chandrasekhara Kambara）教授作为首席嘉宾致辞欢迎各国嘉宾的到来，并对巴基斯坦代表的缺席表示遗憾后，其他七国代表发言依次登台发言。他们是阿富汗代表古尔·阿哈·艾哈迈迪先生（Gul Agha Ahmadi）、孟加拉国代表瑟琳娜·侯赛因教授（Selina Hossain）、不丹王国代表林津林津教授（Rinzin Rinzin）、东道主印度代表克·斯雷尼瓦萨拉先生（K. Sreenivasarao）、马尔代夫国代表阿什拉夫·阿里（Ashraf Ali）、尼泊尔代表比什马·乌普雷蒂先生（Bhishma Upreti）和斯里兰卡代表苏尼尔·萨拉斯·佩雷拉教授（Sunil Sarath Perera），分别依次作了阿富汗当代文学现状、孟加拉文学的当今、不丹儿童文学的过去与未来、文学视角：现代印度与其他、马尔代夫传统诗歌与现代文学活动、尼泊尔诗歌的今天、斯里兰卡当代文学与诗歌创作为主题的发言,结合具体作家和作品、深入分析各自国家当代文学的现状,分享了该国文学动态和发展趋势。其中,尼泊尔代表比什马·乌普雷蒂先生将尼泊尔当代诗歌的特征总结为以下六点:

1）1989年的人民运动和恢复民主之后,诗歌变得更有文学气息,并且越来越反映当前社会、环境和人民生活。

2）尼泊尔当代诗歌变得更开放和流散。

3）女性成为了紧迫突出的主题。

4）当代尼泊尔诗歌变成了反映尼泊尔多种语言和多元文化遗产的艺术工具。

5）统治阶级与平民百姓之间的压迫和矛盾一直是尼泊尔诗歌的普遍主题,而现在变成了核心主题。

6）当代尼泊尔年轻诗人对格则乐[①]形式的诗歌（ghazal）更为感兴趣。

学者们发完言之后,就进入了颁奖和新书发布环节。本届南亚文学节设有SAARC文学奖,每年嘉奖表彰肯定从八个加盟国中选的三位贡献最为显著的文学家,获得本年度SAARC文学奖的三位学者是今年来自孟加拉的穆罕默德·努鲁拉·胡达教授（Mohammad Nurul Huda）、马尔代夫国的阿什拉夫·阿里先生（Ashraf Ali）和来自尼泊尔的比什马·乌普雷蒂先生（Bhishma Upreti）。此外,图书发布会上,孟加拉国作家哈立德·乌迪恩（Khalid Uddeen）、尼泊尔作家斯纳·赛亚米（Sneh Sayami）和卢普辛格·班达里（Rupsingh Bhandari）、阿富汗作家古尔·阿哈·艾哈迈迪（Gul Agha Ahmadi）、马尔代夫作家艾莎斯·侯赛因·马尼克（Aishath Hussain Manik）等五位作家的新书进行发布。之后就进入了分会场篇。来自七个国家的热情洋溢的两百

---

① Ghazal,被翻译格则乐或者格扎尔,最初为阿拉伯古典诗歌的一种形式,后来成为了波斯文学的一部分,是注重每一节的元音辅音及音节长短、对诗歌内部押韵严格要求的对句形式,一般以失去、思念及浪漫爱情故事为主题,普遍流传于亚洲受波斯文学影响的地区。

多人分为30个分会场进行了作品分享、经验交流、现场作诗、互问互答、经典诗歌朗诵等活动。

南亚文学节的宗旨是通过文学共创美好南亚。南亚一直因为语言众多、宗教冲突、种族矛盾、女性歧视、社会发展、边界争端等问题受世人关注,这也成为了南亚当今最为紧迫的问题。相比更侧重艺术文化和娱乐活动的印度斋浦尔文学节,从学者们的研究成果、对特殊贡献者的重奖、佳作的发布以及思维活跃的文学家们的作品分享看来,完全可以说,南亚文学节是最专业和最有文学性的文学节了,该文学节是给来自各国文学家提供一个共享的机会,是通过互相分享,充分发挥文学的作用,促进互相了解、拉近彼此距离、使整个南亚文学成为了一个和谐融为一体的亮丽舞台。

三、年度佳作:和平之召

南亚地区出版成果丰厚,仅第九届南亚文学奖入围的就有90本作品。在这些优秀佳作中,以下是值得推荐的五部:

1.巴基斯坦籍女作家卡米拉·夏姆斯(Kamila Shamsie)的《后院起火》(*Home Fire*)。她今年9月获得获两年一度的德国内莉·萨克斯奖,被誉为最能讲述巴基斯坦现代人故事的作家。作为她第七本小说,《后院起火》成为了她的代表作。巴基斯坦是受圣战思想最为严重的地区之一,也是民间冲突不断的一个国家,那里人民渴望和平和团结。《后院起火》就是以巴基斯坦这种矛盾重重的社会为背景,围绕伊斯玛(Isma)和伊蒙(Eamonn)两人,讲述移居在伦敦的巴基斯坦两家人故事。伊斯玛是孤儿,在亚洲居民聚集的温布利(Wombly)照顾妹妹和弟弟。他们虔诚于圣战主义的父亲彻底改变这家人的命运。而英国伊斯兰政治家的儿子伊蒙与伊斯玛认识并交友。最终他们的友情发展为不可阻挡的一场浪漫的政治危机,这导致两个来自完全不同的巴基斯坦家人在伦敦的种种不幸。作者对不同社会和宗教的转变,能够使她深入探索并挖掘不同的社会和人际关系的不同。故事中，有时，从家的忠诚到性的激情这些亲密无缝的关系淡化了她更为广泛关注的政治因素。作为爱情与政治冲突中挣扎的忠诚的写照，这是一部写得精美的浪漫小说，成功地体现了当今的永恒主题。

2.巴基斯坦籍作家穆赫辛·哈米德（Mohsin Hamid）的《西出口》（Exit West）。《西出口》是一部同样讲述一对年轻夫妇的故事，而这故事发生在一座被难民涌入、大多仍处于和平状态或者至少还没有公开开战的城市。最初从两个年轻人注意到彼此，并分享一杯咖啡、一个微笑、一顿晚餐开始。在这座充满挣扎的城市中，每晚他们设法躲避越来越近的炸弹声，宣告新法律和公开处决的广播之声。与此同时，神秘的传言笼罩着整座城市：秘密之处有通向伦敦、旧金山、希腊或迪拜的黑色奇门。有一天，这对年轻夫妇被迫寻找这一扇命运之门。他们加入逃离这座正坍塌的城市人群，满怀希望，渴望栖息之地，启程他们跨越国界、追寻光芒、创造独属的未来之行。《西出口》是一部暴风雨中的爱情故事，是一首充满希望的怜悯之歌。它触及人类仍然活着的、仍然有呼吸的东西：一只在粗石堆里露出的手和一颗在灰尘中砰砰作响的心。

3.斯里兰卡籍作家盖伊·古那拉特纳（Guy Gunaratne）的《疯狂愤怒之城》/《狂暴之都》（In Our Mad and Furious City）。作为著名人权纪录片制片人古那拉特纳的处女作，一炮而红。入围2018年布克奖并于2019年5月获得英国迪伦·托马斯奖（Dylan Thomas prize）的这本书，描写了一名英国士兵被一名黑人谋杀后的48小时。作者从2013年两名极端分子对英国士兵李·里格比（Lee Rigby）的谋杀一案中受到刺激，以此为故事灵感的一部分，由"身体里流着异邦血液"的人讲述，生动展现全城骚乱下的伦敦住宅区生活。如同托马斯奖评委评价说，作者在该书中利用自己的声音、独特风格和简单情节的丰富想象，让我们能够身临其境般地理解那些远离当下文化和社会中心的生命场合。是在缺乏包容性的今日社会，为老少边缘人勇敢发声的小说。

4.印度作家尼尔·穆克吉（Neel Mukherjee）的《自由之态》(*A State Of Freedom*)。《自由之态》捕获并揭示了人类心态的中心，用独特的方式定义且展现了本世纪所发生的流离失所和移民事件的特征。本书所讲述的五位人物所处的环境截然不同：从孟买的家庭厨师到流浪汉以及他会跳舞的熊，一位逃离家乡的恐怖、到城市里追寻新生活的姑娘，都在混乱时代中找寻自己存在的一种意义。在这世界的现实与另一世界的影子之间交换移动，这部多重叙述的小说在形式上大胆跳跃，内容上充满激烈和怜悯之情，对人类追求不同生活和不可抑制的欲望进行了令人惊叹和难以忘怀的探索和阐述，浮现了冲突中渴望自由的真实社会。

5.印度籍作家苏吉特·萨拉夫（Sujit Saraf）的《哈里拉父子》(*Harilal & Sons*)。在他这部新小说中，苏吉特·萨拉夫带领读者踏上了一段史诗般的旅程，从拉贾斯坦邦的谢哈瓦蒂到20世纪初的加尔各答，到东孟加拉邦的博格拉，再到现代印度的比哈尔邦的一个村庄。故事跟随哈里拉和他建立的哈里拉父子公司并其发展壮大的经历，跨越印度和孟加拉国动荡的过去70年。

结　　语

2019年的南亚文学是文学生机勃勃的一年。为了将越来越远离生活的图书重新放入人民视线，南亚各国创立了不少文学节，仅印度一个国家就有数十种以文学为主题的综合艺术节。文学是来自生活的艺术，因此以各种方式融入百姓生活为最好，而不仅仅作为图书馆独特的景象。而且实体书店前景不佳、阅读人数逐渐缩小的当今，将文学与其他艺术活动一起呈现，吸引更多读者，展现文学艺术独有的魅力，恐怕是拯救图书未来的良法之一。无论从区内还是国际角度看，这一年更多的南亚文学作品带着独特文化走进了更大的读者视角，将各自的文学艺术推向了广阔的世界文坛。南亚作家们对不同宗教和种族发出和谐相处、和平发展的呼唤之声。现在的南亚比以往任何时候都更加引人注目，它的影子无处不在。南亚极为复杂的宗教造就了深厚的文化底蕴，而长期并存的数十种语言造就了多元魅力的文学共同体。这一年内，作家们将目光放在该地区社会边缘，将南亚作为一个整体，从自己独特的视角，描绘了南亚人追求的生活和渴望的未来。

短 讯

Brèves

"中国东方学学科发展的回顾与展望——纪念季羡林教授诞辰110周年"学术研讨会述要[*]

史 阳 乐 恒

北京大学东方学研究院、北京大学东方文学研究中心、北京大学外国语学院联合主办,由国家社科基金重大项目"中国'东方学'学术史研究"课题组承办,于2021年8月6日季羡林先生110周年诞辰之日,举办"中国东方学学科发展的回顾与展望——纪念季羡林教授诞辰110周年学术研讨会"。会议在北京大学召开。受疫情影响,采用线上线下结合的方式进行。

图14 北京大学外国语学院院长宁琦教授致辞

北京大学东方文学研究中心主任陈明教授主持这次学术研讨会。北京大学外国语学院院长宁琦教授致辞,回顾中国东方学在北京大学

---

[*] 本会议通讯转引自北京大学外国语学院网站,网址:https://sfl.pku.edu.cn/xyxw/130414.htm

所展开的现代学科建制化发展所经历的艰难过程，指出，不同于西方东方学所带有的强烈西方中心主义与殖民化他者色彩，中国东方学从来都是以对域外的政治、经济、宗教、文化的深入认识和平等交往为目的的，以文明互联、互通、互融与互鉴为主题，体现了天下大同、四海一家的理想追求。在这一过程中，季羡林先生所表现出的锲而不舍、求真求新、舍身求法、鞠躬尽瘁的治学精神，为我们树立了光辉的榜样。

季羡林先生的孙女季清女士，深情回忆了季先生对家人的温情朴实的生活细节，从另一个侧面展现出季先生这位学术宗师的"一丝不苟"的人生态度。

北京大学东方学研究院院长王邦维教授向与会嘉宾介绍了本次会议的缘起——总结经验、展望未来，一方面是对国家社科基金重大项目"中国'东方学'学术史研究"课题组的阶段性成果汇报与研讨，另一方面也是希望继承和发扬季先生为之奋斗终生的中国东方学学术事业，以此告慰和缅怀季先生。

图15　王邦维教授致辞

会议第一场A由北京大学张玉安教授主持，欧阳哲生教授评议。

北京大学王邦维教授以"温故而知新：关于东方学学科史研究的一些思考"为题，梳理了北京大学东方学学科发展的脉络，指出学术史的研究应该从核心人物、学术主题、学术机构与成果，以及中外学术互动等多维度、多视角进行专题式、细节式考察，尤其强调档案、报刊、日记、回忆口述与逸闻等一手材料的挖掘与使用，对中国东方学学术史研究给出了纲领性指导和建议。

北京外国语大学李雪涛教授发表了题为"20世纪30—40年代中国学界对东方学的接受"的报告，揭示出当时国内主要译介的是来自美、法、日、苏联等国的东方学成果，在译介过程中已经具有了宝贵的批判精神，但也存在偏重"文史"忽视"科学"等问题。

北京大学陈明教授在《北京大学东方语文学系的初创及其学术活动》报告中，运用大量一手资料，多层次再现了1946—1948年间季羡林先生出任北京大学东方语文学系主任的前因后果、建系过程、学术共同体打造以及国际交流等历史面貌，为全面认识中国现代东方学史提供了重要的参考。

欧阳哲生教授在评议中提出厘清"东方学"与"汉学"的关系，并关注苏联东方学对过去沙俄东方学的超越以及对中国的影响等问题，将有助于我们在回顾中国东方学历史经验的同时，思考如何建构有中国特色的东方学体系。

会议第一场B由北京大学林丰民教授主持，北京外国语大学李雪涛教授评议。天津师范大学孟昭毅教授以"'后时代'东方学崛起的几点思考"为题，分析了"后时代"的时代背景，继而在对中、西方的东方学学理区隔的基础上，阐明唯有认知了西方和西方学之后，才有可能真正缔造出中国的"东方学"。

天津师范大学黎跃进教授做了题为"中国'东方学'学科建构的艰难历程"的报告，在梳理近现代"东方学"从萌芽到确立的政治、文化背景因素的基础上，揭示出"东方学"一波三折的发展历程，提出了建构具有东方立场的"东方学"对于当今中国的现实意义和价值。

中国社会科学院钟志清教授以"中国希伯来文学学科研究与教学"为题,针对希伯来文学学科的东西方归属问题进行了学术史梳理与考察,并结合课程建设的思考,提出学科归属应该充分考虑到学科构成的特殊性,进而指出现有的东西方文学概念与分野还有待进一步细化与拓展。

天津师范大学郝岚教授在《中国东方学建制的演变与20世纪西方语文学的分化》的报告中,从国际人文学科及语文学分化演变的纵深视角,梳理了中国东方文学建制近百年的历时性演变及其与国内政治和学术环境的动态关系,凸显了中国东方学与国际学术的"同频共振"及其独特历程。

李雪涛教授在评议时强调东方学在西方是一门"他者"的学科,并非西方学界的主流,因此我们在构建中国东方学学术体系时,应更多关注学科内在逻辑的建构。

图16　部分参会学者发言

会议第二场A由天津师范大学孟昭毅教授主持，北京大学吴杰伟教授评议。青岛大学侯传文教授在《文明史还是文化史——〈东方文化史〉编写思考之一》的报告中，针对"文明"与"文化"，从词源、词的内涵与外延，以及词义的历史演变等角度进行了细致分析，为今后中国东方学的学术发展提供了重要的学理参考。

英国李约瑟研究所研究员麦文彪博士以"'南饶北季'：回顾过去一百年来香港之东方学研究与内地香港学界之互动"为题，运用各种新披露档案资料展开详细考察，揭示出胡适、钢和泰、许地山、季羡林、饶宗颐之间的学术因缘，为中国东方学学术史的构建提供了一个重要的侧影。

北京外国语大学曾琼教授以"近年来东方文学研究新动向"为题，通过丰富资料总结了东方文学近年来五个主要的研究动向，对于进一步开拓东方文学与东方学的研究视野具有积极意义。

北京大学博士研究生乐恒以"中国东方学的一种可能——新见严复致夏曾佑有关阅读与翻译《韦陀讲义》的五封信函考释"为题，从档案和信函等一手资料入手，考察了严复等人对印度吠陀哲学的兴趣及其所反映出的清末民初中国学界对西方东方学的认识与学科建设的思考。

吴杰伟教授在评议中指出中国东方学的发展涉及社会历史、政治发展甚至自然科学的发展等多个位面，相关新材料的挖掘与整理对于中国东方学学术史发展具有重要意义。

会议第二场B由北京大学李政教授主持，北京大学王邦维教授评议。山东教育出版社有限公司祝丽副总编辑做了题为"季羡林'跨越喜马拉雅山'——记《季羡林评传》的出版和海外传播"的报告，详细介绍了多语种《季羡林评传》的出版过程及其在海外的传播情况，为弘扬季先生的学术思想做出了重要贡献。

北京大学博士研究生闫磊在题为"钢和泰与胡适的学谊——以北大藏《钢和泰讲义》的考察为中心"的发言中，通过对大量原始材料的分析，梳理了有关钢和泰受聘北大的过程，勾勒出钢和泰与胡适交往并互相影响的细节，还结合钢和泰与梁漱溟有关印度哲学论著的比较，揭示出清末民初学术转型的可能动向。

中国社会科学院杨曦助理研究员在《略论中国对苏联"波斯化"地区民族文学的研究》的报告中，以中苏关系和相关时代背景为线索，针对中国对苏联"波斯化"地区民族文学的研究进行了历时文献整理，探究了不同阶段促进或阻碍研究展开的复杂因素，强调未来应该注重研究力量的整合以及对民族主义干预研究的克制。

柏林自由大学罗梅君教授以"李华德（Walter Liebenthal，1886—1982）的佛教研究及其在北京的流亡"为题，再现了犹太裔德国学者李华德二战期间在中国的流亡经历及其始终坚持佛教研究的独特经历，折射出战时中国东方学学术界所具有的活力与包容，为中外东方学学术交流提供了重要的参考。

王邦维教授在评议时强调在考察中国东方学发展过程中的国内外学术交流时，要注意区分和厘清交流各方不同的学术背景、学术立场以及学术关注的异同与变化。

图17　与会学者合影

会议的最后，与会的各位老师与陈嘉厚、张殿英、卢蔚秋、李谋、唐孟生等曾经与季羡林先生长期共事、学习的北京大学东语系老教授们举行圆桌讨论，圆桌讨论由北京大学唐孟生教授主持。会议回忆了追随季先生学习读书、科研交流、创办刊物、编写《东方文化集成》等丛书的经历，表达对季羡林先生的深切缅怀之情，大家无不折服于季先生的治学精神与爱国情怀，感念于季先生对后辈的关怀与提携，震撼于季先生的高瞻远瞩与胸怀气魄。先生之风，高山水长；虽不能至，心向往之。唯有继承先生的遗志，不断开拓中国东方学研究的新领域，才是对先生最好的缅怀与纪念。

图18　北京大学东语系老教师与线下参会学者合影

第八届世界孔子日文化转场国际讨论会

〔意〕路易萨 刘 曼

2021年10月1日，由法国阿尔多瓦大学阿尔多瓦孔子学院、卢浮宫朗斯馆、南京大学以及巴黎诗人协会共同组织举办的世界孔子日活动拉开帷幕。本届世界孔子日主要包括三项活动：恒父摄影展"无时间性"；"文化转场：圣本翻译"国际研讨会；大提琴音乐会"音乐与瞬息艺术"。

10月1至2日，"文化转场：圣本翻译"国际研讨会分别在阿尔多瓦大学研究中心和卢浮宫朗斯馆举行。会议由阿尔多瓦大学金丝燕教授，巴黎东方语言文化学院米歇尔·博兹德米尔（Michel Bozdémir）教授，意大利萨兰托大学路易萨（Luisa Prudentino）教授，阿尔多瓦大学罗曼（Romain Lefèbvre）副教授主持。

北京大学王邦维教授的发言题为"关于《方广大庄严经·示书品》的汉译"，他以《方广大庄严经·示书品》为例分析了印度"佛传"汉译本的特点。在对比梵语写成的佛传 *Lalitavistara* 的两种汉译本：西晋时代竺法护（Dharmaraksa，3—4世纪）所译《普曜经》（308年）和唐代来华的印度僧人地婆诃罗（Divākara，613—687）所译《方广大庄严经》（683年），以及一本近似经典汉译本：隋代来华的印度僧人阇那崛多（Jinagupta，523—600）所译《佛本行集经》（587—591）后发现，《方广大庄严经》最接近现存的梵文本。此译本保留了梵文本中的二十七品，其中第十品《示书品》涉及"字书"和"唱字"。针对其中所列举六十四"字书"，以提出问题的方式，综合三本汉译本，探讨了这六十多种"字书"的真实性、来源可能和宗教想象，并举例阐释了不同时代的译者翻译方式的选择，进一步推断三种汉译本的梵文本来源。

巴黎国际高等佛教研究院院长释法宝（Dhammaratana Tampalawela）以"觉音——伟大的佛学译者与注者"（"Buddhaghosa: Un grand traducteur et commentateur du Bouddhisme"）为题，围绕觉音最早的作品《清净道论》（*Visuddhimagga*）展开，其作品显示出极大的统一性和注释撰写的共时性，这部写于公元五世纪的摩揭陀（现斯里兰卡）的作品通常被认为是巴利佛教经典之外的上座部传统中最重要的文本。

德国马尔堡大学释微妙（BhikkhuPāsādika）教授的发言题目为"可译性与不可译性？巴利语与其他语言佛经圣本的翻译"（"Untranslatability or Translatability? Translating from Canorical and Post-canonical Buddhust Textes"），他首先借由意大利语"traduttore, traditore"来提及"不可译性"的概念，据此说法，译者是冒着成为叛徒的风险，因为翻译就是背叛。文本中某些段落表达了一个宗教系统的浓缩和原始概念，经常面临不可翻译的问题。而作为正念系统发展实质的科学调查的客观性在这些作品中任何情况下都是占上风的。

比利时根特大学巴德胜（Bart Dessein）教授的发言题为"翻译及其时间背景：把优波扇多的《阿毗昙心论经》（T.28.1552）作为案例研究"（"Translations and their temporal contexts: Upaśānta's *Abhidharmahṛdayasūtra*（T.28.1552) as a case study"），他列出三个对佛教的哲学发展具有重要意义的阿毗昙文本及其撰写和翻译的时间：《阿毗昙心论》（*Abhidharmahṛdaya*，T.28.1550），从早期共同时代开始撰写，391年翻译成中文；《阿毗昙心论经》（*Abhidharmahṛdayasūtra*，T.28 .1551），于3世纪后期撰写，于563年翻译成中文；《杂阿毗昙心论》（*Saṃyuktābhidharmahṛdaya*，T.28.1552），于4世纪初撰写，于434年翻译成中文。而这三个文本的理解必须辅以《阿毗达磨俱舍论》（*Abhidharmakośa*），其有565年（T.28.1559）和653年（T.28.1558）两种中文译本。除去优波扇多（Upaśānta）的《阿毗昙心论经》（*Abhidharmahṛdayasūtra*），其余所有经典文本在中国传统中都享有盛誉和影响。而最早的《阿毗昙心论》（*Abhidharmahṛdaya*）没有注释文本根本无法理解，这个原因可以解释后来《阿毗昙心论经》(*Abhidharmahṛdayasūtra*) 和《杂阿毗昙心论》(*Saṃyuktābhidharmahṛdaya*) 的出现。而将后两个文本作对比发现，《杂阿毗昙心论》比《阿毗昙心论经》的注释更广泛，这或许可以解释前者比后者更早地被译成中文的原因。

阿尔多瓦大学金丝燕教授的发言题目为"哲学思辨的翻译——《小缘经》研究"("Traduire l'argumentation philosophique: cas d'étude de l'*Aggaññasutta*")，《小缘经》(*Aggaññasutta*) 一直是外国学者研究的对象，也是解释人类起源的佛教框架。没有提到创世神，对话的主题是人类的堕落，分为三个主要部分：第一部分，当下的故事，包括9个段落，这部分以两位年轻婆罗门和佛陀的对话开始，这两个年轻人即将被任命为和尚。第二部分，过往的故事，共17段，前7段讲的是原本会发光的天体，品尝了地精之后，他们的身体失去了光彩。第三部分，结语，以两位年轻的婆罗门对佛陀的话感到欢喜的方式结束。这部经颠覆了印度创世神话中根深蒂固的文化力量，它是社会世界中阶级/种姓等级制度的宇宙学理由。一旦印度教创世神话被去神话化，两个婆罗门个人冲突的意义结构就消失了。这样，佛陀的冲突转化方法同时解决了三个维度，即个人维度、社会政治维度和宇宙维度。翻译这个哲学思辨仍然存在困难。

阿尔多瓦大学罗曼（Romain Lefèbvre）副教授发言题目为"西夏文《大方广华严经》卷第四十一"("*Mahā-vaipulya-buddhâvataṃsakasūtra Grand et vaste soutra de la guirlande du Bouddha* en écriture tangoute")，他首先介绍了佛教著作中最丰富最伟大的主要经典之一《华严经》，之后对西夏（1038—1227）这一时间段的佛教经典由古汉语到西夏文的翻译情况做了介绍，并分析了这种翻译的原因及其影响，最后强调了《华严经》在翻译成西夏文时音译、意译和半音半义的三种方法，并引用京都大学西田龙雄（Nishida Tatsuo, 1928—2012）教授于1975年发表的一篇关于《华严经》1—5卷的文章，这一领域所做的所有研究可得出的结论是，西夏文本比中文文本清晰得多。

法国国家科学研究中心主任雷米·马修（Rémi Mathieu）教授以"神者圣否？关于《列子》和《山海经》"（"Ce qui est devin est-il sacré? Questions sur le *Lie zi* et le *Shanhaijing*"）为题，从阐明"神圣"一词在中西方文化中不同的解释入手，论述了产生这种差异的文化根源和路径。主要选取了《山海经》和《列子》两部都涉及众多关于神的讨论的文本为例，概括描述了中国古代经典作品中的"神"的特点，前者被认为是古代最重要的神话文本，后者是道家哲学的创始著作之一，而这两部经典著作最初都是经耶稣会士的译介进入欧洲公众视野。

日本关西大学内田庆市教授发言题目为"汉译《圣经》研究的各种可能性"（"Various possibilities for the study of Chinese *Bible*"），他从语言研究的立场展开论述，介绍了自身研究《圣经》的经验——从"吴语"开始入手，随后列举了白日昇（Jean Basset, 1662—1707）的四种《圣经》译本手稿抄本，贺清泰（Louis de Poirot, 1735—1814）《古新圣经》的四种版本和拉沙（Johannes Lassar, 生卒年不详）的《嘉音遵吗挑菩萨之语》（1807），涉及词语的选择，版本渊源推测，并提出许多待考证的问题。最后从语体角度分析了各种圣经译本所选用的语体。

巴黎东方语言文化学院米歇尔·博兹德米尔（Michel Bozdémir）教授以"伊斯兰世界圣本翻译的几点思考"（"Quelques réflexions sur la traduction de 'livre sacré' dans le monde musulman"）为题做了发言，他首先针对土耳其、伊朗和印度尼西亚三个国家提出了一个关键问题：《古兰经》能否翻译？在伊斯兰世界之外，《古兰经》已被翻译成多种语言；而在伊斯兰国家，神圣语言在翻译成另一种语言时会失去它的超然意义，因此翻译不如解释。在土耳其和印度尼西亚都经历了语言去神圣化的尝试，做出了将语言和神圣分开的努力，但争议至今尚未平息。而在伊朗，几个世纪以来翻译蓬勃发展，但都是没有真正考虑到意义的转移的逐字翻译，而诗歌在这些作品中占主导地位，因此传达上帝话语的是文学和诗歌形式。米歇尔·博兹德米尔最后引用了法国印度学家路易·勒努（Louis Renou, 1896—1966）的一句话来结束他的发言：神圣的语言"被赋予了远远超出口头交流的力量"。土耳其案例证实了这一点，在这种情况下，意义并不一定涉及文字。

法兰西学院金石美文学院院士皮埃尔·佛辽若（Pierre-Sylvain Filliozat）教授以"吠陀与密教手印的翻译"（"Traduire des mantras védiques et tantriques"）为题，从吠陀经在印度教传统中的地位，口头而非阅读的传授形式，吠陀文本在欧洲的译介以及其所代表的梵文文学在欧洲的早期接受等维度做了深入的阐述。

皮埃尔·佛辽若教授的夫人，艺术史学家和卡纳达语铭文学家瓦桑德拉·佛辽若(Vasundhara Filliozat)教授以"话语和写作"（"Vacana et kriti"）为题，介绍了在印度仅存于卡纳达语中的特殊文学体裁"vacana"，演唱并分析了具体作品的创作背景、主要元素及翻译中需要考虑的文化转场因素。

博士研究生发表博士学位论文进展报告是本次国际研讨会一部分，巴黎四大的博士生俞芳华就《道德经》的三十六种法文译本做了初步对比；阿尔多瓦大学博士生路士栋对三个译本中有关菩提的定义做了翻译比较。在场的各位教授对两位博士生的研究提出了宝贵的指导意见。

金丝燕教授总结说，两日来各位学者的发言使我们能够利用该领域现有的参考书目来反思宗教翻译的问题，似乎可以得出的重要结论之一是，在概念尚未通过印欧词典详细阐述的社会中，"神圣"一词的使用仍然是个论题。无疑需要更多的交流以找到在诠释学、语言学、翻译学和神学贡献之间的释经点。本次国际会议将有助于将圣本的翻译从纯粹的宗教领域中抽离，完全进入到辩论中，这场辩论标志着宗教人类学被置于不可或缺的跨文化角度。

2021年10月2日晚，值法国一年一度的博物馆不眠夜之际，世界孔子日系列活动——大提琴音乐会"音乐与瞬息艺术"在卢浮宫朗斯馆举办。此次音乐会以恒父摄影与巴赫大提琴在视觉和听觉上同时呈现的形式进行。大提琴家玛丽-克劳德·班蒂尼（Marie-Claude

Bantigny)沉稳清亮的琴声伴随着摄影作品在舞台全面屏中自上而下，从左到右缓慢移动，巴黎诗人协会副主席米歇尔·贝纳德（Michel Bénard）这样形容这种抽象永恒的时刻："音乐触及祈祷，接近沉思，内里的光芒被加持，空间在两种沉静之间变得透明，天使的部分升华了。"金丝燕解释这一国际讨论会、大提琴与大屏幕同步推进的三幕孔子日活动是文化转场的新模式："法国当代艺术有一个词'瞬间艺术（l'art éphémère）'，这就是我们三年以来的顺潮流。我们的特点是动态瞬间与西方艺术之最——大提琴的巴赫相遇，瞬间相遇，庙宇瞬间。跨文化是相遇产生非相遇不知，而非单向的饺子味，研究同样，做桥梁而不做高级解说员。"旅法学者陈力川认为："这样的新型艺术形式，东西方艺术精致结合，高度抽象，永恒在瞬间。"10月9日，大提琴家玛丽·克劳德·班蒂尼来到位于巴黎拉丁区的法国诗人协会为恒父摄影展闭幕加演，音乐在影像中穿行，影像在音乐中流动。中国摄影家恒父和法国大提琴家玛丽·克劳德·班蒂尼呈现了艺术与生活间的内在对话，其深度和诗性让我们得以探索具有创造性和情感潜力的叙事，之于跨文化则是超越意义的表达，超越表现本身的表现，最终超越了所有地域和语言的限制。

青海师范大学开设研究生通识课"跨文化中国学研究方法论"

青海师范大学高科院丝路跨文化研究中心

北京师范大学跨文化研究院与青海师范大学高原科学与可持续发展研究院合作进行西部支教重大项目，重点面向人文学科，加强学科建设。2022年春季学期，在两校领导的支持下，经青海师范大学研究生院批准，以青海师范大学文学院为平台，创设"跨文化中国学研究方法论"研究生通识课程。此课汇集中欧高校一流师资开设，面向中国语言文学一级学科，以及相关二级学科汉语言文字学、文艺学、民间文学、现代文学、古代文学、比较文学与世界文学等专业，辐射历史学、民族学、艺术学等交叉学科领域，以商务印书馆陆续出版的"教育援青"人文学科基础建设丛书为基本用书，培养研究生人才，开展系统教学。青海师范大学地处青藏高原多民族文化交流腹地，此课发挥北师大和北大在京国家重点高校的师资优势，吸收热爱与尊重中华优秀文明的海外汉学国际资源，共享青海师大已有良好基础，开展中国优秀传统文化研究，提升中华民族共同体意识，在中国走向世界舞台进程中投入人类命运共同体文化建设，为西部高校建设探索新路径。

自本学期初以来，已有中欧高校四位教授进行授课，分别是：语言文字学家王宁先生、文艺学家王一川教授、法国特级教授金丝燕博士和来自意大利的路易萨教授。

王宁先生是我国传统语言文字学章黄学派在当代传承和发展的代表性学者，本次讲课的题目是"汉字科学与语文教学"。在对我国传统语言文字学史、语言文字学理论和方法论多年精湛研究的基础上，王宁先生重点针对高校师范教育的特点与现状，以及传统人文学科人才培养的需求，进行有的放矢的授课，要点有："汉字是自源文字中的表意文字"；"汉字教学对语文教学的作用"；"汉字教育贯彻基础教育的全过程之一：基础教育基本字字表"；"汉字教育贯彻基础教育的全过程之二：贯穿始终的字理教学"；"汉字教育贯彻基础教育的全过程之三：汉字与深度的阅读理解"。王宁先生深刻而严密地阐释了汉字作为一门人文科学的特征，揭示在语文教学中运用汉字科学思维的视角与方法，讲解深入浅出，实证细致入微。王宁先生向师生强调，中国传统优秀文化的"根就在汉字上，在汉字教学过程中，要建构语言应用的知识体系，有根、有序、有理地继承和发展优秀的传统文化"。

法国阿尔多瓦大学（Universitè d'Artois）的金丝燕教授接续王宁先生进行第二讲，题目是"跨文化研究的方法：长时段、多维度"。金丝燕教授在当代法国汉学、跨文化学、文学理论、中西诗学、中法现代文学、印度佛经的翻译与研究、法国汉学经典著作的翻译与研究等多领域，都取得突出成绩，获法兰西学术棕榈奖等多种奖项。金教授在此课中，将跨文化学理论、文化转场方法与个案化的实证方法紧密结合，从三个个案切入进行讲解，个案之一：《文心雕龙》法译本的翻译与研究；个案之二：印度巴利文佛经《长阿含·阇尼沙经》的翻译与中法对勘研究，个案之三：汪德迈《中国教给我们什么》中译本的翻译与汪德迈中国学思想研究。三个个案都是她的治学新成果。她在法国汉学三四百年传统的薄弱之处拓荒，对在不同程度上使用中古汉语的经典文本《文心雕龙》《小缘经》《阇尼沙经》进行了翻译和同步对勘研究。在金教授的工作中，翻译是跨文化学的基础部分，将翻译与研究结合，获得跨文化研究的学术新资源，让历史经典中的跨文化要素提炼出来，变成当代问题，产生未来影响。她就这几部著作所引发的中、西、印关注问题进行讨论，对中古汉语所蕴藏的中外思维、多元概念和语义转换开展"长时段""多角度"的阐释。金教授还在法国的长期治学中与法国前辈顶级汉学家汪德迈先生相遇，双方合作翻译与研究，在中法两种思维中穿越，这本身也成为一种"文化转场"的演绎。金丝燕教授阐述汪德迈先生热爱人类和平的人文精神和献身汉学研究的巨大贡献，指出汪老法、中、日、越无不精通，是治跨文化学的榜样。他连续多年为中国高校讲学，也是跨文化中国学教育的伟大开拓者。金教授从法国汉学家的角度，告诫中国研究生要深入钻研中国传统优秀文化，在世界多元文明的对话与互鉴中发挥积极作用。

第三讲的主讲人为意大利萨兰托大学路易萨（Luisa Prudentino）教授，题目是"欧洲汉学发展简史——从意大利汉学家马国贤谈起"。中意文化交流源远流长，中国人对意大利两位来华历史人物马可·波罗和利玛窦大都耳熟能详。近三百年前，意大利还成立了世界上第一个汉学系，即今那不勒斯大学东方学院，路易萨就毕业于那里。每年都有大批青年学生从世界各地来到这所学院，学习汉语和中国文化，今天这里已成为意大利人的骄傲，也是欧洲早期汉学史的发祥地。

路易萨认为，对欧洲汉学史的研究，可以使用"想象的汉学""宗教的汉学"和"科学的汉学"的概念，进行分阶段的研究。其中，想象的汉学，以马可·波罗为代表，指用欧洲文化的语言、兴趣和观念，想象中国文化，并进行描述。宗教的汉学，以利玛窦为代表，指在西方基督教背景下，接触、观察和解释中国文化，有时也借用中国文化的非宗教概念，对西方基督教教义进行补充性的解释。科学的汉学，意大利汉学家马国贤（Matteo Ripa）创立，指在意大利那不勒斯成立"中国学院"，建立欧洲第一所教授汉语的教育机构，讲授汉语汉字，编写汉语教材，介绍中国知识和中国经典，培养汉学人才。

在欧洲汉学史的发展中，法、德、英和瑞典汉学互动，逐步改变了欧洲中心论。当代的欧洲汉学家，以汪德迈（Léon Vandermeersch）为代表，从中国材料出发，尊重中国人的思维方式和礼俗文化，在中西文化交流的现代环境中，解释中国社会文化，开辟了欧洲汉学的新里程。路易萨在讲课中插播了多部意大利汉学史的影片片段，引起了听讲师生极大的兴趣。在影片中，意大利的威尼斯、法国的巴黎、德国的柏林、瑞典的斯德哥尔摩、中国的北京与广州,多国历史建筑再现,学者和学子争论与交流,展现了复杂而坚定的通过交流获取理解的图景。

北京师范大学王一川教授主讲第四讲,题目是"文学理论三讲",所涉及主题包括文学与文学理论、典型及其再构型、现实主义在中国,所使用资料系统覆盖20世纪至21世纪的诗歌、小说、戏剧和影视作品。王一川教授针对我国文艺学学术史上反复讨论的经典概念"典型""浪漫主义""现实主义"和近年热议的"文化诗学"等,以马克思主义文艺学为指导,穿梭于中国文论与欧美文学理论之间,梳理我国文艺学主流思潮的发展历程,重点评价我国改革开放四十余年来涌现的多元体裁的优秀文艺创作作品,包括近期热播的《山海情》《觉醒年代》和《装台》等。王教授重点分析的个案是陕西籍作家路遥的小说《平凡的世界》。他提出,原作者在这部小说中,用现实主义的躯干、浪漫主义的心灵和现代主义的隐秘心理构建了一种三元融合的现实性。读者可以从中重温苏联青年英雄保尔·柯察金的理想追求,体验我国新时期农村城镇化进程中的三农巨变,发现一种不屈不挠向前奋斗的群体形象,可称之为"中国式的现实主义"。长达近三小时的授课洋溢着文本的芬芳和思维的快乐,师生们在西宁与北京两地线上收听,宛如身置同一间的课堂,聆听一场别有洞天的演讲,一探文学理论的究竟。

本次课程的主持人为青海师范大学文学院副院长刘晓林教授。在课后点评中,他盛赞中外教授的名师风采,认为,跨文化中国学的课程与人文科学研究生课程全面相关,在理论上和方法上都有前瞻性。青海师范大学文学院院长暨北师大文学院原党委书记李国英教授、北师大跨文化研究院院长董晓萍教授都参与了这次教学活动。到目前为止,已有青海师范大学文学院学术型研究生和部分研究生导师、青海师大高科院研究人员、北京师范大学和北京大学部分师生人等逾200人次参加了听讲。听课师生向参与西部支教的中外教授致以崇高的敬意，感佩授课教授无私忘我的奉献精神、认真备课的教学态度和艺术化的教学方法，以各种方式表达从中受到的学术震撼。

2022年春季学期"跨文化中国学研究方法论"课程共16讲，计54学时，共有中欧高校10位教授参与授课。接下续授课的教授、节次与题目是：北京大学王邦维教授第五讲"'英雄无言'与'生死之梦'：一个文学故事的文化及心理分析"和第六讲"圣山与大河：一个有关青藏高原的神话传说"，北师大程正民教授第七讲"俄罗斯文学中的小人物研究"，北师大李正荣教授第八讲"陀思妥耶夫斯基小说的灰度"和第十讲"涅克拉索夫定义的俄罗斯"，法国东方语言文化大学教授白乐桑（Joël Bellassen）第九讲"法国汉学渊源的文化背景"，北师大李国英教授第十一讲至第十三讲"汉字学原理三讲"，北师大董晓萍教授第十四讲"中国文学、民间文学与海外汉学"、第十五讲"民间叙事的本质"和第十六讲"讲述人研究"。

本次在商务印书馆出版和投入使用的"教育援青"基本书目有：《汉字构形十二讲》（王宁）、《俄罗斯文学新视角》（程正民）、《跨文化学导论》（〔法〕金丝燕）、《欧洲汉学发展简史》（〔意〕路易萨）、《文学理论九讲》（王一川）、《佛教史六讲》（王邦维）、《俄罗斯十九世纪文学十讲》（李正荣）、《汉字学原理》（李国英）、《跨文化民间文学十六讲》（董晓萍）、《跨文化社会研究十讲》（董晓萍）和《经典民俗学十二讲》（董晓萍）。

作译者简介

Author and Translator

〔法〕米歇尔·冉刻,法兰西学院院士、教授。
Michel Zink, Academician and Professor of France Academy, France.

张晋玮,法国索尔邦大学博士研究生。
Zhang Jinwei, PhD Student of University of Sorbonne, France.

〔法〕汪德迈,法国高等社会科学研究院教授。
Léon Vandermeersch, Professor of Ecole des Hautes Etudes en Sciences Sociales, France

〔法〕陈力川,《今天》文学杂志通讯编辑。
Chen Lichuan, Rédacteur correspondant, *Today Literary* Magazine, France.

周春悦,南京大学海外教育学院汉语教师。
Zhou Chunyue, Chinese Teacher, Institute for International Students, Nanjing University.

〔法〕香塔尔·汪德迈·达尔玛,法国退休医生。
Chantal Vandermeersch Dalmas, Doctor in Marseilles, France.

周小珊,法国阿尔多瓦大学东方学系副教授。
Zhou Xiaoshan, Associate professor of University of Artois, France.

乐黛云,北京大学教授。
Yue Daiyun, Professor of Peking University.

陈越光,中国文化书院院长、北京师范大学民俗典籍文字研究中心研究员。
Cheng Yueguang, President of Academy of Chinese Culture, Researcher of Center for Folklore, Ancient Writing and Chinese Characters, BNU.

李晓西,北京师范大学教授。
Li Xiaoxi, Professor of Beijing Normal University.

〔法〕金丝燕,法国阿尔多瓦大学教授。
Jin Siyan, Professor of University of Artois, France.

〔意〕路易萨,意大利萨兰托大学教授。
Luisa Prudentino, Professor of Université Del Salento, Italy.

〔比利时〕巴得胜,比利时根特大学教授。
Bart Dessein, Professeur of Gent University, Belgium.

董晓萍，青海师范大学教授暨北京师范大学教授。
Dong Xiaoping, Professor of Qinghai Normal University and Beijing Normal University.

马　剑，北京大学外国语学院德语系副教授。
Ma Jian, Associate Professor of School of Foreign Languages, Peking University.

李正荣，北京师范大学教授。
Li Zhengrong, Professor of Beijing Normal University.

郭　璐，清华大学建筑学院副教授。
Guo Lu, Associate Professor of School of Architecture, Tsinghua University.

黎　敏，北京外国语大学教授。
Li Min, Professor of Beijing Foreign Studies University.

高晶一，北京第二外国语学院教授。
Gao Jingyi, Professor of Beijing International Studies University.

鲍叶宁，北京第二外国语学院副教授。
Bao Yening, Associate professor of Beijing International Studies University.

李　卓，中山大学博士研究生。
Li Zhou, PhD Student of School of International Studies, Sun Yat-sen University.

龚　力，上海外国语大学博士研究生。
Gong Li, PhD Student of Shanghai International Studies University.

熊元彬，湘潭大学副教授。
Xiong Yuanbin, Associate professor of Xiangtan University.

李国辉，台州学院教授。
LI Guohui, Professor of Taizhou University.

毛郭平，太原师范学院副教授。
Mao Guoping, Associate professor of Taiyuan Normal University.

程正民，北京师范大学教授
Cheng Zhengmin, Professor of Beijing Normal University.

王邦维，北京大学教授
Wang Bangwei, Professor of Peking University.

图尔荪·克麦尔尼亚孜，北京大学外国语学院博士研究生。
Tursun Khamarniyazi, PhD Student of School of Foreign Languages at Peking University.

史　阳，北京大学外国语学院东南亚系副教授。
Shi Yang, Associate Professor of Department of Southeast Asian Studies, School of Foreign Languages, Peking University.

乐　恒，北京大学外国语学院博士研究生。
Yue Heng, PhD Student, School of Foreign Languages, Peking University.

刘　曼，法国阿尔多瓦大学博士研究生。
Liu Man, PhD Student of University of Artois, France.

《跨文化对话》投稿须知与用稿体例

一、投稿须知

1.《跨文化对话》网络投稿平台网址：http://www.pkujccs.cn。此为高校人文科学期刊平台。本刊坚持学术性、公益性，不收取任何版面费，所有来稿一律通过本网络投稿平台寄送。

2.来稿作译者，均请提供作译者的姓名、通信地址、电话和电子邮件地址（中英文）。

3.中文原创稿件，论文题目、作者简介（姓名、工作单位和职称），需附英译文。

4.中文译稿，论文题目、作者与译者简介（姓名、工作单位和职称），需附英译文。同时，务请附上稿件的原文，提供审稿时查核。

5.所有稿件，附内容提要（中文200字以内）、关键词（中文20字以内）。

6.来稿请用Word格式和PDF电子文档两种形式，压缩成ZIP文件，上传至本期刊网络投稿平台。

7.本刊采用匿名审稿制，所有收稿反馈、修改意见、是否采用等信息，均通过网络投稿平台寄出。作（译）者在得到本刊确认收到稿件的回复后三个月如未收到反馈，可自行撤稿，另投他刊。

二、用稿体例

1.稿件正文格式。使用五号宋体，1.5倍行距。

2.标题级别。标题级别顺序为："一、""（一）""1.""（1）"。

3.引文。稿件中的引文，务请核对准确。一般引文，采用页下注形式，注明完整文献出处信息。重点引文，可采用成段引文格式，仿宋体，上下各空一行，左缩进两字，注明完整文献出处信息（参考本部分第6条和第8条）。

4.注码。正文中的注释,采用页下注连续编码的形式(每页从①起),注码排在所注文字的右上角,按数字序号(①、②……)排列。译者注,请特别注明(如:雅克·勒芒尚,法国戏剧评论家。——译者注)。

5.译文中的外文文献处理:(1)注释若只是注明文献出处,则不必译成中文,全部保留外文内容即可。(2)注释中若有作者的论述性或说明性文字,那么这部分文字应译成中文,而涉及原始文献的出版信息(如作者名、书名或文章名、出版社名称等),应括注在相应的译文后面,以便读者溯源外文原始文献。

6.中文图书的注释格式。作者(外国作者的国籍用六角括号表示)、书名、译者、出版社、出版年、页码(如:〔美〕伯克:《法国革命论》,何兆武等译,北京:商务印书馆,1988年,第47页)。期刊注释格式为:作者(外国作者的国籍用六角括号表示)、论文篇名、刊名、出版年,期号、页码(如:〔美〕成中英:《论〈周易〉作为本题诠释学的全面的"观"及其意义》,《国际易学研究》,1995年第1期,第156页)。如需注作者朝代,用四角括号表示。

7.中文书刊名和文章篇名均使用书名号;外文书名、期刊名均使用斜体,外文文章名用双引号。

8.西文书籍和文章的完整注释格式如下:

专著类:

Raymond Williams, *Keywords* (New York: Oxford University Press, 1984), pp.184-186.

Herbert Spencer, *Principles of Sociology*, vol. I, 3rd. ed. (New York: Appleton, 1895), pp.44, 437.

篇章类:

William Wordsworth, "Lines Composed a Few Miles above Tintern Abbey", in *William Wordsworth: The Poems*, vol. I, ed. John O. Hayden (New Haven: Yale University Press, 1981), p.361.

编辑类:

Henry D. Thoreau, *Walden*, ed. J. Lyndon Shanley (Princeton:

Princeton University Press, 1971), pp.12, 112–114.

Frederick L. Gwynn and Joseph Blotner, eds., *Faulkner in the University* (New York: Vintage, 1965), p. 199.

翻译类：

Henri Lefebvre, *The Production of Space*, trans. Donald Nicholson-Smith (1974; Oxford: Blackwell, 1991), pp.222–225.

期刊类：

Louise Westling, "Virginia Woolf and the Flesh of the World", *New Literary History*, 30 (Autumn 1999), pp. 855–876.

James C. McKinley, Jr., "A Tiny Sparrow Is Cast as a Test of Will to Restore the Everglades," *New York Times*, June 5, 1999, sec. A, pp. 1, 19.

重印书：

John Muir, *Our National Parks* (1901; rpt., Madison: University of Wisconsin Press, 1981), p.125.

资料来源：

Lawrence Buell, *Writing for an Endangered World: Literature, Culture, and Environment in the U.S. and Beyond* (Cambridge, Massachusetts, and London, England: The Belknap Press of Harvard University Press, 2001), pp. 267–340.

9.译名。来稿中的译名，需采用学界或国内读者熟悉的通译或惯用译名，若无通译或惯用译名，请参照《大英百科全书》（中文版）、《世界人名翻译大辞典》、《世界地名译名手册》以及商务印书馆出版的人名、地名译名手册等工具书。工具书上未见的译名，可根据上下文情况或保留原文，或由译者自行翻译，但应在第一次出现时，把原文用括注标在中译文后。译名的处理方法要全文统一。

跨文化学

《跨文化对话》编辑部
商务印书馆编辑部
2020年5月20日